SIMPLESMENTE NIGELLA

Obras da autora publicadas pela Editora Best*Seller*

NA COZINHA COM NIGELLA

NIGELLÍSSIMA:
Inspiração italiana instantânea

DELÍCIAS DIVINAS:
Como ser uma diva na cozinha

SIMPLESMENTE NIGELLA

NIGELLA LAWSON

Fotografias de KEIKO OIKAWA

Tradução de Joana Faro e
Cinara Cristina Mendonça Ferreira

1ª edição

RIO DE JANEIRO | 2017

CIP-BRASIL. CATALOGAÇÃO NA PUBLICAÇÃO
SINDICATO NACIONAL DOS EDITORES DE LIVROS, RJ

L45s

Lawson, Nigella, 1960-
    Simplesmente Nigella: comida para se sentir bem / Nigella Lawson; tradução Cinara Cristina Mendonça Ferreira, Joana Faro. – 1º. ed. – Rio de Janeiro: Best*Seller*, 2017.
Tradução de: Simply Nigella: Feel Good Food
Inclui índice

ISBN: 978-85-4650-013-0

1. Gastronomia. 2. Culinária - Receitas. I.Ferreira, Cinara Menezes. II. Faro, Joana. III. Título.

17-40264   CDD: 641.5

Texto revisado segundo o novo Acordo Ortográfico da Língua Portuguesa.

Título original: SIMPLY NIGELLA
Copyright © 2015 by Nigella Lawson
Copyright das fotografias © 2015 by Keiko Oikawa
Copyright de tradução © 2017 by Editora Best Seller Ltda.

Design e Direção de arte: Caz Hildebrand e Camille Blais
Adaptação de capa e editoração eletrônica de miolo: Renata Vidal

Este livro foi composto na tipologia Futura, e impresso em
papel couché fosco 150g/m² na gráfica Nutech.

Todos os direitos reservados. Proibida a reprodução, no todo ou em parte, sem autorização prévia por escrito da editora, sejam quais forem os meios empregados.

Direitos exclusivos de publicação em língua portuguesa para o mundo reservados pela
EDITORA BEST SELLER LTDA.
Rua Argentina, 171, parte, São Cristóvão – Rio de Janeiro, RJ – 20921-380

Impresso no Índia

ISBN 978-85-4650-013-0

Seja um leitor preferencial Record.
Cadastre-se e receba informações sobre
nossos lançamentos e nossas promoções.

Atendimento e venda direta ao leitor
mdireto@record.com.br ou (21) 2585-2002

Para Mimi e Bruno

SUMÁRIO

INTRODUÇÃO	IX
RÁPIDOS E TRANQUILOS	3
COMIDA DE TIGELA	55
JANTAR	110
RESPIRAR	168
ACOMPANHAMENTOS	224
DOCES	272
COMEÇOS	347
Índice	392
Agradecimentos	402

INTRODUÇÃO

É lugar-comum falar de culinária como algo terapêutico — e, em certos momentos, esse é bem o caso — mais do que isso, porém, o ato de cozinhar é, para mim, derivado de um compromisso com a vida, que em si combina esperança e diversão. Quando recuperei esses dons, este livro começou a surgir.

Claro, nem sempre eu me sentia capaz de cozinhar bem, mas antes mesmo de desenvolver uma culinária própria, precisava colocar comida na mesa, e sou grata por isso. Se a culinária não é baseada na necessidade, perde seu contexto e propósito. Cozinho para dar prazer, a mim mesma e aos outros, mas, antes de mais nada, a culinária serve para sustentar a vida, e, só depois, para moldá-la.

Criamos um mundo para nós mesmos o tempo todo; para mim, o lugar em que me encontro sempre foi a cozinha. Embora tenha havido momentos em que cozinhar criou um lugar seguro e um espaço vital onde eu podia me dedicar a uma concentração criativa, o que documentei em livros anteriores, com este livro foi diferente. Primeiro, tive de me fortalecer cozinhando. Você nunca vai me ouvir falar de comida "saudável". Detesto esse termo. Mas não tanto quanto me sinto enojada com o mantra contemporâneo de "Comer Limpo". Em *How To Eat*, publicado há tanto tempo, escrevi: "O que odeio é esse vodu New Age sobre a comida, a noção de que os alimentos são prejudiciais ou curativos, que uma boa dieta faz uma boa pessoa e que essa pessoa é necessariamente esbelta, flexível, tonificada e em forma... essa visão me parece ameaçar fundir o nazismo (com seu culto ideológico da perfeição física) e o puritanismo (com seu horror ao corpo e a crença na salvação através da recusa)."

A brigada do "Comer Limpo" é uma personificação de todos os meus medos. Comida não é algo sujo, os prazeres da carne são essenciais à vida, e o que comemos não nos garante a imortalidade nem a imunidade à perda. Não podemos controlar a vida controlando o que comemos. É preciso considerar, porém, que a forma de cozinharmos e de comermos nos fornece — na medida do possível — domínio sobre nós mesmos.

Os pratos deste livro são os que tenho cozinhado para mim e, embora o ímpeto seja o de procurar comida que me fortaleça fisicamente, sempre acreditei que o que preparamos para nós mesmos nos faz bem. Não apenas porque ingredientes caseiros são mais benéficos que comidas prontas, mas porque o ato de cozinhar para si mesmo é extremamente positivo, é um ato de bondade. Embora eu tenha lido muito sobre comer com consciência, não encontrei quase nada sobre cozinhar com consciência. Quando cozinho, fico absorta nos rituais básicos de cortar, mexer, provar, perdendo-me em um mundo de sabor, sensações e experiências práticas e simples.

Conforme progredia, este livro se fundiu à alegre realidade de construir um novo lar. Sorrio ao ver as cores da minha nova cozinha, e da casa que criei, refletidas nas cores deste livro. Mas, claro, ele também conta uma história mais abrangente sobre o meu jeito de viver: as refeições que preparo para amigos e familiares, o prazer estético que obtenho com a comida e minha crença de que o que preparamos e a forma de cozinhar podem tornar nossa vida mais fácil, nos fazer sentir melhores e mais vivos, nos conectar com nós mesmos, com os outros e com o mundo.

NOTA SOBRE INGREDIENTES E UTENSÍLIOS

O editor do meu primeiro livro disse que sempre pensou em *How To Eat* como o "Livro de culinária da ervilha, do marsala e do ruibarbo". De fato sou uma pessoa de entusiasmos e tenho surtos de extrema dependência de certos ingredientes. Isso fica claro em *Simplesmente Nigella* pelo uso abundante de óleo de coco extravirgem, gengibre, pimenta e limão Tahiti: no momento, não consigo cozinhar sem usar um desses ingredientes. Meus livros não passam de um diário do que como e do meu jeito de cozinhar, então, sejam quais forem minhas paixões atuais, sempre estarão refletidas nas páginas que escrevo.

Às vezes os ingredientes que peço não são encontrados em todos os supermercados, mas estão disponíveis na internet, e eu cuido para que todo ingrediente mais raro seja usado por inteiro. Não quero fazer compras sem necessidade, acho que você também não. Por mais que eu goste do ritual de cozinhar, acho que pode ser bom sair da rotina e do repertório habituais, mesmo que isso signifique aumentar a bagunça que já existe nos armários da cozinha. Quero enfatizar ainda que, se eu sugerir uma ida a um supermercado asiático — ou seu equivalente on-line —, é porque em geral os ingredientes requeridos são bem mais baratos e têm muito mais qualidade nesses estabelecimentos do que as respectivas versões vendidas em supermercados locais. Fique tranquilo, pois isso só vale para algumas receitas.

Eu me referi a arroz integral de grão curto várias vezes nestas páginas: ele se distingue do arroz integral comum por levar menos tempo para cozinhar e absorver os líquidos de forma diferente.

Mencionei alho caramelizado em diversas receitas, todas as vezes forneci instruções para prepará-lo em um forno bem quente, mas, quando já estiver usando o forno, faz mais sentido assar a cabeça de alho simplesmente deixando-a por mais tempo em uma temperatura mais baixa. Assim, 45 minutos a 220° equivalem a 2 horas a 170°, ou você pode encontrar um meio-termo. Como sempre, na cozinha, o importante é que suas receitas funcionem primeiro para você, não o contrário.

Em muitas receitas deste livro, o gengibre deve ser descascado e ralado. O jeito mais fácil de descascá-lo é usar a ponta de uma colher de chá e um ralador fino da Microplane — a melhor ferramenta para ralar gengibre, assim como para picar alho e raspar a casca das frutas cítricas.

O óleo de coco especificado é o prensado a frio, que às vezes também é rotulado como "cru" ou "extravirgem", e é diferente dos tipos desodorizados ou refinados. O óleo de coco é sólido até a temperatura atingir 24°, ponto em que se liquefaz.

Ovos são sempre grandes, de preferência orgânicos e caipiras.

Quando estiver preparando receitas de forno, todos os ingredientes — a não ser que se especifique o contrário — devem estar em temperatura ambiente, antes de começar.

Em casos relevantes, indiquei que a receita é sem glúten ou laticínios, mas só quando o mais comum é que a receita contenha laticínios ou glúten (como as de forno). Elas também estão indicadas por pontos coloridos no índice — verde para as receitas livres de laticínios e rosa para as que não contêm glúten.

Prefiro flocos de sal marinho quando cozinho ou como. É preciso atenção, pois as medidas fornecidas não são intercambiáveis com o sal refinado. Se for substituí-las por sal refinado, use apenas metade da quantidade.

Quando não for dada nenhuma Nota de congelamento ou Observação sobre o preparo antecipado, nenhum dos dois é recomendado.

As receitas deste livro baseiam-se nas seguintes medidas: colheres — ¼ de colher de chá (1,25 ml), ½ colher de chá (2,5 ml), 1 colher de chá (5 ml) e 1 colher de sopa (15 ml). Xícaras — ¼ de xícara (60 ml), ⅓ de xícara (80 ml), ½ xícara (125 ml) e 1 xícara (250 ml).

Muitas receitas sugerem usar frigideiras de ferro fundido (embora alternativas sejam sempre fornecidas). Se bem tratadas e temperadas de forma adequada, elas são as frigideiras antiaderentes mais efetivas, podendo ser usadas tanto no forno quanto no fogão. Além disso, duram a vida inteira, enquanto panelas com antiaderente precisam ser substituídas com regularidade. As minhas são básicas e baratas, mas me servem bem, e tanto o metal antigo do qual foram feitas e seu peso me tranquilizam. Ao utilizá-las, sinto que estou ligada a uma longa linhagem de cozinheiros que se estende pelos séculos. As caçarolas de fundo grosso que uso em muitas receitas são de ferro fundido esmaltado e têm uma tampa que veda bem; se você estiver usando algo menos robusto, talvez os tempos de cozimento precisem ser ajustados. Uma aquisição mais luxuosa e relativamente nova em relação aos utensílios de ferro fundido em minha cozinha é uma panela de cozimento lento (uma panela elétrica que também é conhecida como *slow cooker* ou *crock-pot*). Assim como o ferro fundido, ela retém o calor de forma eficiente e uniforme, evitando pontos mais quentes. Além disso, a parte de cerâmica pode ser usada no forno e no fogão.

Com frequência, forneço medidas para as panelas usadas nas receitas: com exceção das fôrmas, que são específicas, essas medidas servem apenas para oferecer orientação.

Uso um forno elétrico convencional; se você usar outro tipo de forno, consulte o manual para ajustar a temperatura.

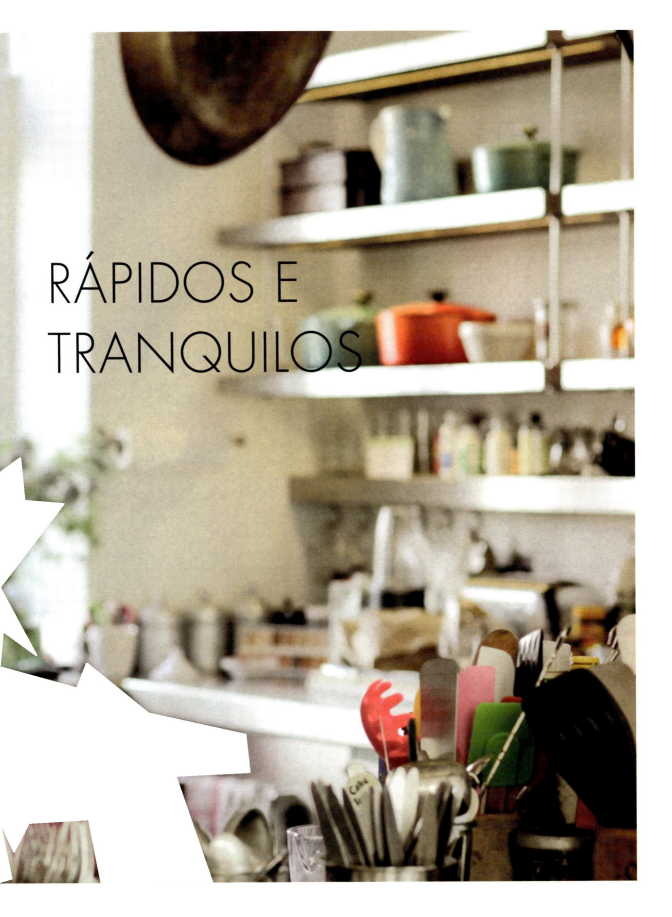

RÁPIDOS E TRANQUILOS

RÁPIDOS E TRANQUILOS

Entre os que escrevem sobre comida, existe uma tendência deplorável de dar justificativas afobadas para qualquer atividade na cozinha, confesso às vezes também cair nessa armadilha. Enfatizamos o quanto a receita é fácil, alardeando a quantidade ínfima de tempo que lhe pediremos para ficar nesse cômodo da casa. Sim, as receitas deste capítulo são simples, rápidas e tranquilizadoramente fáceis, mas não vou me desculpar pelo tempo passado na cozinha: é onde eu quero estar.

Em outros capítulos, há receitas que servem grupos grandes e se adequam a diferentes ocasiões; aqui, meu foco é um jantar rápido, geralmente para dois (embora você possa aumentar ou diminuir a receita, conforme necessário), e os pratos que escolhi são aqueles que me fazem sentir bem no final de um dia exaustivo. Preciso me sentir bem não só quando estou na mesa comendo, e depois, mas também antes, enquanto estou no fogão, relaxando e deixando minha mente vagar, ou melhor, deixando-a se deslocar de um cérebro efervescente para minhas mãos. Não quero preparar nada difícil, mas quero cozinhar. Com a receita certa, a atividade acalma em vez de estressar.

Claro, nenhum de nós pode afirmar que cozinhar é sempre o que queremos fazer no final de um longo dia, mas o jantar é muito importante, e um dia fica muito estranho para mim se eu não comer bem no final. As receitas que se seguem são meu jeito de garantir uma noite calma, um bom jantar, e me dão a sensação de que não existe lugar algum em que eu prefira estar além da minha cozinha.

Improviso sobre uma salada Caesar

Certas pessoas acham que uma receita clássica é apenas isto: um prato que ganhou status porque sempre dá certo, pensar em alterá-lo é um sacrilégio. Não é uma postura desonrosa, mas a considero falha. Os clássicos, na comida e na literatura, são os moldes que podem dar suporte e gerar diversas interpretações novas.

Eu mesma já tinha subvertido a salada Caesar. Em *How To Eat*, substituí os croutons tradicionais por minicubos de batata, assados até ficarem crocantes e jogados — ainda quentes — na salada. Com frequência, ainda a preparo assim. Nesta minha nova versão quente lanço um desafio maior, o que, para mim, torna este prato um jantar perfeito depois de um longo dia de trabalho, ou mesmo um ótimo almoço em um sábado ocioso. Para aqueles que sentirem falta dos croutons, sugiro uma torrada pincelada com azeite extravirgem para comer como acompanhamento.

SERVE 2 PESSOAS

1 molho de alface americana	Raspas e suco de ½ limão-siciliano, mais ½ limão-siciliano para servir
2 colheres de sopa de azeite comum	
1 dente de alho descascado e finamente ralado ou picado	2 colheres de sopa de óleo de girassol
	2 ovos
4 filés de anchova (em óleo) finamente picados	Queijo parmesão para polvilhar

- Preaqueça o forno a 220°.

- Corte a alface americana ao meio, no sentido do comprimento, e coloque ambas as metades em uma pequena assadeira ou bandeja de alumínio, com o lado cortado para cima. Misture o azeite, o alho ralado e as anchovas picadas em uma tigela e despeje sobre a alface com uma colher. Coloque a assadeira no forno e deixe por 10 minutos. Depois, adicione a casca finamente ralada e o suco do limão-siciliano, levando novamente ao forno. Deixe mais 5 minutos até a alface murchar e ficar com as extremidades levemente tostadas.

- Em uma frigideira antiaderente de ferro fundido com fundo grosso que seja grande o bastante para fritar 2 ovos — uso uma de 20 cm de diâmetro —, despeje o óleo de girassol. Quando estiver quente, quebre um dos ovos, seguido pelo outro, e frite até as claras estarem cozidas, mas as gemas continuarem moles.

- Coloque uma das metades da alface americana em cada prato e cubra com um ovo frito. Usando um descascador de legumes, raspe tiras de parmesão sobre cada prato. Reserve também ¼ do limão-siciliano, caso se precise de mais para espremer por cima.

Brocamole

Peguei emprestado o nome — e a inspiração para esta receita — de *mon cher confrère* Ludo Lefebvre, e é, como você provavelmente deduziu, um guacamole com brócolis (embora a receita dele não contenha abacate). Não me sinto mal por roubar o título dele: afinal de contas, tudo está em seu livro *Ludo Bites*...

Embora a receita seja uma opção óbvia para um arranjo de chips com pastinhas para quando recebemos amigos, normalmente a preparo para um jantar tranquilo no sofá, para espalhar sobre uma torrada de pão italiano ou mergulhar legumes crus — ou ambos. Não me sinto mal por não fazer todas as refeições à mesa. Certos dias apenas pedem um momento de preguiça no sofá. A comida, sim, precisa ser algo que me salve de um colapso nervoso. Esta receita é assim.

Ainda que renda muito, conserva-se bem (por estranho que pareça, considerando o abacate) e também pode ser uma opção de almoço fantástica para levar para o trabalho no dia seguinte, seja com legumes crus ou usada como molho para sobá frio — ou qualquer outro tipo de *noodles*. Nesse caso, adiciono algumas sementes de abóbora tostadas e as misturo com o macarrão e o molho.

RENDE APROXIMADAMENTE 600 ML, SERVE 4 A 6 PESSOAS, OU 8 PESSOAS COMO PASTINHA COM DRINQUES

1 unidade de brócolis japoneses sem o talo	1 molho pequeno de coentro
½ xícara de óleo vegetal (125 ml)	1 pimenta verde fresca
1 colher de sopa de azeite extravirgem	Suco de 2 limões Tahiti
1 abacate maduro	Sal marinho em flocos a gosto
2 cebolinhas limpas picadas grosseiramente	

- Corte os floretes de brócolis e os cozinhe em uma panela grande com água salgada por 3 minutos (até ficarem macios, mas ainda crocantes).

- Escorra e coloque imediatamente em água gelada. Quando os brócolis estiverem frios, escorra, novamente, muito bem e coloque no processador, adicionando os óleos enquanto processa, até obter um purê grosso.

- Corte o abacate ao meio, remova o caroço e depois use uma colher para transferir a polpa para o processador. Adicione também a cebolinha, juntamente com a maior parte do coentro. Se não quiser que fique picante demais, retire as sementes da pimenta, pique-a grosseiramente e a acrescente, junto com metade do suco de limão. Bata outra vez.

- Prove para ver se quer mais suco de limão — em geral acho 1 ½ limão o ideal, mas depende da quantidade de suco que a fruta tiver — e adicione sal a gosto.

- Sirva em uma tigela, salpicado com o coentro restante, e estará pronto para ser usado como pastinha ou para espalhar sobre uma torrada.

OBSERVAÇÃO SOBRE O PREPARO ANTECIPADO	OBSERVAÇÃO SOBRE O ARMAZENAMENTO
Pode ser feito com até 6 horas de antecedência. Cubra com filme plástico ou papel-manteiga e deixe na geladeira até a hora de comer.	Bem cobertas, as sobras podem ficar na geladeira por 2 dias.

Salada de feta e abacate com cebolas roxas, romã e sementes de nigela

Minha irmã Horatia sempre coloca pedaços de feta em um prato, salpica com sementes de nigela (solidariedade familiar), rega com azeite e os serve com pão indiano durante drinques. Você pode fazer o mesmo, porque transformei esse prato em um jantar simples, tão pungente quanto bonito. Como o feta é o principal ingrediente, faz muita diferença se você conseguir um pedaço dele fresco em uma delicatéssen ou loja de produtos turcos, mas também dá certo com feta de boa qualidade empacotado. Uma tigela de salada de folhas de espinafre baby e um pão turco pide fofo — e não crocante — são meu acompanhamento preferido.

Marinar a cebola em vinagre — um velho truque meu, que muitos de vocês devem conhecer — não apenas elimina o gosto forte da cebola crua, mas também confere às tiras roxas um leve tom carmesim, ou melhor, um rosa forte, se ela for deixada marinando por tempo suficiente. Duas horas é o ideal: mais tempo é ainda melhor, e aumenta o tempo de conservação. Se você estiver com pressa, 20 minutos bastam, mas nesse caso dobre a quantidade de vinagre, afogando a cebola em vez de banhá-la.

Caso as sementes de nigela (muito usadas na culinária indiana, em que são chamadas de *kalonji*) sejam difíceis de encontrar e você precisar excluí-las da receita, prometo que não vou ficar ofendida. Sementes de mostarda preta são um substituto mais que aceitável — você pode ainda apenas eliminar esse tempero por completo. Um azeite extravirgem grego de boa qualidade é meu preferido para untar e combina perfeitamente com este prato, forte e genuíno, apesar da discordância geopolítica.

SERVE 2 PESSOAS

½ cebola roxa descascada

2 colheres de sopa de vinagre de vinho tinto

250 g de queijo feta

½ colher de chá de sementes de nigela ou de mostarda preta

1 abacate maduro

2 colheres de sopa de sementes de romã

1 a 2 colheres de sopa de azeite extravirgem (ver a introdução da receita)

- Corte a cebola roxa em finas tiras em formato meia-lua e coloque esse delicado emaranhado em uma pequena tigela não metálica. Despeje o vinagre e certifique-se de que toda a cebola fique submersa. Cubra com filme plástico e deixe em infusão (ver introdução da receita).

- Quando o vinagre realizar sua mágica e as tiras de cebola estiverem iluminadas como cacos de um vitral de Schiaparelli, prepare o restante da salada.

- Pegue 2 pratos e divida o feta entre eles, quebrando-o em pedaços irregulares. Salpique com sementes de nigela ou de mostarda preta.

- Descasque o abacate e retire o caroço. Em seguida, corte a polpa em fatias longas e finas, em forma de gôndola, e as arrume em volta do feta. Polvilhe com sementes de romã e regue com um fio verde e brilhante de azeite extravirgem. Sirva com as cebolas, retiradas da maceração e espalhadas sobre o prato.

OBSERVAÇÃO SOBRE O PREPARO ANTECIPADO

Em conserva, as cebolas podem ser preparadas até 1 semana antes. Coloque-as em um recipiente não metálico, cubra e deixe na geladeira até a hora de usar.

Halloumi com calda rápida de pimenta

Certa vez, quando descrevi o queijo halloumi como "isopor salgado", as pessoas acharam que era uma crítica. Nada poderia estar mais longe da verdade. Há algo muito atraente nesse queijo rangente, por isso sempre o tenho na geladeira. Com frequência, o trato como um bacon vegetariano, frito sem óleo em uma panela quente depois cubro com um ovo cozido mole descascado (prefiro descascar o ovo, mesmo quando está tão quente que machuca a mão, do que fazer um ovo pochê). A ideia desta receita me ocorreu em uma noite em que senti a necessidade de contrabalançar a atração do sabor salgado do halloumi com um pouco de doçura picante.

Uso uma panela pequena de cobre para o molho rápido — ele leva 4 minutos para ficar pronto — mas se você não tiver uma, prepare mais e depois guarde em um pote selado, esquentando quando precisar usá-lo em outras ocasiões.

SERVE 2 PESSOAS (MAS NINGUÉM VAI TE JULGAR SE VOCÊ COMER TUDO SOZINHO)

3 pimentas-malagueta frescas
2 colheres de sopa de mel
1 limão Tahiti
250 g de queijo halloumi

PARA SERVIR:
Folhas de salada a sua escolha
Azeite extravirgem a gosto

- Fatie as 2 pimentas, deixando as sementes. Depois, retire as sementes da terceira e a pique em pedaços bem pequenos (assim vai ficar bem picante; se quiser mais suave, você pode tirar mais sementes). Coloque em uma panela pequena — de preferência do tipo vendido como molheira — juntamente com o mel, e esprema 1 colher de chá de suco de limão. Coloque a panela na boca do fogão que tenha o fogo mais fraco e deixe levantar fervura. Depois, baixe o fogo e deixe espumar por 4 minutos. Mexa com frequência e fique de olho na panela, caso contrário a espuma vai transbordar. Retire do fogo.

- Antes de voltar para o halloumi, arrume algumas folhas de salada em 2 pratos e despeje a quantidade de azeite que desejar sobre elas. Se quiser, corte a outra metade do limão em meias-luas e coloque uma parte em cada prato.

- Fatie o halloumi em 8 pedaços e aqueça uma frigideira de ferro fundido ou de fundo grosso. Quando estiver quente, frite as fatias — sem óleo algum — por 30 a 60 segundos, até ficarem listradas por baixo. Em seguida, vire-as e deixe até que o outro lado também ganhe um bronzeado irregular.

- Transfira o halloumi para os pratos e despeje sobre eles os pedaços vermelho-batom de pimenta em sua calda de mel. Coma imediatamente. Não é difícil.

OBSERVAÇÃO SOBRE O ARMAZENAMENTO

Transfira as sobras frias do molho de pimenta para um pote, sele e armazene na geladeira por até 2 semanas.

Radicchio assado com queijo azul

Sempre achei que o que vale na cozinha, também vale fora dela, mas vejo que essa é uma exceção gritante. Na vida, o amargor (que é "como tomar veneno e esperar que o outro morra", como Carrie Fisher disse, embora a autoria seja contestada) deve ser evitado a todo custo, mas quando o assunto é comida, é um dos maiores trunfos. Como característica, o amargor nunca me atraiu e nem me senti tentada a sucumbir a ele; na cozinha, sou sua serva. Caso você sinta o mesmo, precisa ter o premiado *Bitter*, de Jennifer McLagan, na sua biblioteca. Aqueles que ainda precisam ser convencidos, experimentem primeiro esta receita. Considerem-na uma introdução leve e um dos jantares mais fáceis e elegantes que conheço. Algumas batatinhas cozidas no vapor acompanham perfeitamente, pois sua doçura pálida fornece um contraste cremoso para a pungência discreta das folhas amargas e do queijo azul, embora eu adore este prato puro, ou ainda mais amargo, com um pouco de agrião.

Meu radicchio preferido não é o tipo redondo de Chioggia, mas o superamargo, de folhas menos macias em formato de dirigível, o Treviso Precoce. Essa variedade, porém, tem uma estação muito mais curta (por isso também é mais cara). O radicchio redondo, apesar disso, em todo o seu rechonchudo esplendor episcopal, não deve ser menosprezado.

SERVE 2 PESSOAS

1 radicchio redondo grande ou 2 Treviso Precoce, se for possível

1 colher de sopa de azeite comum

1 boa pitada de pimenta-do-reino

1 ½ colher de chá de vinagre balsâmico

50 g de gorgonzola piccante ou outro queijo azul

2 colheres de sopa de pinoli

1 colher de sopa de cebolinha fresca picada

Agrião para servir (opcional)

- Preaqueça o forno a 220°.

- Se for usar o radicchio redondo, corte em quatro partes de baixo para cima (tente manter as partes cortadas inteiras, se for possível). Se for usar o longo Treviso Precoce, basta cortar ao meio.

- Arrume os pedaços em uma bandeja de alumínio ou em uma assadeira pequena forrada com papel-alumínio. Regue com o azeite, moa um pouco de pimenta-do-reino por cima e goteje o vinagre. Finalmente, quebre o queijo por cima, ou adicione colheradas se for cremoso. Depois, coloque no forno quente para assar por 10 minutos.

- Enquanto o radicchio estiver no forno, aqueça uma frigideira pequena de fundo grosso e torre os pinolis, mexendo-os na panela quente e seca até dourarem. Coloque em um prato frio.

- Transfira o radicchio — cujo tom carmesim terá dado lugar a uma aparência murcha e de extremidades tostadas com bolsões de queijo derretido — para dois pratos, se quiser, forrados com agrião. Cubra com pinolis tostados e cebolinha fresca picada.

Curry de couve-flor e castanha de caju

Você sabe que nunca sirvo porções pequenas de propósito, então não deve estar surpreso por eu sugerir transformar uma couve-flor inteira em um curry para apenas duas pessoas. Em minha defesa, devo dizer que uma vez preparei esta receita para 4 pessoas, mas quase tive um ataque quando vi as duas primeiras enchendo os pratos e temi que as porções fossem pequenas demais para os outros dois convidados restantes. Além disso, você não pode sugerir que ¼ de couve-flor seja suficiente para o jantar de uma pessoa: este prato não é um legume de acompanhamento, é o evento principal. Sim, eu sei que seria suficiente do ponto de vista nutricional, mas culpem minha mentalidade atávica de refugiada: simplesmente não consigo fazer isso. Acho que parte da segurança que extraio da culinária é a noção de que sempre haverá sobras para mais tarde.

Minha sugestão seria servir esta receita pura, com um pouco de pão árabe macio, aquecido no forno, para mergulhar no prato enquanto se come. Mas se você quiser, fique à vontade para preparar um pouco de arroz ou — me permita sugerir um clichê de classe média — quinoa. De um jeito ou de outro, este prato é o que se pode chamar de curry multicultural: funde, sem pudor, os sabores tailandês e indiano (você pode usar uma pasta de curry indiana em vez da tailandesa), mas com uma intenção honrosa e um efeito muito agradável. Afinal de contas, sou londrina, e a culinária cosmopolita contrastante é natural para mim. Imagino que também não cause consternação em outros lugares.

SERVE 2 PESSOAS

1 couve-flor média

2 a 3 colheres de chá de sal marinho em flocos ou a gosto

2 folhas de louro

1 colher de sopa de óleo de coco extravirgem

2 talos de cebolinha finamente cortadas

2 colheres de chá de gengibre fresco finamente picado

Sementes de 3 vagens de cardamomo

1 colher de chá de sementes de cominho

1 colher de sopa de talos de coentro finamente picados

¼ de xícara (4 colheres de sopa) de pasta de curry tailandesa vermelha (ver introdução da receita)

400 ml de leite de coco

75 g de castanha de caju

1 limão Tahiti cortado ao meio

1 punhado pequeno de coentro fresco picado

Pão naan para servir (opcional)

- Coloque a água da couve-flor para ferver. Corte a couve-flor em floretes. Quando a água estiver fervendo, adicione 2 colheres de chá de sal marinho em flocos, as folhas de louro e os floretes, deixando na panela por 4 a 5 minutos ou até estarem cozidos, mas ainda firmes.

- Enquanto a couve-flor cozinha, aqueça o óleo de coco em uma wok — ou em uma panela com tampa na qual todos os ingredientes caibam. Depois, adicione a cebolinha, o gengibre picado, as sementes de cardamomo, de cominho e os talos de coentro finamente picados. Mexa em fogo médio por mais ou menos 1 minuto.

- Junte a pasta de curry, misturando novamente antes de acrescentar o leite de coco. Mexa bem e deixe ferver.

- Depois de cozinhar os floretes de couve-flor por 5 minutos, verifique se estão macios, escorra e os adicione à panela wok. Misture com o molho e prove para ver se quer adicionar o sal restante (eu sempre adiciono). Então, tampe e deixe ferver levemente por cerca de 10 minutos: a couve-flor deve ficar macia e bem embebida no molho. Esse é um bom momento para começar a aquecer o naan (se for esse o acompanhamento).

- Enquanto isso, esquente uma frigideira pequena de fundo grosso e torre as castanhas de caju até dourarem. Adicione metade delas na panela da couve-flor, misturando. Despeje a outra metade em um prato frio e reserve.

- Experimente o molho outra vez para ver se quer espremer um pouco de limão. Ao mesmo tempo, verifique o tempero. Depois, transfira a couve-flor e o molho para dois pratos. Salpique com as castanhas de caju reservadas, polvilhe com o coentro picado e adicione uma meia-lua de limão em cada prato.

OBSERVAÇÃO SOBRE O ARMAZENAMENTO

Deixe as sobras esfriarem, depois cubra e coloque na geladeira até duas horas depois de pronto. Conserva-se na geladeira por até 3 dias. Reaqueça lentamente em uma panela, ou aos poucos no micro-ondas, até ficar pelando.

Trouxinhas de alface com camarão e abacate

Aqui usei como base os tacos de camarão com abacate que sempre como na Costa Oeste. Substituí as tortilhas por folhas de alface e amenizei o tradicional *pico de gallo* (a clássica salsa mexicana com tomates, cebola, pimenta e coentro), substituindo a cebola branca crua por uma quantidade modesta de cebolinha picada. Mesmo assim, fica bem picante, mas não gosto muito de cebola crua. Se você gostar, use.

Adoro a maciez das trouxinhas de alface, mas nada te impede de usar tortilhas. Infelizmente, os camarões que compro aqui são congelados, não frescos, mas tiro a quantidade necessária do freezer de manhã e deixo descongelando na geladeira durante o dia, o que significa que tenho o jantar mais rápido do mundo quando tenho urgência, o que acontece frequentemente à noite.

Gosto do chamuscado que obtenho usando a panela de ferro fundido, mas se for usar uma de fundo grosso, coloque-a em um fogo levemente mais baixo já com o óleo.

RÁPIDOS E TRANQUILOS   19

SERVE 2 PESSOAS

1 colher de chá de óleo de coco extravirgem ou de azeite comum	Raspas e suco de 1 limão Tahiti
1 pimenta jalapeño fresca	Sal a gosto
¼ de xícara (4 colheres de sopa) de coentro fresco picado	2 tomates maduros (75 a 100 g no total)
	1 alface americana
8 camarões VG crus e descascados, descongelados se for o caso	1 talo de cebolinha
	1 abacate maduro

- Aqueça a panela de ferro fundido (caso vá usá-la) e adicione o óleo (do contrário, basta aquecer o óleo em uma frigideira de fundo grosso). Quando estiver bem quente, coloque os camarões e frite só até ficarem cozidos. Com um ralador fino Microplane, para facilitar, rale a casca do limão sobre os camarões e esprema um pouco de suco, depois mexa e transfira para um prato e reserve.

- Retire as sementes e pique finamente os tomates, colocando-os em uma tigela pequena. Corte a parte branca da cebolinha em fatias finas e a junte aos tomates. Pique a pimenta finamente e retire as sementes (ou não, se quiser que este prato fique bem picante, assim como eu), colocando-a também na tigela. Junte o coentro picado e esprema 1 ½ colher de chá de suco de limão por cima. Misture delicadamente e adicione sal a gosto.

- Pegue dois pratos. Arranque 2 folhas — inteiras — da alface e as coloque uma em cima da outra para fazer um recipiente, depois repita mais três vezes, para que cada prato fique com 2 trouxinhas duplas de alface. Corte cada camarão ao meio no sentido do comprimento — como se estivesse tentando abrir cada camarão como um livro e depois cortando a lombada — e espalhe-os sobre as trouxinhas. Descasque, retire o caroço e fatie o abacate, dividindo os pedaços entre os recipientes de alface cheios de camarões. Despeje um pouco da salsa por cima, mas reserve uma parte na tigela para quando for comer, sem nenhum cuidado para não fazer bagunça.

Salada de salmão, abacate, agrião e sementes de abóbora

Este prato é um almoço frequente na *casa mia*, como sabe qualquer um que me segue no Twitter ou no Instagram. Às vezes, cozinho o salmão e o deixo na geladeira (veja a Observação sobre o preparo antecipado desta receita), para poder prepará-lo mais rápido quando a vontade bate. De um jeito ou de outro, é um trabalho ágil, então esse é mais um comentário que um conselho. Embora você sempre possa preparar rapidamente uma *salade tiède* despedaçando o salmão sobre as folhas, enquanto ainda estiver quente.

Gosto de usar salmão selvagem do Alasca, daí o tom vívido deste prato. Não tem um sabor muito forte — sempre acho que o salmão é congelado ainda vivo, de tão gelada que a água deve ser —, mas também não tem aquela flacidez esquisita do salmão de cativeiro. E não é nem de longe tão caro quanto o salmão selvagem escocês, por mais delicioso que o salmão do Alasca seja.

Se você tiver metade de um abacate sobrando, esta receita pode ser uma excelente forma de aproveitá-lo, pois não é preciso usar um inteiro se for para apenas duas pessoas.

Um comentário final: eu adoro nosso óleo de colza britânico prensado a frio, mas se você não encontrá-lo, não cometa o erro de usar óleo vegetal comum no lugar dele. Prefira um bom azeite extravirgem.

SERVE 2 PESSOAS, GENEROSAMENTE, OU 4 PESSOAS EM UMA EMERGÊNCIA

2 filés de salmão selvagem do Alasca (aproximadamente 250 g no total)

2 cebolinhas limpas

1 colher de chá de grãos de pimenta-do-reino

2 ½ colheres de chá de suco de limão Tahiti

2 colheres de chá de sal marinho em flocos

PARA A SALADA:

3 colheres de sopa de sementes de abóbora

100 g de agrião

1 abacate pequeno maduro

1 colher de sopa de óleo de colza prensado a frio ou de azeite extravirgem

1 colher de chá de sal marinho em flocos ou a gosto

- Coloque os filés de salmão em uma frigideira pequena (uso uma de 20 cm de diâmetro) e cubra com água fria da torneira. Adicione as cebolinhas e os grãos de pimenta inteiros, esprema o suco de limão e junte o sal, depois deixe ferver sem tampa. Quando a panela estiver borbulhando, vire os filés e retire a panela do fogo, deixando descansar por 7 minutos. Retire os filés da água e deixe-os esfriar por completo, o que pode levar até 1 hora. Depois de frio, o salmão estará cozido, com a carne macia e de um tom rosa-coral.

- Enquanto o salmão estiver esfriando, comece a preparar a salada. Torre as sementes de abóbora colocando-as no fogo em uma frigideira de fundo grosso, sem óleo. Elas vão saltar um pouco, escurecer e ganhar um sabor mais defumado. Elas tostam rápido, então fique por perto e agite rapidamente a frigideira de vez em quando. Transfira para um prato.

- Na hora de misturar o salmão com a salada, coloque o agrião em uma travessa grande e rasa (ou divida entre duas tigelas), salpique com vinagre e misture. Então adicione o salmão, removendo a pele e despedaçando ou desfiando a carne, como quiser.

- Corte o abacate ao meio e retire o caroço. Depois, use uma colher para distribuir a polpa sobre o salmão e o agrião, ou corte em fatias, se preferir. Jogue um fio de azeite sobre a salada, polvilhe com o sal e metade das sementes de abóbora tostadas, misturando com delicadeza. Espalhe as sementes de abóbora que sobraram por cima e coma.

OBSERVAÇÃO SOBRE O PREPARO ANTECIPADO

O salmão pode ser cozido com até 3 dias de antecedência, depois coberto e guardado na geladeira até a hora de usar.

Salmão com missô

Em *How To Eat*, eu tinha uma receita de salmão marinado no missô diferente desta, era a minha adaptação do bacalhau negro com missô do Nobu, que tinha acabado de chegar nos Estados Unidos e que, tantos anos depois, continua sendo uma entrada fixa nos cardápios que aspiram à sofisticação. Esta versão é mais simples e rápida, também mais leve e vigorosa. Embora eu a prepare como um maravilhoso e simples jantar para dois, é fácil aumentar a quantidade e prepará-la quando receber amigos para jantar. Se eu estivesse cozinhando para um grupo maior, aconselharia preparar os brócolis de dois jeitos (**p. 230**) como acompanhamento. Do contrário, prefiro cozinhar um pouco de pak choi, temperado apenas com um fio de óleo de gergelim tostado. Brócolis cozidos também ficariam bons.

RÁPIDOS E TRANQUILOS

SERVE 2 PESSOAS

1 colher de sopa de missô branco	1 dente de alho, descascado e finamente ralado ou picado
1 colher de sopa de suco de limão Tahiti	
1 colher de sopa de molho shoyu	2 filés de salmão (220 a 250 g no total)
1 colher de sopa de molho de peixe	1 pimenta-malagueta fresca sem sementes finamente fatiada

- Preaqueça o forno a 220°.

- Coloque um saco com fechamento hermético dentro de uma jarra medidora, dobrando-o sobre a borda da jarra para que seja mais fácil enchê-la. Despeje o missô branco, adicionando o suco de limão, o molho shoyu, o molho de peixe e o alho ralado, ou picado, depois sele o saco e amasse o conteúdo para criar uma marinada uniforme e pastosa.

- Abra o saco, coloque os filés de salmão ali dentro, sele novamente e massageie para cobrir os filés com a marinada. Depois, coloque o saco na horizontal, deixando o salmão marinar por 15 minutos em temperatura ambiente.

- Forre uma assadeira rasa com papel-alumínio. Retire o salmão do saco, deixando a marinada escorrer, e posicione-o, com o lado mais plano para baixo, sobre o papel-alumínio.

- Coloque a assadeira no forno e asse o salmão por 7 a 10 minutos, dependendo da sua espessura. Ele deve ficar totalmente cozido, mas ainda suculento e com um tom rosa-coral por dentro.

- Quando os filés estiverem prontos, transfira-os para dois pratos aquecidos e salpique com as tirinhas de pimenta.

Bacalhau com temperos indianos

Segundo Rex, um excelente peixeiro a quem sempre recorro, há muito bacalhau pescado de forma sustentável na Cornualha, então aqui uso esse ingrediente sem peso na consciência. Seu preço, comparado a outros peixes como o pollock do Alasca e a merluza, sem dúvida o torna especial, mas isso também vale para o sabor delicioso e a textura firme e sedosa da carne. De qualquer forma, nesta receita você pode usar outro filé espesso de peixe de carne branca e firme e, na verdade, também funcionaria (do ponto de vista culinário) com salmão. Porém, se usar bacalhau, peça ao peixeiro um pedaço do lombo, não do rabo. Reforço que vá a um peixeiro se puder. Em primeiro lugar, fico muito mais tranquila em relação ao peixe que estou usando, e, se pararmos de ir a peixeiros, eles vão acabar, algo que não quero que aconteça. Além disso, pode ser um erro presumir que um supermercado é sempre a escolha mais barata.

Penso nesta receita como uma interpretação de inspiração indiana do bacalhau com purê de ervilha; sendo que o meu acompanhamento preferido é o Dal rápido com coco da **p. 234**, mas sinta-se livre para servi-la com uma salada simples se preferir. Se estiver de olho nos Ovos cor-de-rosa em conserva da **p. 268**, eles também ficam esplêndidos.

Da mesma forma, se quiser usar iogurte grego em vez de iogurte de leite de coco, que eu adoro e uso de forma extravagante sempre que posso, fique à vontade (sem dúvida é mais barato), mas nesse caso você só vai precisar de 1 colher de chá de suco de limão, juntamente com a casca ralada do limão inteiro.

SERVE 2 PESSOAS

3 colheres de sopa de iogurte de leite de coco

Raspas e suco de 1 limão Tahiti

1 colher de chá de garam masala

½ colher de chá de pimenta-malagueta em pó

½ colher de chá de cúrcuma

1 colher de chá de sal marinho fino

4 colheres de chá de sementes de mostarda amarela

¼ de colher de chá de macis

2 filés de lombo de bacalhau sem pele (aproximadamente 400 g no total)

PARA SERVIR:

Pedaços de limão-siciliano e grãos de pimenta-rosa amassados ou pimenta calabresa.

- Preaqueça o forno a 200°. Se for preparar o Dal da **p. 234** para comer como acompanhamento, comece-o antes do peixe. Coloque o iogurte em um recipiente raso, como um pirex pequeno e retangular. Depois, rale a casca do limão — usando um ralador fino da Microplane, de preferência — e esprema todo o suco dentro do recipiente.

- Acrescente e misture o garam masala, o pó de pimenta-malagueta, a cúrcuma, o sal, as sementes de mostarda e o macis.

- Cubra cada filé de bacalhau com a mistura condimentada de iogurte, virando com cuidado para cobrir ambos com a camada mais homogênea e grossa que conseguir.

- Coloque os filés em uma assadeira pequena e rasa e asse no forno por 15 minutos. Cheque depois desse tempo, para verificar se estão completamente cozidos. A espessura do peixe varia, então talvez precise ficar mais. Você precisa se certificar de que a carne não está mais transparente.

- Transfira para dois pratos com os pedaços de limão e coloque um pouco de pimenta-rosa levemente amassada (ou pimenta calabresa) por perto para polvilhar à mesa, se quiser. Sirva com uma salada ou com o Dal rápido com coco.

Jackson Pollock

Desculpe, mas eu não consegui me controlar. Embora a minha piadinha não seja boa, se você usar um peixe branco e de carne firme, pelo menos a receita vai ser, então use o peixe que preferir. Os pimentões grelhados que menciono aqui (e em outros pontos do livro) são aqueles cortados e conservados em óleo, que se encontram nos supermercados. Uso os da Saclà.

SERVE 2 PESSOAS

Filés sem pele de 1 pollock do Alasca (250 g a 300 g no total)

250 g de espinafre

¾ de xícara de folhas de salsa (cerca de 15 g)

1 ½ colher de chá de sal marinho em flocos

Raspas e suco de ½ limão-siciliano

3 colheres de sopa de óleo de girassol

1 colher de sopa de azeite extravirgem

2 colheres de sopa de água gelada (se necessário)

290 g de pimentões grelhados conservados em óleo

1 dente de alho descascado e finamente ralado ou picado

- Preaqueça o forno a 200°. Retire os filés da geladeira. Despeje as folhas de espinafre em um escorredor e lave-as sob a torneira, depois agite o escorredor sobre a pia, pressionando o espinafre para eliminar o excesso de água.

- Comece preparando o molho verde. Você pode usar tanto uma tigela e um mixer como o recipiente pequeno de um processador de alimentos. Bata 1 ½ xícara (cerca de 45 g) do espinafre com a salsa, ½ colher de chá de sal marinho em flocos, as finas raspas do limão e o óleo de girassol até começar a obter um molho emulsificado. Adicione o azeite extravirgem e bata outra vez, depois prove para checar o tempero e adicione água se o molho precisar ser afinado: deve fica um pouco líquido para o efeito artístico que planejamos.

- Despeje os pimentões grelhados, e seu óleo, em uma pequena assadeira — uso uma rasa de 23 x 30 cm com uma borda de 4 cm. Junte o alho ralado e polvilhe com ½ colher de sopa de sal marinho em flocos, mexendo para combinar. Coloque os filés de pollock do Alasca por cima e asse por 5 a 7 minutos, até o peixe estar cozido.

- Enquanto o peixe estiver no forno, aqueça uma wok ou uma panela grande (com tampa) e adicione o que sobrou do espinafre junto com o sal restante, coloque a tampa e deixe o espinafre murchar, o que não deve levar mais que 2 minutos.

- Verifique se o peixe está pronto e, quando estiver, retire a assadeira do forno. Pegue um prato grande e arrume o espinafre murcho, pegando-o com uma escumadeira para não ficar aguado. Adicione os filés de peixe, cortando cada um ao meio, e — novamente com a escumadeira — os pimentões vermelhos grelhados, arranjando-os ao redor do peixe e do espinafre, deixando alguns pedaços caírem por cima. Depois, jogue um fio do óleo do pimentão sobre o peixe.

- Com uma colher, jogue o molho verde por cima do jeito que quiser; se preferir, consulte a foto deste livro — ou até um livro de arte — para obter orientação.

Cavala com gengibre, shoyu e limão

Eu adoro cavala. Para mim, parte do prazer vem da beleza da pele azul-prateada-dourada cintilante com aquelas listras quase sobrenaturais, mas isso não significa que eu a prepare apenas por razões estéticas.

A marinada ácida e pungente desta receita é o contraponto perfeito para a carne densa da cavala, ainda mais se o processo de marinar elimina a possibilidade daquela pele crocante. É uma troca que estou disposta a fazer. Na verdade, se você grelhar o peixe em uma churrasqueira, em calor nuclear, por apenas alguns instantes (depois de uma eternidade para esquentar) pode conseguir aquela casquinha crocante de restaurante japonês, mas o forno quente fornece uma maciez tão completa, e sem qualquer interrupção frenética à calma da ocasião, que não consigo sugerir nenhum jeito melhor do que o mostrado a seguir.

Gosto de servir um pouco de gengibre em conserva como acompanhamento, seja comprado pronto ou, melhor ainda, feito com a receita extremamente simples da **p. 266**. Um rápido refogado de couve-de-bruxelas em fatias também funciona para mim. Basta aquecer uma wok, adicionar 2 colheres de chá de óleo de girassol e, quando estiver quente, ralar 1 dente de alho ali dentro (ou picar e acrescentar), adicionar uma colher de chá de sementes de gergelim, mexer e então juntar cerca de 200 g de couve-de-bruxelas, finamente fatiadas com uma faca afiada, refogando por 2 a 3 minutos. Finalmente, junte uma colher de chá de sal marinho em flocos diluído em um copinho de shot de água, esprema um pouco de suco de limão Tahiti, refogando por mais 30 segundos a 1 minuto antes de temperar a gosto, e pronto. Não haveria nada de errado, porém, em simplesmente servir uma salada crocante com molho ácido como acompanhamento.

SERVE 2 PESSOAS

Raspas de 1 limão Tahiti e 2 colheres de chá de suco

2 colheres de sopa de molho shoyu

1 colher de sopa de gengibre fresco ralado

1 colher de chá de xarope de bordo

1 fio de óleo de gergelim

4 filés de cavala

- Preaqueça o forno a 220°.

- Rale finamente a casca do limão (você vai precisar de um pouco de suco mais tarde), então reserve em uma tigelinha coberta de filme plástico.

- Pegue um saco com fechamento hermético e coloque todos os ingredientes da marinada — 2 colheres de chá de suco de limão, o molho shoyu, o gengibre, xarope de bordo e um fio de óleo de gergelim. Amasse antes de adicionar os filés de cavala. Sele o saco e amasse mais um pouco, depois deixe na horizontal por 10 minutos. Este seria o momento de começar a fatiar a couve-de-bruxelas, se quiser comê-las como acompanhamento (ver introdução da receita).

- Forre uma assadeira rasa — na qual dê para arrumar todos os filés — com papel-alumínio e coloque os filés, com marinada e tudo. Vire a pele da cavala para cima antes de colocar no forno quente e assar por 10 minutos. Antes de servir, claro, verifique se o peixe está cozido. Se precisar ficar só um pouquinho mais, basta tirar a assadeira do forno e deixá-la sobre uma superfície refratária por mais alguns minutos.

- Pegue dois pratos e coloque 2 filés em cada, salpicando a maior parte das raspas de limão sobre eles. Adicione o legume que escolheu como acompanhamento, polvilhando o restante das raspas de limão por cima dele. Então ataque, adicionando gengibre em conserva enquanto comer, se isso o fizer feliz. Isso me faz feliz.

Hadoque frito condimentado com purê de brócolis

Esta receita não poderia ser mais fácil e não requer nenhuma complicação ou esforço para mantê-la simples. Bom peixe, levemente passado em farinha temperada e frito rapidamente, é um prazer antiquado, para se saborear. Nesta receita, prefiro cobrir o peixe com farinha sem glúten. Eu buscava a leve textura arenosa da farinha de arroz, mas não a tinha em casa. Já a farinha sem glúten (que eu tinha), contém farinha de arroz e funcionou maravilhosamente. Claro, você pode usar a comum se quiser. Embora o glorioso acompanhamento verde possa parecer um antiquado purê de ervilhas britânico, na verdade é brócolis batido com um mixer. Uso brócolis congelados simplesmente por achar que, cozidos dessa forma, o sabor fica — por incrível que pareça — mais fresco e não precisa de nada além de um pouco de sal e pimenta a gosto, juntamente com um toque muito suave, embora enfaticamente cremoso, de coco. Se você retrair diante da ideia do coco, por mais delicado que seja, use manteiga ou até um bom azeite extravirgem.

SERVE 2 PESSOAS

PARA O PURÊ DE BRÓCOLIS:

500 g de floretes congelados de brócolis

1 a 2 colheres de sopa de óleo de coco extravirgem (pode substituir por manteiga ou azeite extravirgem)

Sal e pimenta a gosto

PARA O HADOQUE CONDIMENTADO:

3 colheres de sopa de farinha sem glúten ou farinha de trigo comum

1 colher de chá de gengibre em pó

1 colher de chá de páprica picante

1 colher de chá de sal marinho fino

2 filés de hadoque com pele (aproximadamente 550 g no total)

1 colher de sopa de óleo de girassol

PARA SERVIR:

½ limão-siciliano cortado em meias-luas

- Ferva uma panela de água com sal para os brócolis, cozinhando os floretes ainda congelados por 10 minutos, a partir do momento em que a água começar a ferver, ou até que estejam macios o suficiente para virarem purê. Escorra e devolva à panela juntamente com 1 colher de sopa de óleo de coco extravirgem, batendo com o mixer e adicionando sal e pimenta e mais uma colher de sopa se quiser. Tampe e reserve enquanto frita o peixe, o que é muito rápido.

- Pegue um prato no qual os filés de peixe caibam na horizontal e nele misture a farinha, os temperos e o sal, passando o peixe de ambos os lados para que os filés fiquem bem cobertos. Coloque uma frigideira de ferro fundido ou de fundo grosso — onde os filés caibam — no fogo. No caso da frigideira de ferro fundido, aqueça antes de adicionar o óleo de girassol; se for usar uma frigideira antiaderente, coloque o óleo primeiro.

- Assim que o óleo estiver quente, coloque os dois filés na frigideira, com o lado da pele para baixo, e cozinhe por 3 minutos. Vire-os e cozinhe por mais 1 ½ minuto, ou até o peixe estar no ponto. Esses tempos são baseados em filés que são — como você pode ver — mais ou menos quadrados e bem espessos. Se os seus forem mais finos, 2 minutos com o lado da pele para baixo, seguidos por 1 minuto do outro lado, devem bastar.

- Quando o peixe estiver cozido, transfira para uma travessa forrada com papel-toalha, enquanto serve o purê de brócolis em dois pratos. Arrume os filés de hadoque com o lado crocante da pele para cima e coma com tranquilo deleite, talvez com um pouco de limão espremido também.

RÁPIDOS E TRANQUILOS

Robalo no vapor com gengibre e shoyu

Embora sem dúvida o robalo seja um luxo, esta receita o usa de modo frugal. Eu compro um filé de robalo selvagem e corto ao meio para servir 2 pessoas. Embora admita que o ímpeto desta receita deve-se mais à preocupação de que o robalo caiba na vaporeira que à economia. Quando falo em vaporeira, é algo improvisado, pois fervo a água na wok (que vem com uma tampa) e coloco sobre ela uma grelha para bolos. O peixe preparado vai para um prato refratário, o prato é colocado sobre a grelha, tampado, e é simples assim. Claro, se você tiver uma vaporeira vai ser ainda mais simples. (Eu imagino que seja possível cozinhar o peixe, com seus temperos, enrolado em um pedaço de papel-alumínio untado e bem fechado, em um forno a 200° por 5 minutos, ou até estar cozido.) Este peixe é muito delicado e o molho é leve e delicioso — os sabores, embora suaves, são definidos e vibrantes.

Como acompanhamento, gosto de uma salada simples sem molho, preparada com a metade de um pepino sem sementes, cortado ao meio e depois cortado à juliana ou em bastões finos, juntamente com 4 a 6 rabanetes (dependendo do tamanho) cortados em palitinhos de pontas vermelhas, tudo misturado. Também ficaria perfeito com um pouco de espinafre.

SERVE 2 PESSOAS

1 pedaço de 2 cm de gengibre fresco descascado
1 filé de robalo sem pele (aproximadamente 200 g)
1 colher de sopa de molho shoyu
1 colher de chá de óleo de gergelim
Coentro para servir

- Coloque a vaporeira para ferver. Prepare a salada de pepino e rabanete descrita na introdução da receita, se quiser seguir a rota recomentada. Corte o gengibre descascado em fatias transversais bem finas, depois faça tirinhas com as fatias. Então corte o robalo ao meio, no sentido transversal, para obter dois filés mais curtos.

- Pegue um prato refratário com borda que caiba na vaporeira (como descrito na introdução da receita) e também seja grande o suficiente para os dois filés. Distribua metade das tirinhas de gengibre pelo prato, coloque o peixe por cima e depois adicione o restante das tiras. Misture o shoyu e o óleo de gergelim, despejando sobre o peixe. Coloque o prato sobre o suporte da vaporeira, cubra e cozinhe no vapor por 5 minutos, ou até que os filés estejam prontos.

- Divida a salada entre dois pratos e transfira com cuidado um filé para cada prato, despejando o molho escasso, mas aromático, sobre o peixe, sem deixar de aproveitar todos os pedaços de gengibre. Salpique com algumas folhas de coentro e coma imediatamente, saboreando cada garfada extraordinária.

Ovas endiabradas com torrada

Eu adoro ovas moles com torrada. Minha mãe as preparava com frequência nas noites de sábado — depois do obrigatório frango no almoço. O contraste entre a maciez pungente das ovas e a torrada amanteigada, arrematado pelo essencial suco ácido de limão-siciliano, me enche, não de nostalgia pela minha infância, mas sim por um sabor que agora é tão raro que parece prestes a escapar para um arquivo histórico ou para o exclusivo campo do clube de cavalheiros britânico (ou para restaurantes sofisticados que aspiram a esse status mesquinho).

Para aqueles que são jovens demais para ter crescido comendo essa combinação, explico que ovas moles são o esperma do arenque. Não vejo motivo para melindres por causa disso, mas sei que muitos vão ficar desapontados. Azar o de vocês. Embora a quantidade de várias espécies de peixes esteja declinando, o mar está cheio de ovas de arenque. No final do ano, $1/3$ do corpo do arenque macho é formado por ovas; é por isso que eles se reproduzem espargindo suas ovas (a fêmea tem ovas duras, com uma textura granulada, e não macia) no mar. Bem, chega desse assunto.

A ova de arenque pode ser um pouco difícil de encontrar, mas converse com o peixeiro. Se ele limpa o próprio peixe na loja, deve conseguir reservar um pouco de ovas encomendando com antecedência. Talvez até tenha um pouco congelado. Esta receita é em essência um prato habitualmente servido após o jantar, que prefiro comer como uma refeição em si. Se você sabe do que estou falando, não vai precisar de maiores encorajamentos. Se não, por favor experimente: é um jantarzinho maravilhoso para dois.

SERVE 2 PESSOAS, MODESTAMENTE

1 colher de sopa de amido de milho

½ colher de chá de pimenta caiena

½ colher de chá de macis em pó

200 g de ovas moles de arenque

1 colher de sopa de manteiga sem sal e um pouco mais para a torrada

1 fio de azeite comum

2 fatias grossas de um pão de boa qualidade (eu gosto de pão italiano branco)

Suco de ½ limão-siciliano

Sal marinho defumado em flocos ou sal marinho em flocos comum para salpicar

1 colher de chá de cebolinha fresca finamente picada (ou outra erva da sua preferência) para polvilhar

- Misture o amido de milho, a pimenta caiena e o macis em um saco com fechamento hermético. Abra uma folha dupla de papel-toalha, coloque uma das partes sobre uma superfície plana e deposite ali as ovas de arenque, depois pegue o outro pedaço e posicione por cima, dando leves tapinhas para remover o excesso de líquido. Então junte as ovas à mistura de amido e temperos no saco com fechamento hermético e agite com cuidado para que todos os pedaços fiquem cobertos.

- Em uma pequena frigideira de ferro fundido (eu uso uma de 20 cm de diâmetro) ou em uma frigideira antiaderente de fundo grosso, derreta a colher de sopa de manteiga com o fio de óleo. Quando estiver borbulhando, junte as ovas de arenque e cozinhe por 2 a 3 minutos, virando com cuidado algumas vezes para que fiquem totalmente cozidas e douradas em algumas partes, mas não percam a forma.

- Enquanto isso, coloque o pão na torradeira e, quando estiver pronto, passe manteiga (generosamente, no meu caso).

- Quando as ovas estiverem cozidas, esprema o suco de limão, empurrando de leve as ovas pela frigideira com uma espátula de madeira ou o utensílio que preferir. Depois, cubra os pedaços de torrada amanteigada com o conteúdo da panela. Polvilhe os flocos de sal marinho defumado, se tiver a sorte de conseguir esse ingrediente, ou use sal marinho em flocos comum. Depois, salpique com as cebolinhas picadas. Quando eu era criança, comia este prato com garfo e faca, mas agora gosto de cortar a torrada coberta de ovas ao meio e comer com a mão.

Empanados crocantes de frango

Os empanados de frango são mais ou menos o mesmo que bifes à milanesa. Eu poderia ter chamado esta receita de Frango com fubá, já que a casquinha não é feita com farinha de rosca, mas com flocos de milho. Isso é especialmente útil se você quiser algo crocante e sem glúten, mas não deixe de checar a embalagem para ter certeza. Na teoria, flocos de milho deveriam ser livres de glúten por natureza, mas por causa da contaminação cruzada nas fábricas, esse nem sempre é o caso. Se isso não for um problema para você, use os flocos de milho que preferir.

É possível comprar escalopes de frango já prontos, mas eu simplesmente compro dois peitos de frango e, um de cada vez, coloco-os sobre uma tábua de corte forrada com filme plástico, cubro o frango com outra camada de filme plástico e o espanco com um rolo de macarrão. É um jeito gratificante de relaxar no final de um longo dia.

Depois de batido, cada peito de frango fornece um escalope generoso (você pode usar apenas um peito de frango e cortá-lo ao meio antes de bater), mas eu gosto do prato preenchido pelo empanado crocante, então sugiro que você coma apenas com um punhado de rúcula como acompanhamento, pontilhada por alguns tomates-cereja cortados ao meio e um molho simples. Ou seja, eu jogo um pouco de sal marinho em flocos sobre os pratos de salada e depois espremo um pouco de limão-siciliano por cima, seguido de um fio de azeite de excelente qualidade.

SERVE 2 PESSOAS

2 escalopes de frango ou filés de peito (200 a 300 g no total), de preferência orgânicos

¼ de xícara de mostarda de Dijon (70 g)

1 dente de alho, descascado e finamente ralado ou picado

½ colher de chá de canela em pó

1 ovo

3 xícaras de flocos de milho (75 g)

1 ½ colher de chá de pimentón picante ou páprica picante

2 colheres de sopa de óleo de girassol

Tomates-cereja e rúcula ou folhas de salada a sua escolha para servir

1 limão-siciliano cortado em meias-luas

- Retire o frango da geladeira para que não esteja gelado demais quando você fritar. Se for usar filés de peito de frango em vez de escalopes, siga as instruções da introdução da receita.

- Pegue uma assadeira rasa na qual, de preferência, ambos os escalopes caibam. Despeje a mostarda e o alho. Adicione a canela e o ovo, batendo para combinar. Coloque os escalopes ali dentro, vire-os e deixe descansar na mistura enquanto prepara a "farinha".

- Coloque os flocos de milho em uma tigela e amasse-os com a mão. Infelizmente, isso não é tão brutal quanto parece: basta quebrá-los com os dedos até obter flocos grosseiramente amassados, mas não um pó. Junte o pimentón ou a páprica e use um garfo para misturar.

- Passe um escalope recoberto de ovos e mostarda de cada vez nas migalhas de flocos de milho, para ficarem bem empanados, depois transfira para uma grelha de metal e deixe por 5 a 10 minutos para secarem.

- Aqueça o óleo em uma frigideira de ferro fundido na qual os pedaços de frango caibam bem e, quando estiver quente, frite por 3 minutos de um lado, depois vire com cuidado e deixe mais 3 minutos. Depois desse tempo, o interior do frango vai estar totalmente cozido, mas não custa verificar. Transfira para pratos já forrados com rúcula e tomate ou com as folhas de salada que preferir.

OBSERVAÇÃO SOBRE O PREPARO ANTECIPADO

Empane os escalopes, depois os coloque em uma assadeira forrada de papel-manteiga e congele. Quando estiverem sólidos, transfira para um saco de fechamento hermético e deixe no freezer por até 3 meses. Frite ainda congelados, adicionando 1 a 2 minutos ao tempo de cozimento, e verifique se a carne está completamente cozida antes de servir.

Escalopes de frango picantes com salada de agrião, funcho e rabanete

Quando o assunto é frango, definitivamente sou uma mulher de coxa, e não de peito, então acredite em mim quando digo que nesta receita prefiro usar a carne branca em vez da escura.

A marinada avinagrada e robustamente condimentada pode precisar de um pouco de fé. Mas tenha fé: tenha fé a partir de agora. Sua acidez amacia uma carne que com tanta frequência fica seca ao cozinhar e o calor dos condimentos torna esta receita um jantar muito satisfatório, mas sem perder a leveza. É por isso que sugiro usar 1 porção de peito para fazer 2 escalopes, o que a torna ao mesmo tempo uma escolha econômica. Além disso, o preparo é muito rápido.

A salada que recebe o frango é o acompanhamento perfeito: o agrião, os nabos picantes e o funcho aromático. Também vale a pena servir essa salada em outras ocasiões. De preferência, o funcho e os rabanetes devem ser cortados em fatias finíssimas com um mandolin, mas eu sou desajeitada demais para usar esse tipo de cortador com segurança. Além do mais, esta é uma comida caseira, não de restaurante. Ainda bem.

SERVE 2 PESSOAS

1 peito de frango, de preferência orgânico	4 a 6 rabanetes
1 colher de sopa de vinagre de arroz	2 punhados de agrião (aproximadamente 50 g)
2 colheres de chá de óleo de girassol	½ colher de chá de sal marinho em flocos
½ colher de chá de cúrcuma em pó	1 a 1½ colher de sopa de azeite extravirgem
1 colher de chá de gengibre em pó	2 colheres de chá de óleo de coco extravirgem (pode substituir por azeite comum ou óleo de girassol)
¼ de colher de chá de pimenta caiena	
1 bulbo pequeno de funcho	1 limão Tahiti para servir

- Forre uma tábua de corte com filme plástico, mas não corte a folha do rolo ainda. Em outra tábua, corte o peito de frango na transversal e coloque metade sobre a tábua embrulhada de plástico, depois cubra com mais filme plástico e o arranque do rolo. Com um rolo de macarrão, bata no frango até ficar fino como um escalope de vitela. Remova e repita o processo com o pedaço que ainda não foi batido.

- Coloque o vinagre, o óleo de girassol, a cúrcuma, o gengibre e a pimenta caiena em um saco de fechamento hermético, adicione os escalopes de frango, sele e deixe em um prato marinando por 10 minutos.

- Enquanto o frango estiver marinando, corte o funcho ao meio, retire o centro e fatie finamente cada metade. Depois fatie os rabanetes o mais finos que conseguir, sem se estressar nem se cortar. Coloque o agrião em uma tigela grande com o funcho e os rabanetes, adicione o sal e o azeite extravirgem e misture com delicadeza — eu uso as mãos para isso. Eu não adiciono vinagre à salada, mas sirvo limão Tahiti para espremer por cima, se sentir necessidade quando estiver comendo. Arranje a salada levemente temperada em uma travessa ou divida entre dois pratos.

- Aqueça 2 colheres de sopa de óleo de coco (ou outro) em uma frigideira de ferro fundido ou em uma frigideira antiaderente de fundo grosso onde caibam os dois pedaços de frango. Quando estiver quente, adicione os escalopes e cozinhe por 2 minutos de cada lado. Antes de transferir para a travessa, você vai precisa cortar a parte mais grossa para verificar se estão prontos. Corte o limão ao meio e esprema o suco de uma das metades sobre os escalopes, depois corte a metade remanescente em duas e coloque-as nos pratos.

Strapatsada

Esta é uma receita grega que me foi dada pelo Alex Andreou — famoso pela Lula com Orzo (**p. 141**) e pela Torta de Trapos (**p. 318**). Na verdade, estritamente falando, a receita é italiana, ou deriva-se da Itália: *strapazzare* significa, no contexto dos ovos, "mexer". E é isto: ovos mexidos com tomates. Há muito tempo abandonei minha proibição de molho vermelho com ovos — meus Ovos no purgatório de *Nigellíssima* cuidaram disso —, mas esta receita me deixou arrependida de um dia sequer ter dado essa opinião.

É verdade, a princípio fiquei hesitante com este prato, pois a ideia de tomates misturados com ovos mexidos não me atraía. A questão, porém, é que o gosto é diferente. Essa é a base da culinária: o que os ingredientes fazem juntos na panela, e não como eles soam na mesma página. Uma simples alquimia.

Este é o tipo de jantar de que você precisa quando chega em casa e não tem nada na geladeira ou quando está cansado demais para cozinhar. É a comida perfeita para aquelas noites em que chega em casa tarde, talvez depois de ter bebido um pouco mais. Por favor, não espere a exaustão ou o consumo excessivo de álcool para preparar esta receita.

Bom, se você for abençoado com tomates maravilhosos, do tipo que consegue na Grécia, eu adicionaria alguns a mais e dispensaria o extrato de tomate. Dei ainda a opção de usar manjericão ou tomilho, pois a strapatsada fica maravilhosa com qualquer um dos dois, mas em geral uso o primeiro no verão e o segundo durante o inverno. Uma fonte segura me informou que o queijo que se come com este prato é o Xynotyro, mas como é impossível consegui-lo por aqui, uso manchego ou pecorino como os substitutos mais parecidos disponíveis. O que você precisa é de um queijo forte e salgado que se esfarele e derreta um pouco, caso isso o ajude.

SERVE 2 PESSOAS

8 tomates pequenos, que não sejam cereja (300 a 350 g no total)

3 colheres de sopa de azeite comum

1 colher de sopa de extrato de tomate

1 pitada de sal

1 pitada de açúcar

2 ovos grandes

25 g de queijo Xynotyro (pode substituir por outro queijo forte, salgado e que se esfarele, como manchego ou pecorino)

1 punhado pequeno de folhas de manjericão ou das folhas de alguns raminhos de tomilho

4 fatias de um bom pão, como o italiano ou o que você preferir

- Corte os tomates ao meio — um grego tiraria o miolo, mas esta britânica que vos fala é preguiçosa demais — e depois corte-os em pedaços grandes.

- Aqueça o azeite em uma frigideira de fundo grosso (uso uma de ferro fundido com 25 cm de diâmetro, aquecendo-a antes de adicionar o azeite) e jogue ali os pedaços de tomate. Cozinhe, mexendo de vez em quando, por cerca de 5 minutos. Depois desse tempo, os tomates terão começado a se despedaçar no azeite, tornando-o laranja. Se quiser seu pão torrado, essa é a hora.

- Adicione o extrato de tomate, o sal, o açúcar e cozinhe por mais 5 minutos, quando as peles dos tomates vão se soltar da polpa. Quebre os ovos dentro da frigideira e mexa como se estivesse preparando ovos mexidos, até ficarem cremosos, o que não demora nada (claro, se você gostar de ovos mexidos mais duros, cozinhe a mistura de ovos e tomates por mais tempo).

- Retire a panela do fogo, esfarele ou rale o queijo salgado sobre a mistura e salpique com folhas de manjericão ou de tomilho. Coloque um pouco sobre a sua torrada ou simplesmente coma direto da panela, usando pão como talher. Para que fique registrado, eu como uma porção sobre a torrada e a outra apenas com o pão. A receita rende para 4 fatias de pão, mas se você estiver comendo sozinho e não conseguir terminar tudo (sério?), saiba que também fica fabuloso frio.

OBSERVAÇÃO SOBRE O ARMAZENAMENTO
As sobras podem ficar guardadas na geladeira por até 2 dias.

COMIDA DE TIGELA

COMIDA DE TIGELA

Se pudesse, eu comeria tudo em uma tigela. Para mim, "comida de tigela" é uma abreviação para comida que é, ao mesmo tempo, calmante, fortalecedora, fácil e cheia de sustança. Não estou falando do sentido tradicional da comida reconfortante, com suas implicações de nostalgia, da infância, da comilança indiscriminada. Sem dúvida, também não estou falando de comer para se reconfortar, o que sempre considerei uma designação incorreta. Na verdade, comer por *desconforto* é o que esse termo me sugere, com suas fomes aleatórias, apressadas e impossíveis de matar — comer sem apetite, como uma forma de autoflagelo, não me reconforta nem um pouco. A comida de tigela, porém, é o comer reconfortante em um sentido mais inocente e, sim, talvez também infantil. Assim como bebês são desmamados com comidas que fornecem um sabor e uma textura constantes, repetido de colherada em colherada, obtenho alento da comida que como em uma tigela, quando cada garfada ou colherada é tão satisfatória quanto a anterior. Nos dias preguiçosos, em que até mastigar é demais, me volto com gratidão ao conforto da sopa. Porém, as tigelas de noodles que eu devoro, a torta campestre ou as almôndegas que coloco com gratidão na boca não são sem graça, não causam uma sensação de torpor — como a comida reconfortante tende a implicar — nem pretendem oferecer um antídoto comestível para as tristezas ou decepções da vida, mas sim uma comemoração feliz e calma do ritual simples de comer, e das quietas alegrias tanto da comida quanto da existência. Om!

Ramen

Este é o um dos meus jantares de porção individual preferido. Preparava para a família, mas com o tempo, todo o trabalho de picar, preparar e servir tornou o processo meio frenético. Pelo mesmo motivo, embora a minha fotógrafa, a Keiko, tenha me repreendido delicadamente, dizendo que nenhum japonês faz ramen em casa, o caos e o barulho dos restaurantes que servem noodles não é o que quero quando estou com vontade de comer ramen, então sacrifico a autenticidade pelo prazer. Porém, senti que estava sacrificando um pouco de autenticidade demais para o gosto da Keiko quando disse que gostava de fazer meu ramen com noodles sobá. Vi que tinha ido longe demais, então tentei agradá-la usando noodles que ela escolheu no meu Armário de Carboidratos (sim, eu tenho um). Mesmo assim, confesso que adoro noodles sobá no meu ramen, infelizmente acho que vou persistir nesse hábito incorreto.

Encontrei dashi fresco, um caldo japonês que é uma infusão de algas com peixe bonito, no meu supermercado local, mas se você não encontrar esse tipo, existem dashis prontos, granulados ou em cubos. Quando não tenho nenhum, uso caldo de legumes em pó. O sabor do shiitake seco é tão maravilhoso que qualquer caldo leve é uma boa escolha. Por falar nisso, quando tenho tempo, uso 4 shiitakes secos inteiros e os deixo de molho por algumas horas, depois da fervura de 15 minutos — na verdade, às vezes os coloco de molho na hora do café da manhã para que os sabores se intensifiquem durante o dia inteiro, e à noite preparo o meu ramen rapidinho. Como não sou assim tão organizada com frequência suficiente, uso shiitake seco já fatiado, segundo o método da receita, e sugiro que você faça o mesmo. Quando estou com desejo de comer ramen, não quero nada nem ninguém no meu caminho.

SERVE 1 PESSOA

5 g de cogumelos shiitake secos e já cortados (ver introdução da receita)

1 pedaço de gengibre fresco de 3 cm descascado e cortado em palitos finos

500 ml de dashi frio ou caldo de legumes

70 g de noodles para ramen ou 50 g de sobá

1 ovo

3 baby pak chois

2 rabanetes

2 colheres de chá de missô branco

½ colher de chá de molho shoyu ou a gosto

1 fio de óleo de gergelim

1 cebolinha (apenas a parte verde) finamente fatiada

¼ de colher de chá de pimenta calabresa

- Coloque o shiitake seco em uma panela com uma tampa que vede bem. Adicione os palitos de gengibre e despeje o dashi frio. Deixe ferver, tampe e baixe o fogo, cozinhando por 15 minutos.

- Enquanto isso, coloque no fogo uma panela com água para os noodles, que cozinham quase instantaneamente. Então, quando os 15 minutos de fervura do caldo estiverem para terminar, cozinhe os noodles de acordo com as instruções da embalagem. Depois escorra, passe sob água fria e deixe no escorredor. Encha a panela com água outra vez, deixe ferver, coloque o ovo e cozinhe por 6 ½ minutos, quando as bordas da gema estarão duras, mas o meio continuará macio.

- Com o caldo ainda fervendo, corte as extremidades dos pak chois, arranque as folhas e separe os talos em uma pilha e as folhas em outra. Corte os rabanetes em quatro, no sentido do comprimento. Depois que o caldo tiver fervido 15 minutos, aumente o fogo e adicione os talos do pak choi e os rabanetes. Deixe voltar a ferver, junte as folhas de pak choi e desligue o fogo. Adicione o missô, o shoyu e um fio de óleo de gergelim e recoloque a tampa.

- Quando o ovo estiver pronto, jogue a água fora e encha novamente a panela de água até o ovo ficar frio o suficiente para descascar.

- Coloque os noodles escorridos em uma tigela e despeje o caldo e os legumes sobre eles. Corte o ovo ao meio no sentido do comprimento e adicione ambas as metades à sopa. (Sim, eu sei que a tigela da foto só tem uma metade.) Salpique com a cebolinha fatiada e a pimenta calabresa e coma até atingir um êxtase zen.

Noodles tailandeses com canela e camarão

Já estou viva há muito tempo e, quando o assunto é comida, posso garantir que usei sabiamente esse tempo. Então, não é sempre que como algo com um sabor tão diferente de tudo que já encontrei. Este prato é assim. Um chef maravilhoso e incrivelmente talentoso chamado Tum o fez quando eu estava de férias na Tailândia, no ano passado. Depois, o obriguei a prepará-lo várias vezes, até que perguntei se podia filmá-lo fazendo a receita para poder recriá-la em casa.

Fiquei apreensiva com isso, sobretudo porque tinha medo de encarar a minha falta de habilidade com a câmera e os ingredientes inferiores encontrados na Inglaterra. Mas, mesmo com camarão congelado, a substituição do aipo chinês (com mais folhas, menos talo e um sabor mais forte) pelo daqui e uma mão menos experiente na wok, a primeira garfada trouxe de volta o encanto mágico do sabor experimentado na Tailândia.

Você precisa comprar um aipo com bastantes folhas e, embora os talos não entrem na receita, bem no começo você deve picar as hastes às quais as folhas são ligadas e as adicionar à wok, juntamente com os outros temperos.

Com exceção das mudanças impostas pela geografia, eu me ative à receita de Tum, incluindo a pimenta já moída e o caldo de galinha concentrado (na verdade, ele usava caldo em pó). Eu só precisava compartilhar esta receita tão estranha, mas irresistível, com você. Espero que fique tão impressionado quanto eu fiquei.

SERVE 2 PESSOAS

1 colher de sopa de óleo de girassol

2 dentes de alho descascados e picados grosseiramente

1 pedaço de 3 cm (15 g) de gengibre fresco descascado e cortado em palitos finos

1 anis estrelado

½ pau de canela longo ou 1 curto despedaçado

2 a 3 hastes com bastantes folhas de 1 talo de aipo (ver introdução da receita) cortadas em pedaços pequenos e as folhas picadas grosseiramente

1 ½ colher de sopa de molho shoyu light

1 colher de sopa de molho shoyu comum

1 colher de sopa de molho de ostra

¼ de colher de chá de pimenta branca

100 ml de água fria

1 colher de chá de caldo de galinha concentrado

1 colher de sopa de ketjap manis ou 1 colher de sopa de molho shoyu comum misturado com 1 colher de sopa de açúcar mascavo

10 camarões VG crus e descascados, descongelados se for o caso

80 g de noodles de feijão mungo ou vermicelli de arroz, deixados de molho e escorridos segundo as instruções da embalagem.

1 boa pitada de canela em pó

1 boa pitada de cravo em pó

- Em fogo alto, aqueça o óleo em uma wok grande. Adicione o alho, o gengibre, o anis estrelado, a canela e as hastes e folhas fatiadas do aipo. Cozinhe, mexendo por 1 minuto.

- Misture ambos os molhos shoyu e deixe ferver por 30 segundos, depois junte o molho de ostra e a pimenta moída.

- Adicione a água, seguida pelo concentrado de caldo de frango e o ketjap manis (ou a mistura de molho shoyu e açúcar mascavo), mexendo até tudo ficar bem combinado, e deixe ferver.

- Adicione os camarões, imergindo-os no líquido. Ferva até os camarões estarem cozidos.

- Finalmente, adicione os noodles depois de escorrer e misture bem — na minha opinião, dois garfos de massa, um em cada mão, são a ferramenta ideal — para combinar todos os ingredientes, e até a maior parte do líquido escuro ter sido absorvida. Adicione as pitadas de canela e cravo em pó, mexa outra vez e, se não for servir direto da wok, transfira para uma tigela e salpique com as folhas de aipo reservadas.

OBSERVAÇÃO SOBRE O ARMAZENAMENTO

Deixe as sobras esfriarem e coloque na geladeira em até 2 horas depois do preparo. Pode ficar guardado por 2 dias. Fica delicioso frio.

Vôngoles tailandeses no vapor

Esta é mais uma receita das minhas férias na Tailândia, embora eu tenha tido de recriá-la com minha memória gustativa por não ter feito um registro oficial. Realizei algumas mudanças de propósito, pois a receita original usava pasta de pimenta e também tinha menos caldo. Sempre tenho pastas de curry tailandês de boa qualidade em casa e queria a doçura delicada da água de coco, embora venha de uma caixa. Desejava avidamente pelo caldo leve de sabor intenso em maior quantidade: é maravilhoso levar a tigela de líquido aromático de vôngole aos lábios depois de ter comido os vôngoles; além do mais, o chef Tum preparou esta receita como parte de um grande banquete, mas eu a como pura, no jantar, desfrutando o ritual transcendental de catar a carne macia dos vôngoles. Você pode, claro, preparar uma tigela de arroz de jasmim (o que leva de 10 a 15 minutos) e comer o arroz embebido em caldo como segundo prato, depois de um delicado aperitivo de vôngoles no vapor.

Para mim, o aroma do manjericão tailandês é essencial nesta receita, mas imagino que se não a tivesse comido lá, com o manjericão tailandês, ficaria satisfeita com um pouco de coentro picado.

SERVE 2 A 4 PESSOAS

1 kg de vôngoles	1 colher de chá de suco de limão Tahiti
2 colheres de chá de pasta de curry vermelho tailandês	1 punhado de folhas de manjericão tailandês ou de coentro
½ xícara de água de coco (125 ml)	

- Despeje os vôngoles em uma tigela grande, cubra com água fria e deixe de molho por 15 minutos. Depois desse tempo, escorra-os, descartando qualquer um que continuar aberto.

- Pegue uma wok que tenha tampa e coloque ali a pasta de curry tailandês, depois despeje a água de coco, adicione o suco de limão e misture. Ligue o fogo e, quando o líquido coral começar a borbulhar, jogue os vôngoles e tampe. Eles devem levar cerca de 5 minutos para cozinhar — quando estarão abertos, revelando a carne dourada e suculenta em seu interior — mas balance a panela de vez em quando para se certificar de que os vôngoles se agitem pelo líquido e cozinhem por igual.

- Transfira para uma tigela grande, descartando qualquer vôngole que tenha ficado fechado. Distribua a maior parte das folhas maravilhosamente aromáticas de manjericão tailandês pela tigela e sirva ali mesmo ou separe em tigelas individuais, espalhando mais algumas folhas por cima e tendo o cuidado de também reservar uma tigela vazia para as conchas.

Almôndegas de peru tailandesas

Esta receita não é mais um suvenir das minhas férias, mas a adaptação de um jantar maravilhoso que comi na casa de um amigo americano. Só é tailandesa no sentido de que usa pasta de curry verde tailandês e ingredientes relacionados, mas não tenho nenhum motivo para acreditar que sequer existam perus na Tailândia, muito menos almôndegas de peru. Em outras palavras, este prato não tem nada de tailandês, mas é tão saboroso e fácil de preparar vou fazer vista grossa. Entretanto, uso leite de coco e pasta de curry autenticamente tailandeses, que podem ser encontrados em lojas de produtos orientais na internet. Desde que vi a quantidade de caldo de frango em pó que usam na Tailândia, perdi a vergonha de usar. Não que antes eu me sentisse mal por usar cubinhos ou concentrado, para ser sincera. Talvez isso seja uma bravata. O fato é que eu tenho certo constrangimento com isso, mas me recuso a fingir ser mais virtuosa e menos preguiçosa do que realmente sou.

Por falar em preguiça, por favor, não desanime por ter de enrolar algumas almôndegas — a ideia é pior do que a tarefa. Na verdade, considero esse trabalho muito gratificante e tranquilizador, algo que prende a atenção sem ser difícil. Se quiser, pense nele como um exercício de *mindfulness*. Eu poderia escrever um livro inteiro sobre *mindfulness* na cozinha. Mas fica para outra ocasião, quem sabe...

Uma última observação: gosto de comer esta receita direto da tigela, mas às vezes sirvo noodles de arroz simples como acompanhamento, ou melhor, servindo de ninho.

SERVE 6 PESSOAS

4 abobrinhas (aproximadamente 750 g)

500 g de carne de peru moída

3 cebolinhas

1 dente de alho descascado e finamente ralado ou picado

1 pedaço de gengibre de 2 cm (10 g) descascado e finamente ralado

1 molho pequeno de coentro picado

1 colher de chá de pimenta calabresa

Raspas e suco de 1 limão Tahiti

1 colher de chá de sal marinho em flocos e um pouco mais, a gosto

2 colheres de chá de óleo de girassol

3 colheres de sopa de pasta de curry verde tailandês ou a gosto

400 ml de leite de coco de caixinha

500 ml de caldo de galinha

3 colheres de sopa de molho de peixe

350 g de ervilha torta

PARA SERVIR:

1 punhado pequeno de folhas de manjericão tailandês

2 a 3 limões Tahiti cortados em pedaços

- Para fazer as almôndegas, pegue uma das abobrinhas (aproximadamente 200 g) e corte as extremidades. Usando um descascador de legumes, retire parte da casca em tiras e depois rale no ralo grosso sobre uma folha de papel-toalha: recomendo usar um ralador de queijo grosso nesse caso; se o ralador for fino demais, a abobrinha vai se transformar em um purê. Extraia o máximo de água que puder da abobrinha ralada.

- Coloque a abobrinha ralada em uma tigela grande, já sem o excesso de líquido, e junte a carne de peru moída, quebrando-a.

- Elimine as extremidades das cebolinhas, corte-as ao meio no sentido do comprimento e depois em fatias finas, juntando a parte branca ao peru e reservando a parte verde para mais tarde.

- Acrescente o alho e depois 2 colheres de sopa de coentro picado, juntamente com a pimenta calabresa, as raspas de limão e o sal.

- Usando um garfo ou as mãos (prefiro usar as mãos), misture bem a massa das almôndegas, delicadamente. Se manipular demais a carne, obterá almôndegas pesadas e densas, o que não é desejável. Quando a massa estiver combinada, molde almôndegas pequenas, usando uma colher de chá cheia como guia. Você deve obter cerca de 30 almôndegas, desde que não comece a fazê-las cada vez maiores com o passar do tempo, o que é comum.

- Aqueça o óleo em uma caçarola ou panela grande com tampa e frite rapidamente a parte verde picada da cebolinha, mexendo-a na panela quente. Adicione a pasta de curry verde tailandês e use o creme que se forma na parte de cima da caixinha do leite de coco, batendo-o junto com a pasta no fogo.

- Despeje o resto do leite de coco, juntamente com o caldo de galinha e o molho de peixe, deixando ferver.

- Descasque as abobrinhas restantes em tiras, como indicado anteriormente, depois corte-as ao meio no sentido do comprimento, fatie as metades no mesmo sentido e corte em pedaços de aproximadamente 1 cm. Adicione à panela borbulhante e depois jogue cuidadosamente as almôndegas, deixando-as cair em círculos ao longo da borda da panela, de fora para dentro. Não mexa, pois estarão muito macias e podem se quebrar.

- Espere a panela voltar a ferver, tampe e abaixe o fogo, deixando cozinhar por 20 minutos. Verifique se a abobrinha está macia e as almôndegas prontas, antes de misturar as ervilhas tortas, o suco e as raspas do limão. Verifique o tempero e ajuste a gosto.

- Retire do fogo e salpique com manjericão tailandês (se você tiver) ou apenas com um pouco de coentro picado. Gosto de cortar alguns limões e levar à mesa para as pessoas espremerem sobre o prato enquanto comem.

OBSERVAÇÃO SOBRE O PREPARO ANTECIPADO	NOTA DE CONGELAMENTO
As almôndegas e o molho podem ser preparados com 1 dia de antecedência. Deixe esfriar, cubra e coloque na geladeira até 2 horas depois de prontos. Reaqueça lentamente até ficarem pelando, com cuidado para não quebrar as almôndegas.	As almôndegas cozidas e o molho, já frios, podem ficar congelados, em um recipiente hermético, por até 3 meses. Descongele de um dia para o outro na geladeira antes de reaquecer, seguindo as instruções da Observação sobre o preparo antecipado.

Noodles de arroz negro com gengibre e pimenta-malagueta

Não me canso de noodles picantes. Este é mais um exemplo que sopra seu fogo sedutor na minha alma. Admito que a lista de ingredientes é longa, mas gosto de fazer uma compra abrangente na loja de produtos asiáticos. Isso significa que tenho tudo à mão quando bate à vontade, o que é frequente. Sei que os noodles de arroz negro são meio sofisticados, mas eu os vi — juntamente com noodles de chá verde e de vários outros sabores — e simplesmente tive de comprá-los. Se você conseguir os de arroz negro, vai perceber que duram bastante depois de prontos, o que possibilita que as sobras frias se transformem em um almoço sensacional no dia seguinte. Mas noodles sobá, ou qualquer outro noodle que você prefira, podem ser usados sem perder o sabor.

SERVE 1 A 2 PESSOAS

2 colheres de sopa de amendoins sem casca, sem sal e picados	2 colheres de sopa de vinho de arroz chinês (Shaoxing)
1 dente de alho grande descascado e finamente picado	1 ½ colher de sopa de molho picante (tipo Sriracha)
	2 colheres de sopa de água fria
1 pedaço de 6 cm de gengibre (30 g) descascado e finamente picado	200 g de noodles de arroz negro (ver introdução da receita)
1 colher de chá de óleo de girassol	2 cebolinhas limpas
2 colheres de chá de óleo de gergelim	2 colheres de sopa de coentro fresco picado e mais algumas folhas inteiras para colocar por cima
2 colheres de sopa de molho shoyu	

- Torre os amendoins em uma frigideira seca até dourarem, depois deixe-os esfriar em um prato.
- Coloque o alho e o gengibre em uma panela fria de fundo grosso, com o óleo de girassol e o de gergelim. Aqueça-os levemente e depois aumente um pouco o fogo, fritando-os por um instante — sem deixar nada queimar. Retire do fogo.
- Com cuidado — pois o óleo quente pode espirrar —, adicione o molho shoyu, o vinho de arroz chinês, o molho picante e as 2 colheres de sopa de água fria. Recoloque no fogo e deixe ferver. Depois, imediatamente desligue o fogo e despeje em uma tigela grande para esfriar.
- Cozinhe os noodles ou deixe-os de molho até ficarem macios, ou siga as instruções da embalagem, depois passe-os sob água fria, escorra e misture com o molho.
- Corte cada cebolinha em 3 pedaços; em seguida, em tiras no sentido do comprimento, adicionando aos noodles, juntamente com o coentro picado e a maior parte dos amendoins torrados.
- Divida os noodles prontos e frios entre duas tigelas pequenas, jogue por cima algumas folhas de coentro e o restante dos amendoins.

Canja de galinha com inspiração chinesa

Na verdade, há duas inspirações para esta receita, pois também é uma versão do Frango de panela da minha mãe, de *Na cozinha com Nigella*, infundido com sabores chineses. O resultado final é o tipo de sopa que dá vontade de comer em uma tigela posicionada perto da boca, sem a menor elegância, para ter uma posição mais fácil. Tenho vergonha de admitir que não sei usar pauzinhos, a não ser que sejam do tipo infantil, presos com um elástico, mas esta sopa realmente me dá vontade de aprender.

Sempre recomendei frango orgânico (ou carne orgânica de forma geral), mas sei que nem todo mundo pode se dar a esse luxo. Mesmo assim, se você usar um frango muito manipulado (cuja falta de sabor é apenas um dos problemas), simplesmente não vai obter uma sopa saborosa o suficiente. Nesse caso, adicione um pouco de caldo concentrado ou em cubinhos à água.

Forneci uma exuberante lista de ingredientes para salpicar por cima, pois adoro aquele toque final de sabor. Embora não o tenha adicionado na lista de ingredientes, se você for a uma loja de produtos asiáticos para preparar esta receita, e encontrar nirá por lá, ficará uma delícia, além de ser lindo. Apesar da inspiração asiática para o tempero da sopa, faço uma curva geográfica de 180° e no lugar dos noodles uso ninhos de tagliolini com ovos (1 por pessoa), embora também adore este prato com aqueles finíssimos noodles de feijão mungo ou vermicelli de arroz. Na verdade, não consigo pensar em um jeito ruim de comer esta sopa: mesmo sem os noodles ela é um êxtase na tigela.

SERVE 6 A 8 PESSOAS

3 alhos-porós limpos e aparados

3 cenouras descascadas e aparadas

3 talos de aipo aparados

1 pedaço de 7 cm de gengibre (35 g) descascado e finamente ralado

1 frango pequeno ou médio, de preferência orgânico

1 colher de sopa de óleo de girassol

125 ml de vinho de arroz chinês (Shaoxing)

Talos de um molho de coentro, amarrados, e folhas a mais para servir (veja a seguir)

2,5 litros de água fria

2 colheres de chá de sal marinho em flocos

1 colher de chá de pimenta Szechuan ou pimenta calabresa

2 colheres de sopa de molho shoyu e um pouco mais para servir

2 dentes de alho grandes, descascados e finamente ralados ou picados

Raspas e suco de 1 limão Tahiti

300 g de baby pak choi, tatsoi, choi sum ou outras verduras de sua preferência

100 g de rabanete

1 ninho (aproximadamente 100 g) de macarrão com ovos ou vermicelli por pessoa

Sal para a água do macarrão a gosto

½ colher de chá de óleo de gergelim tostado e um pouco mais para servir (veja a seguir)

PARA SERVIR

Óleo de gergelim tostado

2 (ou mais, a gosto) pimentas-malaguetas frescas, sem sementes e finamente picadas (opcional)

Folhas do molho de coentro (ver ingredientes)

Cebolinhas finamente picadas (opcional)

- Corte cada alho-poró ao meio no sentido do comprimento, depois em fatias de 1 cm. Reserve. Corte as cenouras em pedaços de 4 cm e fatie cada pedaço ao meio no sentido do comprimento. Pique o aipo em fatias de 1 cm, reservando todas as folhas para adicionar à sopa no final. Rale o gengibre em um prato e reserve. Eu uso um ralador fino da Microplane e obtenho 4 a 5 colheres de chá de polpa ardente. Não lave o ralador ainda, pois vai precisar dele para o alho e o limão mais tarde.

- Com os legumes preparados, desembrulhe seu frango, corte (mas não descarte) os tornozelos (para frango, considero tesouras mais do que adequadas para essa tarefa) e coloque o frango, com o peito para baixo, sobre uma tábua de corte. Depois, pressione até ouvir o osso do peito quebrar — talvez eu não devesse gostar tanto dessa parte — e o frango ficar levemente achatado. Lave as mãos. Aqueça a colher de sopa de óleo de girassol em uma panela que tenha tampa e seja grande o bastante para receber todos os ingredientes; eu uso uma panela de 28 cm de diâmetro e 12 cm de profundidade, o que é um tamanho restrito, mas adequado.

- Quando o óleo estiver quente, coloque o frango, com o peito para baixo, e deixe dourar por 3 minutos. O fogo não deve estar alto demais para não queimar. Vire o frango e coloque em fogo alto, despejando o vinho de arroz. Enquanto estiver fervendo, junte os pedaços dos tornozelos juntamente com os talos de coentro, as cenouras fatiadas e o aipo.

- Despeje a água, depois junte o sal marinho em flocos, a pimenta Szechuan (ou pimenta calabresa), o molho shoyu e o gengibre finamente ralado. Adicione o alho, depois rale a casca do limão diretamente dentro da panela, espremendo o suco de metade do limão. Deixe ferver.

- Quando começar a borbulhar, tampe, baixe o fogo e deixe cozinhar por 1 hora. Depois desse tempo, retire a tampa, aumente o fogo e deixe ferver de novo. Adicione os alhos-porós que tinha cortado mais cedo. Tampe parcialmente e cozinhe por mais 10 minutos; depois, deixe o caldo fervilhar, novamente por 10 minutos. Isso serve para apurar um pouco o caldo. Desligue o fogo, mas mantenha a panela sobre o fogão, voltando a tampar e deixando descansar de 20 minutos a 1 hora. Enquanto isso, ferva uma panela de água para os noodles e adicione sal quando começar a ferver.

- Na hora de comer, transfira o frango para uma tábua de corte: caso esteja se despedaçando, melhor ainda. Retire a pele do frango (eu a descarto, já que para mim a ela não tem graça se não estiver crocante), depois separe a carne dos ossos e a despedace. Por falar nisso, se não usar todo o frango para a sopa, saiba que fica magnífico — saboroso e macio — em uma salada ou sanduíche no dia seguinte.

- Corte os talos das verduras que for usar e coloque as folhas em uma pilha separada. Corte os rabanetes em quatro, no sentido longitudinal. Deixe a panela de sopa ferver outra vez, junte os talos das verduras e os rabanetes cortados, deixando ferver mais uma vez. Ao mesmo tempo, coloque o macarrão na panela de água fervente salgada e cozinhe (se estiver usando noodles finos ou vermicelli, não devem levar mais do que 2 ou 3 minutos).

- Junte as folhas das verduras à sopa borbulhante e escorra os noodles. Coloque os noodles e o frango despedaçado nas tigelas de servir. Prove o tempero da sopa e adicione mais sal (ou shoyu) e o suco da metade restante do limão, se achar necessário. Quando estiver satisfeito com o tempero, despeje o caldo com seus legumes sobre o frango e os noodles, adicione um fio de óleo de gergelim a cada tigela e salpique com a pimenta picada, o coentro ou a cebolinha, como preferir. Leve os frascos de molho shoyu e óleo de gergelim, além de um pouco mais de pimenta picada e ervas, à mesa, para que as pessoas adicionem enquanto comem. Aviso: não queime a boca. O aroma deste prato é tão bom que é fácil ficar perigosamente impaciente e comer a sopa ainda pelando.

OBSERVAÇÃO SOBRE O ARMAZENAMENTO	NOTA DE CONGELAMENTO
Transfira o frango cozido que sobrar para um recipiente, cubra e coloque na geladeira em até 1 hora depois de pronto. Pode ficar na geladeira por até 3 dias.	O frango pronto e frio pode ficar congelado, em recipientes ou sacos herméticos, por até 2 meses. Descongele de um dia para o outro na geladeira antes de usar.

Noodles bêbados

A explicação para o nome desses noodles bêbados tailandeses é que eles têm tanta pimenta calabresa que são capazes de levantar qualquer um da pior ressaca. A única dificuldade — por mais preparada que eu me considere — é que fazer um *pad kee mao* tradicional não é uma tarefa que recomendo quando você tiver bebido demais. Então esta é a minha versão simplificada. Fui direto ao ponto: sem carne, peixe ou legumes. Apenas noodles bem temperados e quentes.

Não que você precise estar de ressaca para comê-los. Por que causar a si mesmo tanto sofrimento só para ter prazer? Digo isso como alguém para quem uma taça e meia de vinho é demais, embora eu goste de uma cerveja tão gelada que dói quando busco a ardência divina desses viciantes noodles quentes.

Enfim, eu sempre os preparo quando estou no clima serenamente sóbrio da Comida de Tigela. A maioria dos ingredientes já está no armário e o prato finalizado chega diante de você em 10 minutos. Considero esses noodles difíceis de superar, são mesmo surpreendentes. Se os quiser menos picantes, corte a quantidade de pimenta calabresa pela metade. Pelo menos, para começar...

SERVE 2 PESSOAS OU 1 PESSOA MUITO BÊBADA OU GULOSA

150 g de talharim de arroz seco (do tipo usado no pad thai)	descascado e finamente ralado
2 colheres de sopa de água fria	1 dente de alho descascado e finamente ralado ou picado
1 colher de sopa de molho de ostra	1 limão Tahiti
1 colher de chá de óleo de gergelim	½ colher de chá de pimenta calabresa
2 colheres de chá de óleo de girassol	4 colheres de sopa de molho shoyu
1 pedaço de 3 cm de gengibre (15 g)	1 punhado de coentro fresco picado

- Deixe o talharim de arroz de molho em água quente por 8 minutos, ou siga as instruções da embalagem, depois escorra e passe sob a água fria da torneira.

- Coloque as 2 colheres de sopa de água fria em uma xícara e misture com o molho de ostra. Reserve.

- Despeje os óleos em uma wok, ligue o fogo e adicione o gengibre e o alho, ralando a casca do limão diretamente dentro da panela — uso um ralador grosso da Microplane nesta receita só porque é mais rápido que um fino. Salpique a pimenta calabresa. Mexa bem e junte o talharim de arroz já escorrido, misturando rapidamente com o óleo quente e condimentado — acho mais fácil fazer isso com um utensílio em cada mão.

○ Adicione o molho de ostra diluído, o suco de ½ limão e o molho shoyu, depois transfira para uma tigela (ou tigelas) e misture o coentro picado. Mantenha o frasco de molho shoyu e a metade do limão restante à mão, para o caso de precisar de algum deles enquanto come. Gosto tanto de comidas picantes que também mantenho um pouco de pimenta calabresa por perto.

Tigela de arroz com gengibre, rabanete e abacate

Uma tigela de arroz é algo extraordinário, mas com frequência — apesar da simplicidade deste título — é complicada e tem ingredientes demais. Aqui, eu a simplifiquei para criar uma tigela de arroz muito bem temperada, sem nada além de algumas sementes, ervas, rabanetes e um abacate por cima. É uma interpretação singela de uma ideia inspiradoramente extravagante. Então, por favor, use esta receita apenas como ponto de partida. Quase não chega a ser uma receita e, toda vez que a preparo, acrescento algo diferente, dependendo do que está à mão.

A única constante é o arroz. Não me canso do arroz integral de grão curto — muito mais consistente e delicioso que o arroz integral comum ou o branco — mas ele não cozinha da mesma forma que o comum. Ou seja, em geral a regra para cozinhá-lo é 1 parte de arroz para 2 partes de água. Percebi que para esse tipo de arroz integral de grão curto é 1 parte de arroz para 1 ½ parte de água (apesar do que a embalagem diz). De qualquer forma, independente do tipo que você escolha, acho que é muito mais simples usar como medida xícaras em vez de peso — embora eu tenha dado o peso também —, já que a proporção é crucial nesta receita. Na verdade, vou utilizar xícaras para medir a quantidade de sementes também. Ainda que eu tenha fornecido a quantidade de gengibre, na verdade me limito a cortar algumas fatias com o descascador de vegetais até achar que está bom.

Rabanetes crus são minha escolha habitual, mas eu tinha sobras de rabanetes assados, então é isso o que você vê na foto. Se os quiser quentes, basta assá-los cortados ao meio com um pouco de óleo no forno quente (aproximadamente 220°) por 10 minutos.

SERVE 2 PESSOAS

¾ de xícara de arroz integral de grão curto (150 g)

1 xícara de água fria (250 ml)

1 pedaço de 5 cm de gengibre fresco (25 g) descascado

4 a 6 rabanetes

1 ½ colher de sopa de molho shoyu ou tamari

1 colher de chá de vinagre de sidra de maçã orgânico

¼ de xícara (4 colheres de sopa) de sementes sortidas, como abóbora, girassol e gergelim

2 a 4 colheres de sopa de coentro fresco picado

1 abacate maduro pequeno

- Coloque o arroz e a água em uma panela de fundo grosso, cuja tampa vede bem, e deixe ferver. Quando estiver borbulhando, tampe, baixe bem o fogo e cozinhe por 25 minutos. Depois, desligue o fogo e deixe descansar por mais 5 minutos sem destampar. Depois disso, o arroz estará pronto — mas ainda consistente — e a água terá sido absorvida.

- Enquanto o arroz estiver cozinhando, use um descascador de legumes para cortar o gengibre em tiras bem finas. Corte os rabanetes em quatro ou oito pedaços, no sentido do comprimento, dependendo do tamanho.

- Quando o arroz estiver pronto, transfira para uma tigela grande. Adicione o molho shoyu ou tamari e o vinagre de sidra de maçã. Misture com um garfo, depois faça o mesmo com as fatias de gengibre, os rabanetes e as sementes. Junte quase todo o coentro com o arroz, ainda usando um garfo.

- Divida entre 2 tigelas menores e coloque o abacate por cima, cortado em fatias em formato de gôndola ou em pedaços, como preferir. Salpique cada tigela com o coentro que restou e coma serenamente.

OBSERVAÇÃO SOBRE O PREPARO ANTECIPADO

Se você quiser comer este prato frio, o arroz pode ser cozido com 1 dia de antecedência. Espalhe o arroz pronto em um prato grande para que esfrie rapidamente. Cubra e coloque na geladeira em até 1 hora depois de pronto.

Macarrão com queijo e batata-doce

Vou dizer logo: este é o melhor macarrão com queijo que já comi — melhor que o macarrão com queijo que eu comia quando era criança; melhor que o macarrão com queijo que eu preparava para os meus filhos quando eles eram pequenos (eles não concordam); melhor que qualquer macarrão com queijo de restaurantes chiques com trufa ou lagosta; melhor que qualquer macarrão com queijo que eu já tenha amado na vida, olha que foram muitos.

Não acho que dizer isso seja presunçoso, pois não foi nenhum brilhantismo da minha parte que tornou esta receita magnífica, mas sim os sabores simples dos ingredientes ao se fundirem no fogo. Isso é culinária caseira.

Amo a maneira como essas pequenas tigelas de macarrão com queijo, com seu penne miniatura, parecem ter sido preparadas com queijo barato e artificialmente colorido, quando, na verdade, sua cor exótica é cortesia da delícia terrosa de uma batata-doce.

SERVE 4 PESSOAS

500 g de batata-doce

300 g de pennette ou outra pasta curta pequena

4 colheres de sopa (60 g) de manteiga sem sal

3 colheres de sopa de farinha de trigo

500 ml de leite integral

1 colher de chá de mostarda inglesa

¼ de colher de chá de páprica, mais ¼ de colher de chá para polvilhar por cima

75 g de queijo feta

125 g de cheddar curado ralado, mais 25 g para salpicar por cima

4 folhas frescas de sálvia

Sal e pimenta a gosto

- Preaqueça o forno a 200°. Coloque uma panela relativamente grande de água no fogo, tampada para que ferva mais rápido.

- Descasque as batatas-doces e corte-as em pedaços de 2 a 3 cm. Quando a água estiver fervendo, adicione sal a gosto e as batatas, cozinhando por cerca de 10 minutos ou até ficarem macias. Retire-as da água e as transfira para uma tigela com uma escumadeira, amassando levemente com um garfo, mas sem transformá-las em purê. Não jogue essa água fora, pois você vai precisar dela para cozinhar o macarrão mais tarde.

- Em outra panela, derreta lentamente a manteiga e acrescente a farinha, batendo para formar um roux. Depois, retire a panela do fogo, misture o leite aos poucos e, quando estiver tudo combinado e liso, recoloque no fogo. Troque a batedeira por uma colher de pau e continue a mexer, até seu molho borbulhante ter engrossado e perdido todo o sabor de farinha. Adicione a mostarda e ¼ de colher de chá de páprica. Tempere a gosto, mas lembre-se de que vai adicionar cheddar e o salgado feta depois, então vá com calma.

- Cozinhe o pennette na água da batata-doce, começando a checar 2 minutos antes do tempo estipulado nas instruções da embalagem, pois a massa precisa ficar *al dente*. Escorra (reservando um pouco da água do cozimento) e depois junte o pennette à batata-doce amassada, misturando; o calor da pasta tornará isso mais fácil.

- Junte o queijo feta à mistura de batatas e massa, despedaçando-o para facilitar a distribuição por igual. Depois, adicione o molho branco, colocando as 125 g de cheddar aos poucos. Acrescente um pouco da água do cozimento se achar que está grosso demais.

- Verifique novamente o tempero e, quando estiver satisfeito, transfira o colorido macarrão com queijo para 4 recipientes refratários pequenos de aproximadamente 375 a 425 ml de capacidade (ou para uma travessa retangular grande com aproximadamente 30 x 20 x 5 cm de profundidade e 1,6 litro de capacidade). Salpique o cheddar remanescente sobre cada um deles, polvilhe com o ¼ de colher de chá de páprica que tinha reservado, depois corte as folhas de sálvia e também espalhe as finas tiras verdes por cima.

- Coloque os recipientes no forno sobre um tabuleiro e asse por 20 minutos (ou, se estiver preparando esta receita em uma travessa maior, por 30 a 35 minutos). Depois desse tempo, o macarrão com queijo estará muito quente e borbulhante, implorando para que você o coma.

OBSERVAÇÃO SOBRE O PREPARO ANTECIPADO

O macarrão com queijo pode ser preparado com 1 dia de antecedência. Quando a massa estiver cozida, reserve 100 ml do líquido do cozimento e o adicione ao molho branco (pode ficar parecendo meio ralo, mas a pasta absorve o molho enquanto esfria). Transfira para os recipientes refratários (sem colocar a sálvia por cima). Quando estiverem frios, coloque na geladeira até 2 horas após o preparo. Salpique com cheddar, páprica e sálvia pouco antes de assar e deixe no forno por 5 a 10 minutos a mais, verificando, antes de servir, se o centro do macarrão com queijo está pelando.

Pasta do Bruno

Como este livro tem uma receita de Frango da Cosima (**p. 149**), inspirada na minha filha, é justo incluir uma receita para o meu filho também. Esta é a massa preferida dele — e também pode ser preparada com chouriço, se você tiver. Em muitas manhãs já fui saudada pelos sinais da madrugada anterior na cozinha. Uma variação também inclui muçarela fresca — adicionada no final do tempo de cozimento, enquanto a massa está descansando, absorvendo tranquilamente seu molho —, mas eu prefiro sem. Não que, em casa, eu tenha escolha. Faça como preferir.

SERVE 2 PESSOAS OU 1 GAROTO ADOLESCENTE

200 g de casarecce ou da massa que você preferir	1 dente de alho descascado e finamente ralado ou picado
1 colher de chá de sal para a água da massa ou a gosto	200 g de tomates-cereja maduros cortados em quatro
1 colher de chá de azeite comum	1 colher de chá de pimenta calabresa
6 fatias de bacon defumado	Queijo parmesão ou muçarela para servir

- Coloque uma panela de água no fogo para o macarrão e, quando estiver borbulhando, junte a colher de chá de sal, ou a gosto, e cozinhe o casarecce. A marca que eu uso estipula 11 minutos de cozimento, mas para mim pode ser um pouco menos, então teste sempre. Comece a preparar o molho quando a massa for para a panela, ou até antes se quiser, pois depois de pronto ele pode esperar tampado.

- Aqueça o azeite em uma wok ou em uma frigideira de fundo grosso que tenha tampa, depois corte o bacon com uma tesoura diretamente dentro da panela e frite até ficar crocante. (Se quiser que o bacon permaneça crocante, transfira-o para um prato neste estágio e só misture pouco antes de comer.) Retire a panela do fogo só enquanto adiciona o alho, mexa e recoloque no fogo. Junte os tomates-cereja cortados em quatro e a pimenta calabresa, mexendo bem, e tampe. Agite a wok de vez em quando durante o cozimento e erga a tampa uma ou duas vezes para mexer e checar.

- Quando a massa estiver pronta, mas ainda *al dente*, retire-a da água com uma escumadeira e a jogue na wok, misturando um pouco da água do cozimento para ajudar o molho a se combinar. Tampe e deixe descansando sobre o fogão apagado por 5 minutos.

- Misture o bacon e verifique o tempero, depois transfira para uma tigela e coma com alegria.

Caracóis com manteiga de alho

Eu tenho um fraco por trocadilhos culinários, acho este especialmente divertido. Esta é uma receita de caracóis com manteiga de alho, só que os caracóis são de macarrão. Como na verdade as pessoas só comem caracóis por causa da manteiga de alho, não acho que a receita deixe nada a dever. Embora o prato seja obviamente pesado, a massa caracol o torna mais leve que os *escargots* originais. Infelizmente, é fácil demais de comer sem parar.

SERVE 2 PESSOAS

150 g de macarrão caracol (lumache regate)

Sal para a água da massa a gosto

50 g de manteiga sem sal macia

2 dentes de alho grandes, ou 4 menores, descascados e finamente ralados ou picados

1 pitada de sal marinho em flocos e um pouco mais, a gosto

1 xícara de salsa finamente picada (30 g)

- Coloque a água do macarrão para ferver, salgue-a e depois cozinhe a massa seguindo as instruções da embalagem, mas comece a provar 2 minutos antes do tempo determinado.

- Em uma panela na qual você poderá colocar a massa mais tarde, derreta a manteiga em fogo baixo, adicione o alho, uma pitada de sal marinho em flocos e frite por 1 minuto, tomando o cuidado de não deixar o alho dourar. Adicione a salsa e mexa por mais um minuto, até obter um molho verde e aveludado.

- Quando a pasta estiver cozida, mas ainda *al dente*, reserve um pouco da água e escorra.

- Junte o macarrão escorrido à panela de molho, adicione 1 colher de sopa de água do cozimento e mexa outra vez — com a panela ainda no fogo —, colocando cerca de 1 colher de sopa para que o molho cubra bem a massa. Tempere a gosto e coma imediatamente.

Almôndegas de merguez

Esta receita é de uma facilidade e rapidez fabulosas, mas você nunca adivinharia ao comê-la. As almôndegas parecem ter sido preparadas lentamente, com amor, e seu molho profundamente temperado parece ter passado dias cozinhando. Não me desculpo por tomar atalhos — as almôndegas são feitas de linguiças merguez sem pele e a densa base do molho é um pote de pimentões vermelhos assados em conserva —, porque o resultado final é honesto, saboroso e simplesmente ótimo.

SERVE 2 A 4 PESSOAS

500 g de linguiça merguez

2 colheres de sopa de azeite comum

400 g de tomates em lata picados

300 g de pimentões vermelhos assados em óleo (ou de cores variadas, se você encontrar)

2 colheres de chá de sementes de cominho

1 colher de chá de pimenta-da-jamaica em pó

1 colher de chá de canela em pó

2 colheres de chá de sal marinho em flocos

1 colher de sopa de mel

- Esprema a carne da linguiça de dentro da pele e molde almôndegas pequenas, usando cerca de 2 colheres de chá por bolinha. Eu obtenho 34 almôndegas, mas preciso me concentrar para não ir aumentando o tamanho das almôndegas ao longo do tempo — cada uma deve ter o tamanho de um tomate-cereja.

- Aqueça o azeite em uma panela grande de fundo grosso ou em uma caçarola (que tenha tampa) e frite as almôndegas por cerca de 3 minutos, depois use uma colher para retirar o máximo de óleo que puder e o descarte.

- Adicione os tomates enlatados, depois corte ou pique os pimentões vermelhos assados, antes de também adicioná-los à panela.

- Salpique os temperos na panela, adicione o sal e — untando a colher antes — o mel, deixando ferver antes de tampar parcialmente e cozinhar por 10 minutos. Claro, você pode preparar arroz ou cuscuz para comer como acompanhamento, ou apenas servir um bom pão para mergulhar no molho.

OBSERVAÇÃO SOBRE O PREPARO ANTECIPADO	NOTA DE CONGELAMENTO
As almôndegas e o molho podem ser feitos com 1 dia de antecedência. Deixe esfriar, cubra e coloque na geladeira até 2 horas depois de prontos. Reaqueça lentamente até ficar bem quente, com cuidado para não quebrar as almôndegas.	As almôndegas e o molho prontos e frios podem ficar congelados, em um recipiente hermético, por até 3 meses. Descongele de um dia para o outro na geladeira antes de reaquecer, seguindo as instruções da Observação sobre o preparo antecipado.

Torta campestre com tempero indiano

Uma leitora me enviou gentilmente uma receita de Torta campestre indiana (a pedido meu, depois de tê-la mencionado no Twitter), que sem dúvida inspirou este prato, embora a receita descrita aqui seja totalmente diferente. Cozinhar é isto: cada um de nós desenvolve os temas de maneira diferente na própria cozinha, mas tendo sempre em mente, com gratidão, as ideias e práticas de outras pessoas.

Meus filhos adoram este prato. Na verdade, não conheço ninguém que tenha comido e não goste. Ainda que seja picante (embora você possa reduzir a ardência a gosto) e vibrante, é também acolhedor e reconfortante, misturando o familiar com o pouco tradicional de um jeito que me proporciona uma tranquila satisfação.

O ímpeto de usar batatas-doces amassadas para a cobertura deu-se apenas porque elas são muito mais fáceis de descascar e amassar do que as batatas comuns, além de funcionarem muito bem em contraste com o tempero picante e exuberante da carne, sobretudo se temperadas com suco de limão Tahiti e gengibre. Não deixe de ver meu truque para extrair o suco do gengibre, que pode ser usado em várias ocasiões — com frequência o adiciono a sopas ou cozidos, no final, se acho que precisam de um toque de gengibre.

SERVE 4 PESSOAS

PARA A COBERTURA:

1 kg de batata-doce

2 colheres de chá de sal marinho em flocos

2 colheres de sopa de grãos de pimenta-branca

6 vagens de cardamomo quebradas

Tiras da casca de 1 limão Tahiti, e o suco de ½ limão

1 litro de água fria, aproximadamente

1 pedaço de gengibre fresco de 4 cm (20 g) descascado e um pouco mais para o recheio (ver a seguir)

PARA O RECHEIO:

3 dentes de alho descascados

1 pedaço de gengibre fresco de 4 cm (20 g) descascado

1 cebola descascada

Sementes de 6 vagens de cardamomo

2 colheres de chá de sementes de cominho

2 colheres de chá de sementes de coentro

2 colheres de chá de óleo de coco extravirgem

2 colheres de chá de garam masala

1 colher de chá de pimenta calabresa

1 colher de chá de cúrcuma em pó

500 g de carne de cordeiro moída, de preferência orgânica

400 g de tomates picados em lata

100 g de lentilhas vermelhas

1 colher de chá de sal marinho em flocos

2 colheres de sopa de molho inglês

PARA DECORAR:

4 colheres de chá de pistache finamente picado

- Preaqueça o forno a 220°. Comece com a cobertura, cortando cada batata-doce em pedaços de 4 a 5 cm.

- Coloque os pedaços de batata com casca em uma panela grande (que tenha tampa) e adicione o sal, os grãos de pimenta, as vagens de cardamomo quebradas e as tiras de casca de limão (você ainda não precisa do gengibre), depois adicione água suficiente para cobrir (cerca de 1 litro).

- Deixe ferver, depois abaixe um pouco o fogo, tampe e cozinhe por cerca de 30 minutos — ou até a batata-doce ficar macia —, enquanto prepara o recheio.

- Fatie o alho e o gengibre grosseiramente, corte a cebola em quatro pedaços e coloque tudo no recipiente do processador de alimentos, junto com o cardamomo, o cominho e as sementes de coentro. Bata até ficarem bem picados. Você também pode usar uma tigela e um mixer ou simplesmente picar tudo finamente à mão.

- Aqueça o óleo de coco em uma panela de fundo grosso (que tenha tampa) e despeje essa pasta dentro dela.

- Cozinhe por alguns minutos ou até amaciar, mexendo sempre. Depois, misture o garam masala, a pimenta calabresa, a cúrcuma e junte a carne de carneiro moída, combinando-a com a mistura de cebola temperada e quebrando-a delicadamente.

- Adicione os tomates enlatados e encha a lata vazia com água fria, girando-a e despejando também esse líquido. Junte e misture as lentilhas vermelhas.

- Tempere com o sal e o molho inglês e deixe ferver. Tampe, abaixe o fogo e cozinhe por 25 minutos, mexendo uma ou duas vezes para não grudar no fundo da panela.

- Quando as batatas-doces estiverem prontas, escorra, reservando o líquido, e deixe esfriar o suficiente para retirar a casca. Coloque a polpa em uma tigela grande.

- Faça um purê de batata usando um amassador ou qualquer outro utensílio que preferir (até um garfo serve), misture lentamente um pouco da água do cozimento das batatas — adicionando o necessário para deixá-las com uma consistência menos densa e mais fácil de espalhar — e esprema o suco de meio limão.

- Rale o gengibre descascado em um prato — eu uso um ralador da Microplane —; depois, transfira-o para o centro de um pedaço de papel-toalha. Rapidamente, puxe as pontas do papel e as feche, formando uma bolsinha. Então esprema e torça por cima das batatas (um intenso suco de gengibre vai escorrer). Bata esse suco com as batatas. Verifique o tempero, provando para ver se quer mais limão ou gengibre.

- Quando o recheio de cordeiro estiver pronto, distribua-o igualmente entre 4 tigelas refratárias pequenas com aproximadamente 400 ml de capacidade (ou 30 x 20 x 5 cm de profundidade e 1,6 litro de capacidade) e cubra com as batatas, também dividindo-as igualmente entre as tigelas, espalhando-as para chegar até as bordas.

- Coloque as tigelas sobre um tabuleiro e deixe no forno por 10 a 15 minutos (ou, se estiver preparando este prato em um refratário maior, por 30 a 35 minutos). As batatas devem ficar pelando (ainda que não formem uma crosta), com o recheio borbulhando por baixo.

- Ao servir, salpique 1 colher de chá de pistache picado por cima de cada tigela.

OBSERVAÇÃO SOBRE O PREPARO ANTECIPADO	NOTA DE CONGELAMENTO
As tortas podem ser montadas com até 2 dias de antecedência. Assim que estiverem frias (em até 2 horas depois do preparo), cubra cada uma e deixe na geladeira até a hora de utilizar. Asse por 10 a 15 minutos a mais, verificando se estão bem quentes no centro antes de servir.	Embrulhe cada torta em uma camada dupla de filme plástico e outra camada de papel-alumínio. Pode ficar no freezer por até 3 meses. Descongele de um dia para o outro na geladeira e asse segundo a Observação sobre o preparo antecipado.

Salada quente condimentada de couve-flor e grão-de-bico com sementes de romã

Este é um dos meus jantares preferidos, embora nada impeça de servir esta receita como acompanhamento em uma refeição mais convencional. Você também poderia fortificá-la com um pouco de feta despedaçado. Mas, para mim, é perfeita assim: os tomates quase se transformam em um molho no forno e a couve-flor fica macia, mas não mole. Sempre prefiro cozinhar o grão-de-bico em casa (eu os preparo na minha *slow cooker* e congelo em porções de 250 g para uso cotidiano. Veja na **p. 211**), ainda que o grão-de-bico cozido de lata ou de potes também possa ser usado. A opção mais barata, porém, é sempre usar o seco. Não se sinta mal por usar grão-de-bico enlatado — eu mesma já usei muitas vezes. Ninguém é tão organizado a ponto de ter sempre no freezer um estoque dele cozido, então não deixo faltarem latas em casa. O grão-de-bico enlatado funciona aqui, mas não vai ficar tão macio, o que também não é estritamente necessário. A couve-flor e os tomates suculentos aguentam certa densidade.

Nesta receita, a salsinha não é uma guarnição — argh, essa palavra — e sim uma folha de salada. Este prato também fica ótimo frio; então, se sobrar alguma coisa, transforme em um maravilhoso almoço para o dia seguinte, ou em uma gratificação instantânea naqueles dias em que você come em pé ao lado da geladeira, ainda com as roupas da rua, de tão faminto.

SERVE 2 PESSOAS GENEROSAMENTE OU 1 PESSOA COM SOBRAS

- 1 couve-flor pequena
- 3 colheres de sopa de azeite comum
- ½ colher de chá de canela em pó
- 2 colheres de chá de sementes de cominho
- 250 g de grãos-de-bico cozidos em casa, ou em lata ou em pote, escorridos
- 1 a 2 colheres de chá de harissa a gosto (depende do quão picante for a harissa)
- 4 tomates relativamente pequenos maduros (aproximadamente 150 g no total)
- 1 colher de chá de sal marinho em flocos ou a gosto
- 3 a 4 colheres de sopa de sementes de romã
- 1 molho grande (aproximadamente 100 g) de folhas de salsa

○ Preaqueça o forno a 220°. Apare a couve-flor e divida em floretes pequenos. Despeje o azeite em uma tigela grande, adicione a canela e as sementes de cominho e mexa para ajudar os temperos a se dispersarem. Junte a couve-flor, mexendo para cobrir. Despeje o conteúdo da tigela em uma assadeira pequena (em geral uso uma descartável de alumínio de 30 x 20 cm) e deixe no forno por 15 minutos. Não lave a tigela que usou ainda.

○ Adicione o grão-de-bico a essa tigela e depois acrescente a harissa, provando para ver se quer usar as 2 colheres e, sob o risco de ser repetitiva, misture. Corte os tomates em 4 no sentido longitudinal e os acrescente à tigela, agitando para misturar. Depois que a couve-flor ficar 15 minutos no forno, retire a assadeira, despeje rapidamente o grão-de-bico e os tomates sobre a couve-flor e combine tudo antes de recolocar no forno e deixar mais 15 minutos, até a couve-flor ficar macia.

○ Quando estiver pronto, retire do forno e polvilhe sal sobre os legumes, depois misture com metade das sementes de romã, antes de dividir entre 2 tigelas. Distribua as folhas de salsa entre as duas tigelas e misture tudo. Salpique com as sementes de romã que sobraram.

OBSERVAÇÃO SOBRE O ARMAZENAMENTO

Deixe as sobras esfriarem, cubra e coloque na geladeira até 2 horas depois do preparo. Pode ficar nela por até 2 dias. Sirva fria.

Arroz refogado com couve-de-bruxelas, pimenta calabresa e abacaxi

Essa receita é uma das minhas comidas de tigela mais rápidas — conforto instantâneo, alegria instantânea. E eis o que não tenho vergonha de fazer: uso bolsinhas de arroz basmati integral já cozido e potes de abacaxi fresco cortado, que compro no supermercado. Pronto, falei. Embora eu tenha declarado (com bastante sinceridade) que serve de 2 a 4 pessoas, com frequência preparo a receita inteira só para mim e, com o coração saltitando, escondo as sobras na geladeira para comer frias mais tarde. Apesar disso, se você quiser preparar este prato como acompanhamento para um presunto frio ou coisa do tipo, saiba que essa quantidade serve tranquilamente 6 pessoas.

SERVE 2 A 4 PESSOAS, COMO PRATO PRINCIPAL, OU MAIS, COMO ACOMPANHAMENTO

250 g de couve-de-bruxelas aparadas

2 cebolinhas aparadas

150 g de abacaxi fresco em cubos

1 pedaço de 3 cm (15 g) de gengibre fresco descascado e finamente ralado

½ colher de chá de pimenta calabresa

2 colheres de sopa de óleo de coco extravirgem

250 g de arroz integral cozido e frio

250 g de broto de feijão

2 colheres de sopa de molho shoyu

2 colheres de sopa de suco de limão Tahiti

3 colheres de sopa de coentro fresco picado

- Com uma faca afiada e um estado de espírito paciente, fatie finamente a couve-de--bruxelas. Faça o mesmo com a cebolinha e misture as duas.

- Corte o abacaxi em cubos de mais ou menos 1 cm e coloque-os em uma tigela. Adicione o gengibre e a pimenta calabresa, misturando.

- Pegue uma wok (ou panela similar) e, em fogo alto, derreta o óleo de coco. Despeje a couve-de-bruxelas, a cebolinha e refogue (para isso, uso uma espátula em cada mão) por cerca de 3 minutos (a couve-de-bruxelas vai começar a ficar chamuscada em alguns pontos).

- Junte o arroz e mexa rapidamente para combinar com os demais ingredientes. Depois, adicione os brotos de feijão e o abacaxi picante (e qualquer suco que tiver se acumulado), refogando por mais ou menos 1 minuto antes de acrescentar o molho shoyu, o suco de limão e 2 colheres de sopa de coentro picado. Refogue por mais um minuto, ou até que tudo (principalmente o arroz) esteja quente, e transfira para uma tigela (ou tigelas) aquecida, salpicando o restante do coentro por cima.

OBSERVAÇÃO SOBRE O ARMAZENAMENTO

Deixe as sobras esfriarem, depois cubra e coloque na geladeira em até 1 hora. Pode ficar armazenado por até 2 dias. Sirva frio.

Minestrone do Oriente Médio

Esta não pode ser considerada uma receita autêntica do Oriente Médio, mas sim uma adaptação minha. Explico: é uma sopa de legumes cheia de sabores daquela região e, em vez da massa que você cozinharia para o minestrone tradicional, uso trigo bulgur.

Como muitas sopas assim. Ela engrossa ao descansar. Nesse caso, você pode acrescentar mais líquido ou comer como um ensopado. De um jeito ou de outro é aromática, satisfatória e está rapidamente se tornando uma das minhas receitas preferidas.

SERVE APROXIMADAMENTE 6 PESSOAS

- 2 colheres de sopa de azeite comum
- 1 cebola roxa descascada e picada
- Sal marinho em flocos a gosto
- 1 abóbora-menina, com pouco menos de 1 kg, descascada, sem sementes e cortada em cubos de 2 cm
- 1 dente de alho descascado e finamente ralado ou picado
- 2 colheres de chá de sementes de cominho
- 2 colheres de chá de sementes de coentro
- 2 a 3 limões-sicilianos em conserva (dependendo do tamanho) finamente picados
- 250 g de grão-de-bico escorrido cozido em casa ou de uma lata ou vidro
- 1,5 litro de caldo de legumes suave
- 100 g de trigo bulgur
- Coentro fresco picado para servir (opcional)

- Aqueça o azeite em uma panela de fundo grosso que tenha tampa e refogue a cebola picada com um pouco de sal, por cerca de 3 minutos, até ficar macia.

- Adicione a abóbora cortada, o alho e as sementes de cominho e de coentro. Mexa, deixando tudo cozinhar por 10 minutos.

- Despeje os limões em conserva picados e o grão-de-bico escorrido. Em seguida, despeje o caldo de legumes e tampe parcialmente para evitar que o líquido evapore demais. Deixe cozinhar por cerca de 20 minutos. Depois desse tempo a abóbora deve estar pronta.

- Junte o trigo bulgur, tampe novamente e cozinhe em fogo baixo por mais 10 minutos, quando os legumes estarão macios e o trigo cozido, mas ainda *al dente*. Salpique com coentro picado ao servir, se quiser.

OBSERVAÇÃO SOBRE O ARMAZENAMENTO	NOTA DE CONGELAMENTO
Deixe as sobras esfriarem, cubra e coloque na geladeira em até 2 horas após o preparo. Pode ficar na geladeira por até 3 dias. Para reaquecer, despeje a sopa em uma panela, adicionando mais água ou caldo, se for necessário. Depois, aqueça em fogo baixo, mexendo de vez em quando, até ficar bem quente.	A sopa fria pode ficar congelada, em um recipiente hermético, por até 3 meses. Descongele de um dia para o outro na geladeira e reaqueça, segundo as instruções da Observação sobre o armazenamento.

Sopa de ervilha com pimenta-malagueta, gengibre e limão

Esta é uma daquelas sopas grossas de inverno que se torna fresca e ácida com a adição de pimenta, gengibre e limão Tahiti. É picante como uma sopa asiática, mas a textura da ervilha confere um toque diferente àqueles sabores límpidos e penetrantes, ao mesmo tempo em que adiciona conforto.

SERVE 6 A 8 PESSOAS E RENDE APROXIMADAMENTE 2 LITROS

500 g de ervilha amarela seca	a gosto
6 cebolinhas aparadas e finamente fatiadas	1 pedaço de 5 cm (25 g) de gengibre descascado e finamente ralado
3 pimentas-malaguetas frescas finamente picadas (com ou sem sementes)	Raspas e suco de 2 limões Tahiti
2 dentes de alho descascados e finamente ralados ou picados	Sal a gosto (opcional)
2 litros de água	**PARA SERVIR**
2 colheres de chá de caldo de legumes em pó ou	Coentro fresco picado, cebolinha fatiada, pimenta-malagueta picada ou todas as opções

- Coloque a ervilha, a cebolinha, a pimenta e o alho em uma caçarola grande, ou em uma panela de fundo grosso que tenha tampa, e despeje a água. Deixe ferver e tampe, baixe um pouco o fogo e deixe cozinhar por 40 a 60 minutos, mexendo de vez em quando, até a ervilha estar cozida e começar a se desmanchar no líquido. Talvez você precise adicionar mais água se a sopa ficar grossa demais, embora alguns achem que esta sopa deva ser assim.

- Quando a ervilha estiver cozida e macia, você vai precisar temperar com o caldo em pó. Tenha cuidado, vá adicionando aos poucos a princípio, pois sabores fortes ainda estão por vir. Adicione o gengibre à sopa, depois rale a casca do limão diretamente sobre a panela e esprema o suco. Prove o tempero — talvez você tenha de acrescentar um pouco mais de caldo em pó ou sal, se preferir — e despeje imediatamente em tigelas, salpicando com o coentro ou com um pouco mais de cebolinha ou pimenta-malagueta picada, se quiser, ou todos esses ingredientes ao mesmo tempo.

OBSERVAÇÃO SOBRE O ARMAZENAMENTO	NOTA DE CONGELAMENTO
Deixe as sobras da sopa esfriarem (sem jogar os temperos por cima), depois cubra e coloque na geladeira em até 2 horas após o preparo. Pode ficar na geladeira por até 3 dias. Reaqueça lentamente em uma panela, mexendo de vez em quando e adicionando água se for preciso, até ficar bem quente.	A sopa fria pode ficar congelada, em um recipiente hermético, por até 3 meses. Descongele de um dia para o outro na geladeira e reaqueça seguindo o método da Observação sobre o armazenamento.

Sopa condimentada de pastinaca e espinafre

Sopas condimentadas de pastinaca eram uma constante na minha infância e adolescência, mas esta sopa, embora seja inspirada pela memória, é muito diferente. É densa (ainda que não contenha manteiga, marca registrada do meu tempo), doce e tem o tom verde glorioso de uma mesa de sinuca. O espinafre melhora a textura e o sabor, adicionando um robusto toque terroso que parece o parceiro óbvio para a pastinaca mais sem graça.

Sempre tenho folhas de espinafre orgânicas congeladas (que vêm em cubos, se desdobram conforme descongelam e cozinham na sopa). Uma vez me disseram que o espinafre retira seus nutrientes de uma parte funda do solo e é uma daquelas verduras para as quais faz muita diferença ser orgânica. Não sei se é verdade, mas por algum motivo essa mensagem penetrou também profundamente na minha consciência e agora tenho de obedecê-la.

SERVE 2 PESSOAS PARA JANTAR E RENDE APROXIMADAMENTE 1 LITRO, COM UMA SOBRA SUFICIENTE PARA O ALMOÇO DE 1 PESSOA NO DIA SEGUINTE

500 g de pastinaca	150 g de folhas de espinafre orgânicas
1 dente de alho grande descascado	Bastante noz-moscada fresca ralada na hora
1 litro de caldo de galinha ou de legumes	Sal e pimenta a gosto
1 colher de chá de garam masala	

- Descasque as pastinacas e corte-as em pedaços iguais que fiquem prontos todos ao mesmo tempo: ou seja, não corte as partes finas e corte as partes mais grossas em pedaços menores. Corte o alho em 3 pedaços, depois despeje-o, juntamente com a pastinaca, em uma panela grande com tampa. Cubra com caldo, deixe ferver, depois abaixe um pouco o fogo, tampe e cozinhe com certo brio, por 15 minutos, ou até a pastinaca ficar macia.

- Misture o garam masala, adicione o espinafre congelado, tampe novamente e cozinhe por 5 minutos. Depois desse tempo, o espinafre deve estar descongelado e quente.

- Retire a panela do fogo e deixe esfriar um pouco. Então, com um mixer, bata a sopa cuidadosamente até ficar lisa. Adicione uma quantidade generosa de noz-moscada ralada na hora e tempere a gosto. Talvez você precise adicionar água, pois esta sopa tende a engrossar conforme esfria.

OBSERVAÇÃO SOBRE O ARMAZENAMENTO	NOTA DE CONGELAMENTO
Deixe as sobras esfriarem, depois cubra e guarde na geladeira em até 2 horas depois do preparo. Pode ficar na geladeira por até 3 dias. Reaqueça lentamente em uma panela, mexendo de vez em quando e adicionando mais água se for preciso, até ficar pelando.	A sopa fria pode ficar congelada, em um recipiente hermético, por até 3 meses. Descongele de um dia para o outro na geladeira e reaqueça seguindo o método da Observação sobre o armazenamento.

Sopa de batata-doce, gengibre e laranja

Eu como este prato regularmente no jantar e tenho a tendência a facilitar a minha vida tendo sempre um estoque de batatas-doces assadas na geladeira. Se você não tem, aconselho a assá-las na noite anterior para que quando for preparar esta sopa na noite seguinte, ou na outra, esteja a apenas 3 minutos de uma grande tigela tranquilizadora, reconfortante e vigorosamente temperada. Mesmo que você asse as batatas na hora, não terá muito trabalho enquanto elas estiverem no forno, muito menos depois.

SERVE 2 A 4 PESSOAS E RENDE APROXIMADAMENTE 1 LITRO

2 batatas-doces médias (aproximadamente 500 g no total)	Raspas de ½ laranja e duas colheres de sopa do suco
750 ml de caldo de legumes	1 colher de chá de suco de limão Tahiti
2 colheres de chá de gengibre fresco finamente ralado	¼ de colher de chá de pimenta caiena
	Sal a gosto

- Preaqueça o forno a 220°. Coloque as batatas-doces em uma pequena assadeira forrada com papel-alumínio, ou use uma assadeira descartável de alumínio (o xarope queimado que as batatas-doces liberam enquanto cozinham é infernal de lavar), e perfure-as algumas vezes com a ponta de uma faca afiada ou os dentes de um garfo. Asse por 1 hora ou até as batatas ficarem macias dentro da casca. Retire do forno e deixe esfriar. Eu gosto de fazer isso no dia anterior ou em qualquer momento em que o forno esteja ligado e tenha espaço sobrando.

- Pegue uma panela (que tenha tampa) e, segurando uma das batatas-doces acima dela, abra a pele e deixe a suave polpa laranja cozida cair na panela. Repita com a segunda batata. Despeje o caldo, adicione o gengibre ralado, as raspas de ½ laranja e as 2 colheres de sopa de suco de laranja, juntamente com o suco de limão e a pimenta caiena. Então, mexa para combinar antes de tampar, aumente o fogo e deixe a sopa ferver.

- Prove o tempero, deixe esfriar um pouco e depois use um mixer para bater até ficar lisa, embora você possa simplesmente bater com um garfo se quiser uma sopa de textura mais heterogênea.

OBSERVAÇÃO SOBRE O PREPARO ANTECIPADO	OBSERVAÇÃO SOBRE O ARMAZENAMENTO	NOTA DE CONGELAMENTO
As batatas podem ser assadas com até 2 dias de antecedência. Transfira para um recipiente adequado, deixe esfriar, depois cubra e deixe na geladeira até a hora de usar.	Deixe as sobras esfriarem, depois cubra e coloque na geladeira em até 2 horas depois do preparo. Elas pode ficar armazenadas ali por até 3 dias. Reaqueça lentamente em uma panela, mexendo de vez em quando e adicionando mais água, se for preciso, até ficar bem quente.	A sopa fria pode ficar congelada, em um recipiente hermético, por até 3 meses. Descongele de um dia para o outro na geladeira e reaqueça seguindo o método da Observação sobre o armazenamento.

Sopa de ervilha e brócolis

Minha família nunca se cansa de sopa de ervilha. Na verdade, publiquei várias em livros anteriores, e preparo todas. Não é à toa que o grande Nigel Slater me chama de "a rainha da ervilha congelada" (um elogio do qual muito me orgulho). Esta é a minha versão mais recente, que tenho preparado nos últimos anos, e estou mais do que feliz de apresentar para vocês agora.

Junto com as ervilhas congeladas, você poderia tranquilamente usar brócolis congelados e, com os dois ingredientes no freezer e o saquinho de chá de hortelã, este prato pode ser tornar um ótimo jantar improvisado. Esta não é a principal virtude da sopa: a doçura das ervilhas e a ousadia dos brócolis se equilibram; o leve toque de hortelã confere certa graça delicada.

Eu não lembro muito bem do que me induziu a usar um saquinho de chá de hortelã como caldo para esta sopa, mas fico muito feliz com a minha inovação. Peço apenas que, por favor, você use chá de hortelã puro, e não algum blend sofisticado. Ou melhor, fique à vontade para experimentar qualquer blend sofisticado que tenha em casa, só tenha em mente que foi ideia sua se não ficar muito satisfeito com o resultado.

Só agora me ocorreu que esta sopa tem ingredientes muito virtuosos, mas, pode acreditar, o sabor não é nada austero. Esta receita foi criada para proporcionar prazer, não para privar — e fico feliz por dizer que ela corresponde às expectativas, inclusive com certa facilidade.

SERVE 4 A 6 PESSOAS E RENDE APROXIMADAMENTE 1,5 LITROS OU 6 CANECAS

- 5 xícaras de água quente (aproximadamente 1,25 litros) de uma chaleira recém-fervida
- 1 saquinho de chá de hortelã pura
- 2 colheres de chá de sal marinho em flocos
- 2 dentes de alho grandes ou 4 pequenos descascados
- 300 g de ervilhas congeladas
- 300 g de floretes de brócolis frescos ou congelados

○ Despeje a água em uma panela que tenha tampa e que seja grande o suficiente para receber todos os ingredientes mais tarde. Depois, jogue o saquinho de chá, junte o sal, misture e deixe em infusão por 5 minutos.

○ Retire o saquinho de chá, espremendo todo o líquido, e tampe a panela, deixando a água de hortelã ferver.

○ Quando estiver borbulhando, adicione o alho e a ervilha congelada e deixe a panela voltar a ferver tampada.

- Acrescente os brócolis e cozinhe, dessa vez com a panela parcialmente tampada, por cerca de 10 minutos, ou até que os brócolis estejam macios. Você não precisa alterar esse procedimento se usar brócolis congelados.
- Deixe a sopa esfriar só um pouquinho antes de bater com um mixer, até que fique lisa. Depois, tempere a gosto e sirva.

OBSERVAÇÃO SOBRE O ARMAZENAMENTO	NOTA DE CONGELAMENTO
Deixe as sobras esfriarem, depois cubra e coloque na geladeira em até 2 horas depois do preparo. Pode ficar armazenada ali por até 3 dias. Reaqueça lentamente em uma panela, mexendo de vez em quando e adicionando mais água se for preciso, até ficar bem quente.	A sopa fria pode ficar congelada, em um recipiente hermético, por até 3 meses. Descongele de um dia para o outro na geladeira e reaqueça seguindo o método da Observação sobre o armazenamento.

COMIDA DE TIGELA

JANTAR

Este capítulo pode parecer meio formal, mas relaxe — eu não dou jantares formais, e não sugiro que você faça um. Então, isso não é uma apologia a uma vida de dona de casa perfeita, mas uma tentativa de redefinir o jantar. Aprendi algo a respeito de mim mesma, e é o seguinte: não conseguiria convidar gente para comer se não fosse ficar confortável de pijama e sem maquiagem. Não estou dizendo que *preciso* estar de pijama e sem maquiagem, mas, como meus amigos podem confirmar, muitas vezes é o caso.

Sempre fui tranquila com o jeito de servir comida às pessoas: o ímpeto perfeccionista torna a vida um inferno, tanto para o anfitrião quanto para o convidado. Uma atmosfera informal não é apenas mais acolhedora, mas — para mim — é o único jeito de garantir que eu não me arrependa de ter convidado pessoas a minha casa, para começo de conversa. Não sirvo aperitivos em bandejas; não boto a mesa corretamente, e sim deixo pratos e talheres para as pessoas se servirem; e a minha comida nunca, jamais, parece com comida servida em restaurante. Eu não faço comida elegante, e sim reconfortante. Sabe todas aquelas matérias de revista sobre "receber", cheias de listas para impressionar os convidados com a comida? Este capítulo é a antítese de tudo isso.

Nem todos os pratos que faço quando cozinho para amigos estão aqui: o capítulo Respirar é outra fonte confiável, e, talvez seja óbvio, mas o capítulo Doces tem as sobremesas. Aqui você vai encontrar os petiscos que sirvo no sofá, com drinques e aquelas receitas com as quais conto para o almoço, o jantar ou para uma festa tranquila, quando quero cozinhar para as pessoas, mas, sobretudo, quando quero fazer meus amigos se sentirem bem-vindos e deixar todos felizes, inclusive eu.

Quanto às bebidas — embora geralmente eu ofereça Prosecco, cerveja e vinho branco ou tinto, juntamente com bastante água —, às vezes a vida fica mais fácil se temos algo para servir com uma jarra. Nesse caso, sugiro 3 coquetéis: para o primeiro, um drinque vigoroso de grapefruit — basta combinar uma garrafa de 750 ml de Moscatel doce e espumante (de preferência rosa) ou outro vinho doce e espumante com 1 xícara de suco ácido de grapefruit espremido na hora, o que equivale a 2 grapefruits. O segundo, o intenso Cosmopolitan Cup — para preparar, basta adicionar 2 xícaras de suco de cranberry, ¼ de xícara de vodca e 1 a 2 colheres de sopa de suco de limão Tahiti espremido na hora a gosto (cerca de 1 ½ limão) para cada garrafa de 750 ml de Prosecco, ou qualquer outro vinho seco e espumante. O terceiro é o meu Saketini, feito do mesmo jeito que um Martini de vodca, mas usando saquê em vez de vermute — usando a proporção de 2 partes de vodca para 1 parte de saquê, agitado com bastante gelo e servido de uma coqueteleira. Admito que esta última sugestão não é o coquetel de jarra que prometi, mas é boa demais para deixar de fora. Se você conseguir alguém para preparar os Saketinis, melhor ainda. De um jeito ou de outro, em geral eu prefiro colocar outra pessoa para cuidar do bar.

As receitas a seguir, juntamente com as do capítulo Respirar, no qual o foco são pratos preparados com antecedência na panela de cozimento lento — e, na verdade, com todas as outras receitas deste livro — são apenas um registro da comida que fiz para amigos conforme me adaptava a minha nova vida na minha nova casa. É um prazer compartilhá-las agora com vocês.

Homus de alho caramelizado

Embora eu fique muito feliz com um pote de homus de boa qualidade na geladeira para a família atacar, não costumo servi-lo para amigos sem modificá-lo um pouco. Preparar o próprio homus em casa, como concluí, não é muito mais difícil, e é muito mais satisfatório. Nessa empreitada, sou beneficiada pelo fato de cozinhar os grãos-de-bico, sem deixar de molho, na minha *slow cooker* (ver na **p. 211**) e, às vezes, até congelá-los (veja a Nota de congelamento no final da receita), além do mais, eu sempre tenho alguns potes de grão-de-bico pré-cozido no armário, sem contar que sou uma caramelizadora de alho compulsiva. Não consigo parar de enrolar cabeças de alho em papel-alumínio e assá-las no forno, até os dentes ficarem doces e macios. Sempre guardo alguns na geladeira (onde eles se mantêm, em um recipiente hermético ou enrolados em papel-alumínio, por até 1 semana) para espremer seu purê intenso em batatas assadas, sopas, cozidos, iogurte — em tudo —, sempre que tiver vontade. Forneci instruções a seguir, se você preferir não fazer como eu, mas saiba que eu não acenderia o forno especialmente para eles: simplesmente os preparo na temperatura em que o forno estiver; portanto, como você vai ver no Ensopado condimentado de cordeiro da **p. 197**, eu asso as cabeças de alho, preparadas como na descrição desta receita, por 2 horas a 170°, porque é nessa temperatura que o forno está para o cordeiro.

Quanto ao grão-de-bico, especifiquei o cozido em casa ou o que vem em potes, pois são muito melhores que os enlatados, que, às vezes, deixam o homus heterogêneo demais. É verdade, o grão-de-bico em lata é muito mais barato do que o que vem em potes, mas prefiro a opção ainda mais econômica (os secos, que eu mesma cozinho) ou a mais cara de todas (grãos-de-bico espanhóis que vêm em potes) e ignoro o caminho do meio, que não tem nenhuma das virtudes dos outros dois. Entretanto, 2 latas de 400 g escorridas podem ser usadas em vez dos tipos especificados na receita. Os pedaços de pão salpicados de sementes que você vê ao lado do homus na foto são simples de fazer: eu abro ao meio pães árabes integrais, comprados em um mercado local de produtos do Oriente Médio, despejo um pouco de azeite por cima, salpico sementes de gergelim e os asso, sobre uma grelha, em um forno a 220° por 5 minutos. Depois, os quebro quando estão frios o suficiente para serem manipulados. É verdade, eles são delicados demais para mergulhar no homus, então é preciso usar uma colher, mas são muito saborosos. Caso contrário, grissinis, pitas tostadas e quebrados em pedaços ou legumes crus são o acompanhamento perfeito para mergulhar avidamente.

RENDE O BASTANTE PARA 8 PESSOAS, PARA COMER DURANTE DRINQUES

1 cabeça de alho grande, inteira e com casca

500 g de grão-de-bico, cozido em casa, enlatado ou de pote, escorrido

Raspas e suco de 1 limão Tahiti

4 colheres de sopa de tahini

4 colheres de sopa de azeite extravirgem e um pouco mais para jogar por cima

4 colheres de sopa de água fria

1 colher de chá de sal marinho em flocos

1 boa pitada de pimenta branca moída na hora

- Preaqueça o forno a 220°. Corte a parte de cima da cabeça de alho, de forma que possa ver o topo dos dentes. Descarte a parte de cima, depois coloque o alho em um pedaço de papel-alumínio e sele bem as extremidades, ao mesmo tempo em que deixa o pacote levemente folgado. Coloque sobre uma pequena assadeira de alumínio (ou similar) e asse por 45 minutos. Deixe esfriar dentro da embalagem de papel-alumínio.

- Escorra e enxague o grão-de-bico (se estiver usando enlatado ou em pote), depois despeje em um processador de alimentos.

- Adicione as raspas e o suco do limão e esprema a polpa do alho caramelizado.

- Despeje o tahini e o azeite e bata até obter um purê liso.

- Junte uma quantidade suficiente de água, ou toda, para obter a consistência correta, adicionando e batendo aos poucos, depois acrescente o sal e a pimenta e verifique o tempero. Transfira para uma tigela e jogue mais um fio de azeite por cima, se quiser.

OBSERVAÇÃO SOBRE O PREPARO ANTECIPADO	OBSERVAÇÃO SOBRE O ARMAZENAMENTO	NOTA DE CONGELAMENTO
Pode ser feito com até 2 dias de antecedência e guardado, coberto, na geladeira. Se você for usar grãos-de-bico descongelados, é melhor comer em até 24 horas depois do preparo.	O grão-de-bico cozido deve esfriar e ser colocado na geladeira o mais rápido possível e usado em até 2 dias.	O grão-de-bico cozido e frio pode ficar congelado, em recipientes ou sacos com fechamento hermético, por até 3 meses. Descongele de um dia para o outro na geladeira.

Maionese de missô

Serei eternamente grata a Yotam Ottolengui pela receita de maionese de sua mãe, na qual ela usa um ovo inteiro em vez de usar apenas a gema — algo que minha falecida mãe certamente não aprovaria. Quando estive em Nova York recentemente, provei uma maionese de missô junto com um bife malpassado servido sobre uma tábua (estávamos em território *hipster*), mas achei que, se o ovo não tivesse predominado tanto, eu teria compreendido melhor o uso do missô. E eu adoro missô. Então esta é a minha versão, e embora o coentro fresco adicione pungência, ele funciona, combinando com o missô e adicionando frescor ao mesmo tempo.

Caso você queira assar fatias de batata-doce para servir com esta maionese, eu não tentaria dissuadi-lo, mas adoro servir funcho crocante e adocicadas ervilhas-tortas para mergulhar nela.

JANTAR 115

SERVE 6 A 8 PESSOAS, PARA COMER DURANTE DRINQUES

1 ovo

375 ml de óleo de girassol

2 colheres de sopa de vinagre de maçã ou vinagre branco (30 ml)

3 colheres de sopa de missô branco doce (30 ml)

Folhas de um maço grande de coentro

- Quebre o ovo na pequena tigela de um processador de alimentos. Atualmente, a maioria dos processadores vem com uma tigela menor, que pode ser acoplada ao topo da tigela grande. (Se você não tiver um processador, pode usar uma tigela e um mixer, ou fazer isso à mão — como minha mãe me ensinou quando eu era tão pequena que tinha que ficar em pé sobre uma cadeira para alcançar a mesa — usando uma tigela e um batedor de claras.)

- Com o processador ligado, adicione o óleo lenta e pacientemente e depois — ainda com o motor ligado — acrescente lentamente o vinagre. Você deverá obter uma maionese espessa e pálida.

- Remova a tampa, raspe as laterais da tigela, adicione o missô e o coentro. Tampe e processe novamente até que as folhas de coentro estejam bem picadinhas na maionese. Remova a tampa, raspe as laterais da tigela para soltar as folhas de coentro que ficaram inteiras, tampe de novo e pulse mais uma ou duas vezes antes de transferir para uma tigela e servir com os acompanhamentos que desejar.

OBSERVAÇÃO SOBRE O ARMAZENAMENTO

A maionese dura até 4 dias na geladeira. Transfira para um recipiente, tampe e refrigere assim que possível. (Não deixe fora da geladeira por mais de 2 horas.)

Observação: já que esta receita contém ovo cru, você não deve servi-la a pessoas com o sistema imunológico fraco ou comprometido, tais como mulheres grávidas, crianças pequenas ou idosos.

Patê de batata-doce e grão-de-bico

Eu preparei meu primeiro jantar de Ação de Graças no ano passado, um evento significativo e prazeroso, e este foi o prato que servi com os drinques antes do grande banquete. Eu adoro suas cores outonais e sua doçura e, decorado com sementes de romã no final, ele é simples, mas resplandecente.

O modo de fazer também emprega dois dos meus truques favoritos: pré-assar batatas-doces e alho inteiros. Assar uma fornada de batatas-doces para usar depois vai facilitar muito a sua vida na cozinha, e isso é especialmente útil em grandes ocasiões. Mas devo acrescentar que, só porque este prato apareceu em público pela primeira vez no Dia de Ações de Graças, com certeza ele não precisa se limitar a isso. Ele me inspira muita gratidão durante todo o ano, e a gratidão não deve ser um dos grandes indicadores de felicidade?

SERVE 10 A 12 PESSOAS, PARA COMER DURANTE DRINQUES

750 g de batata-doce

1 cabeça de alho, inteira e com casca

2 limões Tahiti

2 colheres de chá de sal marinho defumado em flocos (embora sal marinho comum em flocos também sirva), ou a gosto

½ colher de chá de páprica doce

225 g de grão-de-bico cozido e escorrido (feito com grãos secos ou em conserva) ou 1 lata de 400 g de grão-de-bico, escorrido

1 pedaço de 4 cm de gengibre fresco (20 g), descascado e finamente ralado

2 colheres de sopa de sementes de romã

- Preaqueça o forno a 220°. Fure as batatas-doces com um garfo antes de colocá-las em uma assadeira e assá-las inteiras por cerca de 1 hora, dependendo do tamanho delas. As batatas precisam ficar bem macias por dentro e, sem dúvida, a pele ficará queimada em algumas partes por causa do xarope que pode vazar enquanto elas assam. Isso é bom.

- Assim que colocar as batatas-doces no forno, corte a parte de cima da cabeça de alho, de forma que possa ver o topo dos dente. Depois, embrulhe o alho com papel-alumínio, feche bem as extremidades para formar um pacotinho e asse junto com as batatas. Ele deve ficar pronto em 45 minutos, mas deixe-o até o fim com as batatas-doces.

- Deixe que as batatas e o alho esfriem. Você pode fazer isto com antecedência (veja a Observação sobre o preparo antecipado).

- Quando estiver pronto para preparar o patê, remova a pele das batatas-doces e deixe apenas o miolo alaranjado, sem nenhuma parte queimada. Coloque tudo em uma tigela e depois esprema nela os dentes de alho para adicionar o purê de alho caramelizado.

- Acrescente a casca ralada dos dois limões e o suco de um limão, o sal defumado, a páprica doce, o grão-de-bico e o gengibre ralado. Depois bata com um mixer (ou use um processador de alimentos) para fazer o seu patê.

- Verifique o tempero e também a acidez — talvez você queira mais suco de limão — e sirva com sementes de romã por cima, só para enfeitar. Eu não consegui resistir aos crocantes vegetais em tons de outono, mas, na verdade, eu sirvo salgadinhos de milho e legumes crus por serem mais resistentes na hora de mergulhar no patê.

OBSERVAÇÃO SOBRE O PREPARO ANTECIPADO	OBSERVAÇÃO SOBRE O ARMAZENAMENTO
A batata-doce e o alho podem ser assados com até 3 dias de antecedência e guardados na geladeira, embrulhados em papel-alumínio ou em um recipiente hermético.	Sobras de patê podem ser guardadas em um recipiente hermético, na geladeira, por até 2 dias.

Uma simples salsa

Na minha opinião, não há como errar com uma salsa simples e temperada e uma tigela cheia de tortillas de milho fritas. Sim, esta receita é bem picante — quem quiser algo mais suave deve remover as sementes das pimentas — mas isso, para mim, é a melhor parte. Eu também preparo esta salsa para acompanhar os Ovos com batatas ao forno (**p. 390**), mas tenho certeza de que você não terá dificuldade em encontrar várias maneiras de usar esta receita no seu dia a dia.

Acho importante tratar a salsa com respeito e servir com ela apenas tortillas de milho fritas de qualidade. Se conseguir tortillas de milho azul, dê preferência a elas. Caso contrário, sirva com tortillas de milho fritas simples, sem sal e sem temperos esquisitos, por favor.

SERVE 6 A 8 PESSOAS, PARA COMER DURANTE DRINQUES

1 a 2 colheres de sopa de azeite comum	1 colher de chá de sal marinho em flocos
1 cebola roxa pequena, descascada e finamente picada	3 pimentas jalapeño frescas, finamente picadas e com as sementes
2 dentes de alho grandes, descascados e ralados ou espremidos	2 latas de 400 g de tomates picados de boa qualidade
1 colher de chá de sementes de cominho	

- Aqueça uma colher de sopa cheia de azeite em uma panela média pesada sobre fogo médio e cozinhe a cebola roxa picada, mexendo de vez em quando, até que fique macia, mas não escura (ela tem que manter seu tom natural), durante cerca de 5 minutos, adicionando mais azeite se necessário — o que depende do diâmetro da sua panela. Acrescente o alho à panela e mexa bem antes de adicionar o cominho, o sal e as pimentas jalapeño.

- Cozinhe, mexendo sempre, por mais um minuto, com o fogo um pouco mais alto, tendo o cuidado de não deixar grudar. Adicione os tomates em lata, mexa bem e, quando começar a borbulhar, abaixe o fogo e cozinhe por cerca de 15 minutos. O molho precisa engrossar e pegar sabor.

- Verifique o tempero e transfira para uma tigela para esfriar antes de servir com as tortillas fritas de sua preferência.

OBSERVAÇÃO SOBRE O ARMAZENAMENTO	NOTA DE CONGELAMENTO
Deixe as sobras esfriarem, então tampe e leve à geladeira até 2 horas depois do preparo. Em recipiente hermético, elas durarão até 3 dias na geladeira.	A salsa resfriada pode ser congelada, em um recipiente hermético, por até 3 meses. Descongele de um dia para o outro e use em no máximo 2 dias.

Pão de queijo brasileiro

Eu tenho um amigo brasileiro maravilhoso, o Helio, mencionado em outras partes deste livro e em outros livros meus, que pede há anos que eu faça pão de queijo. Mas foi só quando estive no Brasil que percebi como o pão de queijo é uma declaração da identidade nacional. Quero dizer, acho que não fui a nenhuma casa brasileira sem que me obrigassem a comer esses pãezinhos (da forma mais carinhosa que existe) assim que pus os pés lá dentro. Eu testei várias receitas, mas esta mistura de algumas delas é o melhor resultado que consegui para quem mora fora do Brasil, e que foi aprovada por Helio (a propósito, foi ele quem sugeriu o parmesão ralado na hora). E agora sou eu que obrigo minhas visitas a provarem os pães de queijo. Recomendo que você faça como eles fazem no Brasil, que é fazer a massa, moldar bolinhas e congelá-las. Assim você sempre estará pronto para servir uma fornada quente. Mas nem eu mesma sou sempre organizada assim.

Porém, antes de seguirmos em frente, sinto que preciso explicar o que é um pão de queijo, porque o nome não consegue descrever a textura macia e diferente que eles têm. A princípio você poderá se decepcionar com eles. Logo depois, estará viciado. Segundo um amigo, a expressão "impossível comer um só" foi feita para eles. Eles parecem carolinas com sabor de queijo, mas com um exterior mais sequinho e um interior mais macio. Parecem bolas de golfe, com uma luz interna. Nada disso soa apetitoso, eu sei, mas eu não consigo parar de comê-los, bem como todo mundo para quem os preparo.

Eles são feitos com o amido da mandioca (também chamado de fécula de mandioca ou goma), mas você pode usar polvilho, que eu encontrei on-line e, até onde eu sei, é a mesma coisa. Você também encontra o polvilho em lojas de produtos brasileiros ou em lojas de produtos do Oriente Médio e asiáticos também.

E acho que vale a pena ressaltar que o polvilho não contém glúten.

RENDE APROXIMADAMENTE 50 BOLINHAS

300 g de polvilho (ver introdução da receita)	125 ml de óleo de girassol
1 colher de chá de sal marinho fino	2 ovos grandes, batidos
250 ml de leite integral	100 g de queijo parmesão ralado na hora

- Preaqueça o forno a 220° e forre duas assadeiras grandes com papel-manteiga, ou use uma assadeira e asse em etapas.

- Em uma batedeira, usando o batedor em forma de pá, ou com uma batedeira portátil e uma tigela, misture o polvilho e o sal.

- Em uma caçarola, aqueça o leite e o óleo até abrir fervura. Quando estiver borbulhando, tire-a do fogo antes que o conteúdo comece a ferver intensamente. Coloque imediatamente sobre a mistura de polvilho e ligue a batedeira, a princípio na velocidade baixa, batendo até formar uma massa grudenta.

- Continue batendo a massa por pelo menos 5 minutos (já que você quer que ela esfrie antes de adicionar os ovos) depois raspe a tigela e use os dedos para ver se ela ainda está quente. A massa precisa esfriar até, aproximadamente, a temperatura corporal, o que pode levar até 10 minutos na batedeira.

- Quando chegar a esse ponto, adicione os ovos batidos aos poucos, cerca de uma colher de sopa de cada vez, e misture muito bem antes de adicionar a próxima colher.

- Por fim adicione — sem parar de bater — o queijo parmesão em duas etapas, e continue batendo até que todos os ingredientes estejam bem misturados.

- Coloque bolinhas do tamanho de colheres de chá nas assadeiras forradas, ou use apenas uma assadeira e asse em etapas. Se estiver assando em etapas, mantenha a massa na geladeira enquanto aguarda a fornada ficar pronta. Eu uso uma colher medidora redonda e, se necessário, mergulho a colher na água após algumas colheradas para que a massa saia da colher com mais facilidade.

- Leve ao forno, imediatamente abaixo o fogo para 190° e asse de 12 a 15 minutos, até crescer e ficar dourado. Deixe os pães de queijo esfriarem um pouco antes de servir.

OBSERVAÇÃO SOBRE O PREPARO ANTECIPADO	NOTA DE CONGELAMENTO
A massa pode ser feita com até 1 dia de antecedência e guardada em recipiente hermético na geladeira até a hora de usar.	A massa pode ser modelada em bolas, colocada em assadeiras forradas com papel-manteiga e congeladas. Quando estiverem firmes, transfira as bolas para sacos plásticos ou recipientes herméticos e congele por até 3 meses. Asse diretamente do freezer, seguindo a receita acima.

Pururuca de frango

O grande Simon Hopkinson, autor de *Roast Chicken and Other Stories* me deu de presente — apropriadamente — um pacote de pururuca de frango, e eu insisti que ele me desse a receita. Embora eu tenha feito a minha versão com fogo mais alto e por um tempo mais curto do que ele ensinou, espero que ele não desaprove.

Como os açougueiros passam muito tempo tirando a pele dos frangos para os clientes, você não deverá ter dificuldades para comprar a pele, e ela não deve custar caro. Se você estiver comprando outras coisas, eles provavelmente lhe darão a pele como cortesia. E embora a aparência da pele esticada sobre a grelha antes de ir ao forno nos faça lembrar um pouco de Hannibal Lecter, o produto final é deliciosamente convidativo.

SERVE 4 A 6 PESSOAS, PARA COMER DURANTE DRINQUES

250 g de pele de frango	¼ colher de chá de pimenta caiena
¼ de colher de chá de sal marinho fino	Óleo para untar

- Preaqueça o forno a 180°.
- Unte com óleo uma grelha que possa ficar sobre uma assadeira, depois estique os pedaços de pele sobre a grade de forma que cada pedaço fique bem aberto, sem sobreposição.
- Espalhe o sal e a pimenta caiena sobre a pele do frango e leve ao forno por 30 minutos. A pele deve ficar dourada e crocante, mas cuidado para não queimar.
- Retire do forno e remova gentilmente os pedaços de pururuca da grelha — você precisará de uma espátula de metal para ajudar a retirá-los — e deixe esfriar.
- Depois de fria, quebre em pedaços pequenos e sirva com drinques.

OBSERVAÇÃO SOBRE O PREPARO ANTECIPADO

A pururuca pode ser feita com até 1 hora de antecedência e deixada em temperatura ambiente. Consuma em até 2 horas após prepará-la.

Coxa de frango caramelizada com saquê

Eu sou favor de alimentos que possam ser comidos com a mão: seja como aperitivo, na mesa ou direto da geladeira. Mas independentemente do modo como você vai comer estas coxas, você vai precisar de muitos guardanapos.

Considere preparar a Maionese de missô (**p. 115**) para acompanhá-las, embora eu me satisfaça apenas com um pouco de limão espremido por cima. E sei que algumas pessoas não gostam de fazer aperitivos picantes demais (eu não sou uma delas), então quero garantir aos que temem a pimenta que o maravilhoso sabor deste prato não é prejudicado pela ausência da pimenta calabresa.

Eu acho muito mais fácil fazer a marinada usando xícaras e, na verdade, deixa todo o preparo mais alegre também.

RENDE 20 COXAS DE FRANGO

½ xícara de saquê (125 ml)	1 colher de chá de óleo de gergelim torrado
¼ xícara (4 colheres de sopa) de molho de peixe	1 colher de chá de pimenta calabresa
¼ xícara (4 colheres de sopa) de molho shoyu	20 coxas de frango, com a pele
¼ xícara (4 colheres de sopa) de óleo de girassol	2 colheres de sopa de mel

- Misture o saquê, o molho de peixe, o molho shoyu, o óleo de girassol, o óleo de gergelim e a pimenta calabresa em uma jarra medidora. Coloque as coxas de frango em um saco plástico grande, derrame sobre elas o conteúdo da jarra, lacre o saco, coloque-o em uma fôrma ou recipiente fundo (caso o saco plástico vaze) e deixe em um local fresco durante 40 minutos, ou na geladeira por até 1 dia.

- Quando quiser assar, preaqueça o forno a 200° e forre uma assadeira grande e rasa (eu uso uma assadeira que mede 46 x 34 cm, com uma borda de 1,5 cm de altura) com papel-alumínio e, tendo o cuidado de não deixar o precioso líquido sair do saco plástico, coloque as coxas na assadeira com a parte mais carnuda para cima. Se elas estavam na geladeira, deixa-as atingir a temperatura ambiente. Separe ½ xícara (125 ml) da marinada, e espalhe o restante sobre as coxas. Asse por 45 minutos.

- Enquanto as coxas assam, coloque os 125 ml de marinada reservada em uma panela pequena, adicione o mel e ferva até formar uma calda. Isso levará de 5 a 7 minutos.

- Quando as coxas tiverem assado por 45 minutos, teste para ver se estão assadas por dentro, então adicione os sucos da assadeira cuidadosamente à calda. Misture e espalhe sobre as coxas, depois leve-as de volta ao forno por 10 minutos. Depois disso, regue as coxas novamente com a calda e asse por mais 10 minutos.

- Tire do forno, regue as coxas com a calda que restar no fundo da assadeira e espere esfriar o suficiente para conseguir comer com as mãos.

OBSERVAÇÃO SOBRE O PREPARO ANTECIPADO	OBSERVAÇÃO SOBRE O ARMAZENAMENTO	NOTA DE CONGELAMENTO
As coxas podem ser marinadas com um dia de antecedência. Também é possível congelar as coxas na marinada por até 3 meses (contanto que a carne não tenha sido congelada anteriormente); descongele de um dia para o outro, na geladeira, antes de assar.	Deixe as sobras esfriarem, depois cubra e leve à geladeira no máximo 2 horas depois do preparo. Pode ficar até 3 dias na geladeira.	As sobras frias podem ser congeladas, em um recipiente hermético, por até 1 mês. Descongele de um dia para o outro na geladeira antes de usar.

Costelinha de cordeiro com sementes de nigela e cominho

Pare tudo o que está fazendo: eu tenho uma notícia importante. A costelinha de cordeiro, quase desconhecida por aqui, é uma das maneiras mais deliciosas de se comer cordeiro, e certamente a menos cara. Eu adoraria encontrá-la com mais facilidade (sem o aumento de preço que isso implica), mas até lá você terá que encontrar um açougueiro solícito e pedir que ele a corte.

Nos Estados Unidos ela é conhecida como "Costelinha de Denver", já que Denver é o maior produtor de cordeiro do país, embora possam dizer que mesmo lá ela não é exatamente conhecida por todos. Acho que é hora dessa costelinha ser mais universalmente apreciada. Sinto que é meu dever espalhar esse fato.

Na verdade, quando era estudante, eu costumava comprar peito de cordeiro (que é de onde sai a costelinha) por 25 centavos de libra por peito (afinal, eu cozinhava com o orçamento de uma universitária). Eu cozinhava a peça inteira, lentamente, com temperos, e naquela época também era considerado algo estranho de se fazer. O peito e, consequentemente, a costelinha, custam um pouco mais caro agora, mas continuam tendo um ótimo custo-benefício. Não que o sabor seja de algo barato: todos que já provaram este prato disseram que foram as melhores costelinhas que já comeram.

Eu gosto que o sabor da carne se sobressaia, então eu não a cubro com uma calda, mas dou apenas uma pincelada antes de levá-la ao forno. E embora pareça desnecessário usar óleo, ele ajuda a fixar os temperos e a deixar a costelinha crocante; de qualquer forma, a maior parte da gordura escorre para debaixo da grelha. Mesmo assim, sem dúvida se trata de um corte gorduroso, mas para nós que adoramos o sabor e a textura que a gordura dá, isso é uma vantagem, não um problema. Se você é do tipo que gosta de cortes magros, esta receita não é para você. Meus pêsames.

SERVE 6 A 10 PESSOAS, DEPENDENDO DA FORMA QUE SERÃO SERVIDAS: COMO APERITIVO OU COMO REFEIÇÃO

4 colheres de chá de sementes de nigela

4 colheres de chá de sementes de cominho

4 colheres de chá de azeite comum

¼ xícara (4 colheres de sopa) de molho shoyu

4 dentes de alho, descascados e finamente ralados ou picados

24 costelinhas de cordeiro, retiradas de 3 peitos de cordeiro, com os ossos

- Preaqueça o forno a 150°. Forre uma assadeira grande com papel-alumínio e coloque uma grelha por cima. Se você não tiver uma assadeira grande o bastante (a que veio com meu forno mede 45 x 38 cm), use duas assadeiras e troque-as de lugar dentro do forno na metade do tempo, e esteja pronto para deixá-las assando por mais 10 ou 15 minutos.

- Em uma tigela coloque as sementes de nigela e cominho, adicione o azeite, o molho shoyu e o alho. Misture bem.

- Mergulhe as costelinhas nesta mistura, uma a uma, para que elas fiquem levemente cobertas de ambos os lados. Você pode pensar que a quantidade não será suficiente para todas as costelinhas, mas será. Você não quer ensopá-las, apenas deixá-las com a cor do líquido e com algumas sementes grudadas nelas.

- Distribua-as na grelha sobre a assadeira forrada com papel-alumínio e asse de 1 hora e meia a 2 horas (elas podem ter tamanhos diferentes), ou até que a gordura das costelinhas esteja crocante e a carne esteja macia.

- Arrume em uma travessa aquecida e não deixe de servi-las com uma boa quantidade de guardanapos.

OBSERVAÇÃO SOBRE O ARMAZENAMENTO	NOTA DE CONGELAMENTO
Deixe as sobras esfriarem. cubra e coloque na geladeira em até 2 horas depois do preparo. Dura até 3 dias na geladeira.	As sobras frias podem ser congeladas, em um recipiente hermético, por até 1 mês. Descongele de um dia para o outro, na geladeira, antes de usar.

Hambúrgueres de abóbora e halloumi

Embora não sejam hambúrgueres de verdade, uma fatia de abóbora paulista assada tem a textura perfeita para ser consumida desta maneira, e o salgado queijo halloumi, derretido no calor do forno, é a cobertura perfeita para a doçura da abóbora. É sempre difícil saber, antes de cozinhar, se a sua abóbora é boa e suculenta ou se ficará sem gosto e cheia de fiapos. Mas eu descobri que a adocicada abóbora paulista parece ser bastante confiável. Além disso, seu formato alongado, antes de ficar arredondada na parte das sementes, é bem adequado para esta receita. Mesmo que você não consiga encontrar esta abóbora específica, escolha uma que tenha um pescoço comprido, pois essa é a parte que você corta para fazer os "hambúrgueres". O restante da abóbora pode ser usado para fazer a Bandeja de legumes assados (**p. 237**) para outra refeição.

Para mim, este é o almoço de sábado perfeito em qualquer época do ano, ou para um belo jantar de verão, acompanhado de cervejas geladas e vinho rosé. Mas eles são rápidos e simples o bastante para serem feitos sempre que você precisar alimentar várias pessoas em cima da hora.

RENDE 6 A 8 HAMBÚRGUERES, DEPENDENDO DE QUANTOS DISCOS VOCÊ CONSEGUIR CORTAR NA ABÓBORA

1 abóbora paulista
1 colher de sopa de azeite comum
1 colher de chá de orégano seco
225 g de queijo halloumi
4 pães sírios

PARA SERVIR:

Folhas verdes à sua escolha
2 tomates grandes, cortados em fatias grossas

- Preaqueça o forno a 200°. Fatie a parte longa da abóbora em rodelas de aproximadamente 1,5 cm de espessura. Se ela tiver um tamanho uniforme, você conseguirá de 6 a 8 fatias antes de chegar à parte arredondada com sementes. Espalhe o azeite em uma assadeira grande e rasa e distribua sobre ele as fatias de abóbora. Espalhe sobre elas metade do orégano, vire e espalhe o restante.

- Leve ao forno para assar de 20 a 30 minutos, ou até as abóboras ficarem macias e as bordas começarem a dourar. Corte o queijo halloumi ao meio para ficar com 2 pedaços quadrados e corte cada quadrado em 3 ou 4 fatias, dependendo de quantas rodelas de abóbora você tem. Coloque uma fatia de queijo sobre cada rodela.

- Asse por mais 10 minutos, até o queijo ficar macio e derretido — lembrando que o halloumi nunca derrete demais — em cima da abóbora.

- Quando o tempo de forno da abóbora e do halloumi estiver chegando ao fim, corte os pães sírios na metade e aqueça-os rapidamente no forno.

- Abra as metades dos pães sírios para recheá-las com algumas folhas verdes e insira uma fatia de abóbora com queijo dentro de cada metade. Coloque uma fatia de tomate em cima de cada hambúrguer de abóbora e coma imediatamente.

Tacos de peixe

Eu sou muito eclética: quando não estou desejando uma tigela de comida que propicie o mesmo sabor da primeira à última garfada, eu gosto do tipo de refeição que envolva uma mesa cheia de coisas diferentes, onde cada um monta seu prato usando muitos condimentos. Eu acho que esta última forma de comer é uma das maneiras mais relaxantes de dividir uma mesa com amigos.

Estes tacos de peixe são um ótimo exemplo (ver também o Shawarma de frango assado, **p. 157**), e tenha a certeza de que os preparativos são muito menos trabalhosos do que parecem. Por exemplo, eu asso o peixe usado nos tacos, em vez de fritá-lo como é de costume; as cebolas em conserva não envolvem nada além de cortar uma cebola roxa pequena em meias-luas e mergulhá-las em suco de limão Tahiti; o *relish* de milho doce é feito a partir de uma lata (sem peso na consciência) e o molho picante é feito simplesmente adicionando um pouco de *gochujang* coreano à maionese industrializada. Sim, eu sei que há uma certa mistura cultural aqui, mas se você tiver o *gochujang* para fazer a receita Carne e arroz coreanos na *slow cooker* (**p. 218**) — o que eu aconselho —, você vai querer encontrar outras receitas para empregá-lo. Caso contrário, qualquer molho de pimenta industrializado serve, ou, caso você esteja disposta a ter mais trabalho, por favor, experimente o Molho de pimenta, gengibre e alho (**p. 254**), que eu coloco praticamente em tudo.

SERVE 4 A 6 PESSOAS, COMO PRATO PRINCIPAL

PARA A CEBOLA EM CONSERVA:
1 cebola roxa pequena
Suco de 2 limões Tahiti

PARA O MOLHO PICANTE:
½ xícara de maionese (125 g)
2 colheres de chá de pasta *gochujang*, ou outro molho de pimenta, a gosto

PARA O *RELISH* DE MILHO:
1 lata de de milho verde (200 g) em conserva, escorrido
1 pimenta-malagueta fresca
3 colheres de sopa de coentro fresco
Sal a gosto

PARA OS TACOS DE PEIXE
4 filés de peixe branco firme, sem pele, como merluza ou hadoque (750-900 g ao todo), da parte mais grossa do peixe

1 colher de chá de cominho em pó
½ colher de chá de páprica
1 colher de chá de sal marinho em flocos
1 dente de alho, descascado e finamente ralado ou picado
2 colheres de sopa de azeite comum
8 tortillas de milho macias

PARA O ABACATE:
2 abacates maduros
Suco de 1 limão Tahiti

PARA SERVIR:
Folhas verdes à sua escolha
1 a 2 colheres de sopa de coentro fresco, picado
2 limões Tahiti, cortados em quatro

- Preaqueça o forno a 220° para assar o peixe, e comece a preparar os acompanhamentos do taco. Descasque a cebola roxa, corte-a ao meio e depois em fatias finas formando meias-luas. Coloque as fatias da cebola em uma tigela e cubra com o suco de limão. Mexa com um garfo para misturar bem a cebola e o suco. Se você puder fazer isso com antecedência (até 1 dia antes), será muito melhor, mas até 20 minutos antes está ótimo.

- Faça o molho picante misturando a maionese e a pasta *gochujang* (ou outro molho de pimenta) em uma tigela pequena. Reserve.

- Para o *relish* de milho, coloque o milho verde em uma tigela. Pique bem a pimenta-malagueta (remova as sementes se preferir algo menos picante) e acrescente ao milho junto com o coentro picado e sal a gosto. Mexa bem e reserve.

- Corte os filés de peixe ao meio no sentido do comprimento para obter tiras longas, e coloque-os em uma assadeira rasa. Misture o cominho, a páprica e o sal e espalhe sobre os filés de peixe.

- Misture o alho e o azeite em uma tigela pequena. Espalhe a mistura sobre o peixe e leve ao forno para assar de 8 a 10 minutos, dependendo da espessura dos filés. Verifique se o peixe está bem assado (mas não demais) antes de tirá-lo do forno.

- Depois de tirar o peixe (mas sem deixá-lo esfriar), desligue o forno e aqueça as tortilhas no calo residual. Enquanto isso, descasque, tire o caroço e fatie os abacates, depois espalhe o suco de limão sobre eles para servir com os demais acompanhamentos.

- Arrume o peixe em um prato (forrado com folhas verdes, se desejar), espalhe um pouco de coentro fresco picado por cima e leve à mesa junto com as tortillas aquecidas. Se você não quiser adicionar nenhuma salada diretamente ao peixe, talvez você prefira deixar na mesa uma tigela de alface americana ou outras folhas crocantes.

- Leve à mesa as tigelas das cebolas escorridas, do *relish* de milho, do molho picante e um prato com os abacates fatiados para que todos possam rechear suas tortillas. Um prato de fatias de limão e uma pilha de guardanapos também são ótimas ideias.

OBSERVAÇÃO SOBRE O PREPARO ANTECIPADO

As cebolas em conserva, o molho picante e o *relish* (menos o coentro) podem ser preparados com 1 dia de antecedência. Cubra e refrigere até a hora de usar. Misture o coentro picado ao *relish* de milho pouco antes de servir.

Lula grega com orzo

O sabor de anis deste prato com lula assada e massa orzo fabulosamente fácil é suave o bastante para não assustar mesmo quem não gosta de funcho, e também já surpreendeu muitos "funchofóbicos". E ele também é muito simples de fazer: só é preciso picar e mexer um pouco e depois ele cozinha sozinho no forno, até que a lula esteja tão macia que possa ser cortada com o toque de uma colher.

Agradeço a Alex Andreou por me ensinar a preparar este prato, junto com a Strapatsada (**p. 49**) e a Torta de trapo velho (**p. 318**). Sinto que a culinária grega está bem representada nestas páginas, e me sinto grata por ter conseguido fazer isso, principalmente porque aprender receitas novas que você sabe que farão parte de seu repertório de confiança é uma das grandes alegrias de cozinhar.

SERVE 4 A 6 PESSOAS, COMO PRATO PRINCIPAL

2 chalotas banana ou 1 cebola roxa pequena	400 g de tomates picados em lata
½ cabeça de funcho	1 colher de sopa de extrato de tomate
2 dentes de alho	2 colheres de sopa de ouzo
¼ xícara (4 colheres de sopa) de azeite extravirgem, e um pouco mais para usar depois	1 maço grande de endro fresco (aproximadamente 100 g)
600 g de lula, já limpa	250 ml de água quente, recém-fervida
300 g de massa orzo	Sal e pimenta a gosto

- Preaqueça o forno a 160°. Pegue uma caçarola ou panela (com uma tampa que feche bem) que seja grande o suficiente para caber tudo, e que possa ir ao fogo e depois ao forno. A caçarola rasa que você pode ver na foto tem 30 cm de diâmetro e é a que eu sempre uso.

- Descasque e corte ao meio as chalotas (ou cebola roxa pequena), depois fatie-as em meias-luas grossas. Remova o miolo do funcho e descarte-o. Depois fatie o funcho, incluindo as partes que parecem tubos, em pedaços irregulares. Não descarte as folhas. Pressione os dentes de alho com a lateral de uma faca pesada para esmagá-los, depois remova as cascas.

- Coloque o azeite na panela, leve-a ao fogo baixo e adicione as chalotas (ou cebola) fatiadas, o funcho picado e o alho amassado junto com a lula e cozinhe tudo, mexendo de vez em quando, durante 10 minutos. A lula (e o funcho) soltará um pouco de líquido, então você vai mais cozinhar do que fritar.

- Acrescente a massa orzo e os tomates picados e misture. Adicione o extrato de tomate à lata de tomates vazia, preencha a lata com água e misture bem antes de acrescentar à panela. Adicione o ouzo e mexa mais uma vez. Não tempere agora. Aumente o fogo e, quando começar a borbulhar, tampe a panela, leve-a ao forno e asse por 1 hora e 20 minutos. Quase ao final desse tempo, pique bem o endro e ferva a água.

- Quando o tempo acabar, retire a panela do forno e destampe. O orzo terá absorvido todo o líquido e a lula deverá estar macia o bastante para ser cortada com uma colher de pau. Adicione a água quente e misture bem para soltar o que estiver grudado no fundo da panela (são os pedacinhos mais saborosos). Tempere com sal e pimenta a gosto e com a maior parte do endro picado, depois mexa antes de levar a panela de volta ao forno, sem a tampa, por mais 10 minutos.

- Retire do forno, espalhe o restante do endro por cima e sirva apenas com uma salada de folhas verdes crocantes. E se você desejar ralar parmesão por cima do prato, apesar da regra italiana de não colocar queijo em massas com peixe, eu não tentarei impedi-lo. Afinal, os gregos comem este prato com queijo ralado.

OBSERVAÇÃO SOBRE O ARMAZENAMENTO

Deixe as sobras esfriarem, cubra e refrigere em no máximo 2 horas após o preparo. Dura até 2 dias na geladeira. As sobras ficam melhores servidas frias, com suco de limão-siciliano espremido por cima.

Assadeira de frango com laranja-amarga e funcho

Não sei dizer quantas vezes eu já fiz esta receita desde que inaugurei minha cozinha nova. Não que eu me envergonhe de ser repetitiva — eu acho isso confortante — mas eu simplesmente a fiz com muita frequência. Ela sempre será, não importa onde ou quando eu a prepare, o sabor do meu novo lar, evocando a força e a sensação de aconchego que emana disso.

Para mim, uma casa não é um lar até que um frango tenha sido assado nela (com minhas desculpas para todos os vegetarianos e para os frangos) e este aqui, ao ser assado, enche a sua cozinha com seu suave aroma de anis e cítrico, e funciona tão bem no meio do inverno com as laranjas-amargas quanto no verão com laranjas comuns, com sua doçura cortada pelo limão-siciliano. A propósito, embora eu considere não usar as raspas de um limão-siciliano um crime culinário, aqui eu não uso, porque elas iriam esconder a fragrância da laranja.

Eu sempre coloco o frango para marinar um dia antes, mas se você não tiver tempo, uma hora será suficiente (fora da geladeira, mas em local fresco) contanto que você use um bom frango. Se você puder, compre um bom frango orgânico. Esse tipo de frango fornece um "molho" natural forte, além de várias outras vantagens.

O funcho que tenho encontrado ultimamente é bem grande, mas sem comprometer o seu sabor. Se você só encontrar cabeças de funcho pequenas, use três, cortadas em quatro.

Sobre o que servir para acompanhar, dependendo da época do ano, eu diria um purê de batatas ou batatinhas cozidas, e talvez algumas ervilhas-tortas aferventadas, passadas na manteiga ou no azeite.

SERVE 6 PESSOAS

2 cabeças grandes de funcho (aproximadamente 1 kg no total, mas pode ser menos)

100 ml de óleo de canola ou azeite extravirgem, mais uma colher de sopa para regar o frango enquanto ele assa

Raspas e suco de 2 laranjas-de-sevilha (ou 2 laranjas-amargas) (aproximadamente 100 ml de suco) ou raspas e suco de 1 laranja comum e suco de 1 limão-siciliano

2 colheres de chá de sal marinho em flocos

4 colheres de chá de sementes de funcho

4 colheres de chá de mostarda de Dijon

12 sobrecoxas de frango, com pele e osso, de preferência orgânicas

- Remova as folhas do funcho e coloque-as em um saco plástico na geladeira para servir. Eu descarto (ou seja, eu como) as partes do funcho que parecem tubos, mas se você tiver uma assadeira grande o bastante, use tudo. Corte as cabeças de funcho em quatro e depois corte cada parte em 3 pedaços, no sentido do comprimento. Deixe-os na tábua enquanto você prepara a marinada.

- Coloque um saco plástico grande dentro de uma jarra medidora de boca larga, ou algo parecido, e dentro dele coloque o óleo, o suco e as rapas de laranja (e o suco de limão-siciliano, se for usar), e adicione o sal, as sementes de funcho e a mostarda. Mexa rapidamente para misturar.

- Retire o saco plástico da jarra e, segurando-o de pé, adicione ¼ dos pedaços de frango, seguidos por ¼ dos pedaços de funcho, e assim por diante, até usar tudo.

- Lacre bem o saco plástico, coloque-o sobre um pirex ou assadeira e aperte-o para que a pequena quantidade de marinada cubra o máximo possível dos pedaços de frango. Vai parecer que não é suficiente, mas é, eu garanto. Deixe na geladeira de um dia para o outro ou por até 24 horas.

- Quando quiser assar, retire o saco plástico da geladeira e coloque todo o conteúdo — marinada e tudo mais — em uma assadeira rasa (eu uso uma assadeira que mede 46 x 34 cm com uma borda de 1,5 cm). Usando uma pinça ou qualquer utensílio que preferir, arrume os pedaços de frango sobre o funcho, com a pele para cima. Deixe atingir a temperatura ambiente por cerca de 30 minutos, enquanto você preaquece o forno a 200°.

- Espalhe mais um pouco de azeite sobre o frango e asse por 1 hora, quando o funcho deverá estar macio e o frango totalmente assado e dourado por cima.

- Coloque o frango e o funcho em um prato aquecido, leve a assadeira ao fogo médio (use uma panelinha se sua assadeira não puder ir ao fogo) e ferva os sucos, mexendo até formar uma calda. Isso deve levar de 1 minuto e meio a 2 minutos na assadeira, e cerca de 5 minutos em uma panela.

- Espalhe a calda reduzida sobre o frango e o funcho, depois pique as folhas de funcho reservadas por cima de tudo.

OBSERVAÇÃO SOBRE O PREPARO ANTECIPADO	OBSERVAÇÃO SOBRE O ARMAZENAMENTO
O frango pode ser marinado 1 dia antes. Mantenha na geladeira até a hora de usar.	Deixe as sobras esfriarem, cubra e refrigere em no máximo 2 horas após o preparo. Dura até 3 dias na geladeira.

Frango assado com limão-siciliano, alecrim, alho e batatas

Eu volto a um território familiar com este prato: o aroma do frango assando com limão-siciliano, alecrim e alho para mim sempre foi a essência de tudo que traz conforto. Mas esta versão é tão robusta e temperada que acho que ela anima enquanto reconforta: é uma comida que melhora o humor, bem como o seu preparo. Você joga tudo dentro da assadeira e deixa assar alegremente.

SERVE 6 PESSOAS

¼ xícara (4 colheres de sopa) de azeite comum

2 colheres de chá de folhas de alecrim finamente picadas, e um pouco mais para servir

1 cabeça de alho, separada em dentes (com casca)

2 alhos-porós

1 kg de batatas cerosas, como a Ágata, lavadas com a casca

2 limões-sicilianos

1 frango médio (aproximadamente 1,4 kg), de preferência orgânico

Sal marinho em flocos a gosto

- Preaqueça o forno a 220°. Pegue a maior assadeira que você tiver e coloque nela quase todo o azeite, reservando cerca de 1 colher de chá. Espalhe nela o alecrim picado e os dentes de alho.

- Remova as partes verdes escuras dos alhos-porós e corte-os ao meio no sentido do comprimento, depois fatie em meias-luas e adicione-os à assadeira também.

- Corte as batatas em fatias de 1,5 cm de espessura, depois corte cada fatia em 4, ou apenas na metade se as batatas forem pequenas, e adicione-as à assadeira.

- Corte os limões em quatro, depois corte cada parte ao meio, remova o máximo possível das sementes sem se esforçar demais e jogue os pedaços de limão na assadeira. Agora misture tudo e abra um espaço no meio da assadeira para colocar o frango.

- Desamarre o frango, coloque-o no espaço reservado, espalhe o pouquinho de azeite restante por cima dele e tempere apenas a superfície do frango com sal marinho em flocos. Leve ao forno por 1 hora e 10 minutos, e se os sucos do frango estiverem claros quando você enfiar a ponta de uma faca na junção da sobrecoxa com o corpo, transfira o frango para descansar em uma tábua, deixando o suco de sua cavidade escorrer de volta para a assadeira. Em seguida, leve a mistura de batatas de volta ao forno por 10 minutos até ficarem macias e douradas. Se o frango precisar de mais tempo, mantenha tudo no forno até o frango assar.

- Quando estiver pronto, depois de o frango descansar, fatie-o ou corte-o em pedaços como preferir — eu acho que o frango rende mais quando é fatiado. Se você não quiser servir as batatas com alho e limão direto da assadeira (eu não me importo), transfira tudo para uma travessa e espalhe por cima cerca de ½ colher de chá de alecrim picado e sal marinho em flocos a gosto.

OBSERVAÇÃO SOBRE O ARMANEZAMENTO	NOTA DE CONGELAMENTO
Transfira as sobras de frango para um recipiente, tampe e refrigere em no máximo 2 horas. Dura até 3 dias na geladeira.	O frango assado e frio pode ser congelado, em recipientes herméticos ou sacos plásticos, por até 2 meses. Descongele de um dia para o outro, na geladeira, antes de usar.

Frango Cosima

Estou sorrindo ao escrever isto, porque foi o que preparei para minha filha na comemoração de seu 21º aniversário, pouco tempo depois de mudarmos para nossa casa nova. Na verdade, eu preparei quantidades imensas deste prato, em uma panela tão grande que meus dois filhos cabiam juntos dentro dela quando eram pequenos — mesmo com a tampa fechada. Não que eu tivesse o hábito de enfiá-los em panelões!

Eu fiz esta receita para a comemoração porque queria criar algo que tivesse todos os ingredientes favoritos da minha filha, que fosse fácil de fazer e também de servir. Ele aguarda confortavelmente sobre fogo baixo ou no forno caso você precise esperar para servi-lo, e não exige nada além de tigelas rasas. O Assado de alho-poró e macarrão (**p. 208**) também foi servido aos convidados que não comem carne. Ambos são ótimos para uma festa e o rendimento pode ser facilmente aumentado ou diminuído.

JANTAR 149

SERVE 6 PESSOAS

2 ½ a 3 colheres de sopa de farinha de trigo

1 colher de chá de coentro em pó

1 colher de chá de cominho em pó

½ colher de chá de cúrcuma em pó

½ colher de chá de páprica

½ colher de chá de sal marinho em flocos

6 sobrecoxas de frango grandes, sem osso e sem pele, cortadas em pedacinhos

1 colher de sopa de óleo de coco ou azeite comum

1 cebola, descascada e picada

500 g de batatas-doces, descascadas e cortadas em pedaços de 2 a 3 cm

500 ml de caldo de galinha quente

500 g de grão-de-bico cozido ou 1 vidro de 660 g de grão-de-bico em conserva ou 2 latas de 400 g de grão-de-bico em conserva, escorridos

Coentro fresco picado, para servir

- Preaqueça o forno a 200°.
- Misture a farinha, os temperos e o sal em um saco plástico e depois acrescente o frango. Chacoalhe o saco plástico para cobrir bem o frango com a mistura.
- Aqueça o óleo em uma caçarola ou panela (com tampa) e frite a cebola até ficar macia, mas sem escurecer.
- Adicione o frango e todo o conteúdo do saco plástico à panela e mexa durante cerca de 1 minuto. Acrescente as batatas-doces descascadas e picadas e misture novamente.
- Adicione o caldo quente, deixe abrir fervura e acrescente o grão-de-bico escorrido. Mexa bastante novamente, tampe e leve ao forno por 25 minutos.
- Verifique se o frango está totalmente assado e se as batatas-doces estão macias, então retire do forno e deixe a panela descansar, tampada, por cerca de 10 minutos.
- Sirva em tigelas, com um pouco de coentro picado por cima.

OBSERVAÇÃO SOBRE O ARMAZENAMENTO

Transfira as sobras de frango para um recipiente, deixe esfriar, tampe e refrigere no máximo 2 horas após o preparo. Dura até 3 dias na geladeira. Reaqueça as sobras lentamente em uma panela, até ficar bem quente. Mexa de vez em quando, adicionando um pouco de água ou caldo de galinha se necessário.

Frango com tequila e limão Tahiti

Um dia alguém me disse no Twitter que as mamães galinhas devem me usar para assustar seus pintinhos quando eles se comportam mal. Não há como negar: eu cozinho frango em grandes quantidades. Mas não é possível ter receitas demais de frango no meu livro, e este é, afinal, o meu livro.

Esta receita é relativamente nova em meu repertório, mas já está bem enraizada. É verdade que a tequila não dá sabor algum ao prato, mas com certeza ela o deixa mais picante — ressaltada pela pimenta calabresa — e amacia lindamente o frango.

Se quiser algo para acompanhar, prepare o Feijão preto cubano da **p. 214**, ou pique algumas batatas-doces e asse-as com óleo de coco e cominho no forno ao mesmo tempo. Mas quando eu quero algo mais leve, uma simples salada de folhas verdes me satisfaz. Em todas as ocasiões, um pouco de abacate amassado com sal e temperado com coentro fresco e pimenta calabresa para ser servido no prato é altamente desejável.

Foi enquanto eu preparava este prato, durante uma estadia a trabalho no Chateau Marmont em Los Angeles, que eu fiz o alarme de incêndio disparar. De alguma forma, isso parece totalmente adequado.

SERVE 4 PESSOAS, GENEROSAMENTE

1 frango médio (aproximadamente 1,4 kg), de preferência orgânico, cortado em 8 pedaços
75 ml de tequila branca
Raspas e suco de 2 limões Tahiti
½ colher de chá de pimenta calabresa, e um pouco mais para usar no final

2 colheres de chá de sal marinho em flocos
2 colheres de sopa de azeite comum

PARA SERVIR:
Coentro fresco picado
Fatias de limão

- Primeiro, coloque os pedaços de frango em um saco plástico.

- Misture a tequila, o suco e as raspas de limão, a pimenta calabresa, o sal e o azeite e acrescente ao saco plástico junto com o frango. Feche bem o saco (deixando sair o ar antes), coloque-o em uma assadeira ou pirex e leve-o à geladeira para marinar durante 6 horas ou de um dia para o outro, por até, no máximo, 2 dias. Se você estiver sem tempo, deixe fora da geladeira, mas em local fresco, por 40 minutos.

- Preaqueça o forno a 220°. Se o frango estiver na geladeira, tire-o de lá e retire os pedaços de frango do saco plástico, reservando a marinada. Coloque os pedaços de frango em uma assadeira pequena e rasa durante 30 minutos para que eles fiquem em temperatura ambiente. É importante que os pedaços de frango fiquem bem juntos na assadeira, senão a marinada vai evaporar imediatamente no forno quente. Quando estiver pronta para levar o forno, espalhe metade da marinada sobre os pedaços de frango e asse em forno quente por 25 minutos.

- Retire o frango do forno, espalhe a outra metade da marinada reservada sobre ele, depois volte a assar por mais 25 a 30 minutos. Verifique se está completamente assado antes de tirar do forno.

- Coloque os pedaços de frango em uma travessa. Adicione um pouco de água fervente à assadeira para ajudar a soltar o saboroso suco, e espalhe-o sobre o frango na travessa. Espalhe coentro picado por cima e — se você gostar de pimenta — um pouco mais de pimenta calabresa, e sirva com algumas fatias de limão ao lado.

OBSERVAÇÃO SOBRE O PREPARO ANTECIPADO	OBSERVAÇÃO SOBRE O ARMAZENAMENTO	NOTA DE CONGELAMENTO
O frango pode ser marinado com até 2 dias de antecedência. Mantenha na geladeira até a hora de usar.	Transfira as sobras de frango para um recipiente, deixe esfriar, tampe e refrigere em no máximo 2 horas. Dura até 3 dias na geladeira.	O frango pode ser congelado em sua marinada — contanto que a carne não tenha sido congelada anteriormente — por até 3 meses. Descongele de um dia para o outro, na geladeira, antes de usar. As sobras de frango assado e frio também podem ser congeladas, em recipientes herméticos ou sacos plásticos, por até 2 meses. Descongele de um dia para o outro, na geladeira, antes de usar.

Frango e arroz selvagem

Eu faço este prato, ou uma versão dele, há anos, mas foi só quando pensei nele para este livro — depois de achar uma receita anotada em um caderno antigo — que percebi que se tratava de uma versão do prato de lula com orzo que acabei de aprender; o método de cozimento é praticamente idêntico. Está tudo ligado: é só conectar.

É claro que os sabores são muito diferentes e, portanto, o prato final também é. E eu adoro a riqueza dos temperos em contraste com as cranberries agridoces e a textura do arroz selvagem. O estranho é que, quando fiz esta receita pela primeira vez, eu não havia planejado nada, mas simplesmente vasculhei minha geladeira e armários e só depois comecei a anotar o que havia reunido. Mas eu realmente sou uma pessoa guiada muito mais pelo instinto que pela estratégia. E isso me faz lembrar que na culinária, como na vida, sem risco não existe recompensa.

JANTAR 155

SERVE 6 PESSOAS

2 colheres de sopa de azeite comum	8 sobrecoxas de frango sem pele e sem osso, cada uma cortada em 4 pedaços
1 cebola, descascada e picada	
1 dente de alho, descascado e finamente picado ou ralado	250 g de arroz selvagem
	75 g de cranberries secas
1 colher de chá de cúrcuma em pó	1 litro de caldo de galinha
2 colheres de chá de sementes de coentro	Sal e pimenta a gosto
2 colheres de chá de sementes de cominho	Coentro fresco picado

- Preaqueça o forno a 180°. Leve ao fogo uma caçarola grande, com tampa, na qual caibam todos os ingredientes bem juntinhos. Adicione o azeite e cozinhe a cebola de 5 a 10 minutos, mexendo uma ou duas vezes, em fogo baixo ou médio, até amolecer. Como ainda vamos usar cúrcuma, aconselho que não usem uma colher ou espátula de madeira.

- Adicione o alho às cebolas e depois acrescente os temperos e mexa.

- Aumente o fogo para alto e adicione os pedaços de frango, mexendo por 3 minutos até selar, embora eles não devam dourar muito.

- Acrescente o arroz e mexa por 1 minuto, seguido pelas cranberries e o caldo de galinha, e deixe ferver. Tampe, transfira para o forno e asse por 1 hora.

- Retire do forno, verifique se o arroz está cozido — os grãos estarão inchados e começando a se partir, mas ainda firmes ao morder — e tempere com sal e pimenta, depois volte ao forno por mais 15 minutos, desta vez sem a tampa. Como o arroz selvagem (que na verdade é uma grama, não um arroz) não absorve todo o líquido, isto não é igual a um *pilaf* comum, mas resulta em um molho temperado, porém ralo. E o visual é maravilhosamente dramático: o frango e as cranberries fazem contraste com os grãos brilhantes e escuros do arroz selvagem.

- Misture metade do coentro e espalhe o restante por cima. Isso se você for servir direto na panela onde o preparou, como eu fiz aqui. Caso contrário, misture metade do coentro, transfira para uma travessa e espalhe o restante do coentro por cima.

OBSERVAÇÃO SOBRE O ARMAZENAMENTO

Deixe as sobras esfriarem, tampe e refrigere até 2 horas depois do preparo. Dura até 2 dias na geladeira. Reaqueça em uma panela, com um pouco mais de líquido, mexendo de vez em quando, até ficar tudo bem quente.

Shawarma de frango assado

Geralmente, o *shawarma* de frango é feito no espeto, mas eu vi uma receita do excelente Sam Sifton (que cozinha em casa, portanto é de confiança) no *The New York Times* (onde ele é o editor de gastronomia) que o frango é assado no forno, e achei que valia a pena experimentar. Mas eu devo dizer que, mesmo minha receita sendo inspirada por ele, não é a receita dele. E embora eu a tenha adorado, para mim o teste crucial era a aprovação do meu filho. Por algum tempo, nós vivemos no que eu posso chamar de "Roteiro do *Shawarma* de Londres", e meu filho saía todas as noites — depois do jantar, é claro — para comer pelo menos um *shawarma*. Eu ofereci a minha versão com cautela, e ele deu sua aprovação.

Aqui eu o servi modestamente, sobre uma pilha de alface picada, com pães sírios aquecidos, fatias de limão-siciliano e um molho de tahine, conforme descrito abaixo. Embora aqui meu filho tenha discordado, dizendo que apenas o *shawarma* de cordeiro deveria ser servido com molho de tahine. Quando preparo este prato para os amigos, ou para um almoço ou jantar em família, eu também incluo meu Molho de iogurte e alho caramelizado (**p. 256**), tomates frescos fatiados com hortelã por cima e minhas Cenouras rápidas em conserva (**p. 262**) e meu Picles rápido (**p. 258**). Ou apenas corto alguns pepinos em fatias e amoleço algumas cebolas roxas, cortadas em meia-lua, com vinagre de vinho tinto ou com limão Tahiti.

SERVE 6 A 10 PESSOAS, DEPENDENDO DE COMO É SERVIDO

- 12 sobrecoxas de frango, sem pele e sem osso
- 2 limões-sicilianos
- 100 ml de azeite comum
- 4 dentes de alho grandes ou 6 pequenos, descascados e ralados ou picados
- 2 folhas de louro secas ou frescas
- 2 colheres de chá de páprica
- 2 colheres de chá de cominho em pó
- 1 colher de chá de coentro em pó
- 1 colher de chá de pimenta calabresa
- ¼ colher de chá de canela em pó
- ¼ colher de chá de noz-moscada ralada na hora
- 2 colheres de chá de sal marinho em flocos
- Folhas de alface, para servir

PARA O MOLHO *SHAWARMA*:

- 1 xícara de iogurte natural (250 g)
- 4 colheres de sopa de tahine
- 1 dente de alho grande ou 2 pequenos, descascados e ralados ou picados
- 1 pitada de sal, ou sal a gosto
- 1 colher de sopa de sementes de romã

- Pegue um saco plástico grande e coloque as sobrecoxas de frango dentro dele.

- Usando um ralador fino, rale e adicione as raspas de limão-siciliano, depois esprema os limões e adicione o suco. Acrescente o azeite, o alho e em seguida todos os demais ingredientes, exceto os ingredientes do molho.

- Misture tudo muito bem, depois lacre o saco plástico, coloque-o sobre um prato ou travessa e leve à geladeira de 6 horas a 24 horas.

- Quando quiser assar, preaqueça o forno a 220°, retire o frango da geladeira e deixe-o ficar em temperatura ambiente.

- Derrame o conteúdo do saco plástico em uma assadeira rasa — a minha mede 44 x 34 x 1,5 cm — e posicione as sobrecoxas lado a lado, não uma em cima da outra (se possível), antes de assar no forno quente durante 30 minutos, quando elas deverão estar completamente assadas (embora você tenha que verificar) e douradas por cima.

- Quando o frango estiver quase pronto, faça o molho simplesmente misturando o iogurte com o tahine e o alho. Mexa bem e adicione sal a gosto, e espalhe algumas sementes de romã por cima.

- Forre uma travessa ou alguns pratos com alface crocante, picado ou rasgado em pedaços, depois coloque o frango bem quente por cima, derramando os sucos gordurosos sobre ele, a menos que você seja, por alguma razão inexplicável, contra os sucos gordurosos. Se quisesse fazer o frango render mais, você poderia cortar as sobrecoxas em fatias, em vez de deixá-las inteiras. E, por favor, adicione qualquer um dos acompanhamentos sugeridos, citados na introdução da receita.

OBSERVAÇÃO SOBRE O PREPARO ANTECIADO	OBSERVAÇÃO SOBRE O ARMAZENAMENTO	NOTA DE CONGELAMENTO
O frango pode ser marinado com um dia de antecedência. Mantenha na geladeira até a hora de usar.	Transfira as sobras de frango assado para um recipiente, deixe esfriar, tampe e refrigere em no máximo 2 horas. Dura até 3 dias na geladeira.	O frango pode ser congelado em sua marinada — contanto que a carne não tenha sido congelada anteriormente — por até 3 meses. As sobras de frango também podem ser congeladas, em recipientes herméticos ou sacos plásticos, por até 2 meses. Descongele de um dia para o outro, na geladeira, antes de usar.

Fraldinha marinada com tamarindo

A fraldinha é um corte bovino muito consumido nos Estados Unidos e na França, mas quase nunca aqui no Reino Unido. Isso é uma loucura, já que é um corte muito mais barato que qualquer outro e é extremamente saboroso. Acho que ele ganhou essa má fama porque, no passado, na Grã-Bretanha, ele era preparado em fogo baixo e fraco, o que o transforma em sola de sapato. Tudo que você precisa fazer para prepará-la é, como diz o meu açougueiro, "selar a peça por fora e servi-la malpassada".

Para mim, 2 minutos de cada lado em uma frigideira estriada bem quente é o ideal, mas isso só serve para quem gosta de carne malpassada. Outro ponto importante é o modo de cortar a carne: ela deve ser fatiada no sentido contrário às fibras. Isso vale para todas as carnes, mas em um corte como a fraldinha, ela ficará muito borrachuda se você desobedecer a regra. Felizmente, a fibra é bem visível (como você pode notar à esquerda da foto), então é muito fácil identificá-la e cortar da maneira correta.

Você não precisa usar a peça inteira. Eu não gosto de preparar filés cortados individualmente, já que o segredo é cortar em fatias finas, mas uma peça de 500 g será suficiente para alimentar 4 pessoas e é o tamanho que eu compro sempre, e cozinho pelo mesmo período de tempo dos dois lados.

A marinada de tamarindo e molho shoyu amacia a carne, mas também dá um glorioso toque ácido que eu adoro (eu tenho dentes sensíveis). Sempre tenho pasta de tamarindo tailandesa, que fica dura como um tijolo, na geladeira, e é por isso que eu sigo as etapas abaixo. Mas se você estiver usando uma pasta de tamarindo mais líquida, use 75 ml e simplesmente adicione-a aos demais ingredientes da marinada, sem cozinhar ou adicionar água. Ambas funcionam, mas o produto original é melhor e mais barato.

Eu sirvo esta carne em fatias finas, mas ela também seria perfeita para fazer tacos de carne e é maravilhosa fria, recheando uma baguete ou misturada a uma salada, por isso as sobras são uma verdadeira bênção.

SERVE 6 PESSOAS

50 g de pasta de tamarindo	2 colheres de sopa de óleo de girassol
¼ de xícara (4 colheres de sopa) de molho shoyu	1 colher de sopa de mel
¼ de xícara (4 colheres de sopa) de água quente, recém fervida	750 g (peça inteira) de fraldinha

- Coloque a pasta de tamarindo, o molho shoyu e a água quente na menor panela que você tiver, e mexa sobre fogo baixo para dissolver a pasta de tamarindo. Quando estiver bem lisa – a pasta de tamarindo que eu uso diz que não contém grumos, mas sempre encontro algum e não me incomodo em removê-los – transfira para uma tigela ou jarra, adicione o óleo e o mel, misture e deixe esfriar. Use apenas quando estiver fria.

- Coloque a fraldinha em um saco plástico, adicione a marinada fria e mexa bem para cobrir a peça de ambos os lados. Lacre o saco, coloque-o sobre um prato e leve à geladeira de um dia para o outro ou por 24 horas.

- Deixe a carne atingir a temperatura ambiente, prepare um pedaço grande de papel-alumínio, depois aqueça uma frigideira estriada até ficar bem quente. Retire a carne da marinada deixando o excesso cair dentro do saco plástico, coloque a carne na frigideira e cozinhe por 2 minutos de cada lado.

- Imediatamente transfira a carne para o papel-alumínio (eu uso uma pinça para fazer isso) e feche-o, formando um pacote solto, mas bem lacrado. Deixe a carne descansar sobre uma tábua, ou qualquer superfície que não esteja fria demais, durante 5 minutos. Abra o papel-alumínio, transfira a carne para uma tábua e corte fatias finas no sentido contrário às fibras.

OBSERVAÇÃO SOBRE O PREPARO ANTECIPADO	OBSERVAÇÃO SOBRE O ARMAZENAMENTO	NOTA DE CONGELAMENTO
A carne pode ser marinada com um dia de antecedência. Guarde na geladeira até o momento de usar.	Transfira as sobras da carne cozida para um recipiente, deixe esfriar, tampe e refrigere em no máximo 2 horas. Dura até 3 dias na geladeira.	A carne cozida e fria pode ser congelada, em recipientes herméticos ou sacos plásticos, por até 2 meses. Descongele de um dia para o outro, na geladeira, antes de usar.

Pernil de cordeiro desossado

Contanto que você não tenha que desossá-lo sozinho, esta é a maneira mais rápida de preparar um pernil de cordeiro, e também a mais fácil de fatiá-lo. E embora o cordeiro tenha se tornado a carne mais cara da atualidade, servi-lo desta maneira, pelo menos, significa que ele rende mais.

Nesta receita, eu uni um corte que todos adoram e uma combinação de sabores que sempre fez sucesso: as anchovas ressaltam a doçura do cordeiro de forma extraordinária. Não existe nada original nessa mistura, bem como não é novidade temperar cordeiro com tomilho e alho, mas a glória de cozinhar em casa é que recorremos aos rituais confortantes dos sabores conhecidos, em vez de sairmos em uma busca frenética por coisas novas.

Eu especifiquei um peso aproximado para o cordeiro, mas a verdade é que cada pernil de cordeiro terá um peso, dependendo da temporada. Seja qual for o peso, eu deixo o cordeiro por meia hora em forno quente — menos que isso, a pele não vai dourar. É a quantidade de tempo que você o deixa descansar *fora* do forno que determinará o ponto da carne.

SERVE 8 PESSOAS

1 pernil de cordeiro de 1,5 kg (aproximadamente), desossado

1 colher de sopa de folhas de tomilho fresco, e um pouco mais para usar no final

6 filés de anchova (do tipo conservado em óleo)

4 dentes de alho grandes, descascados

2 colheres de sopa de azeite extravirgem

1 colher de chá de sal marinho em flocos

- Preaqueça o forno a 220°. Pegue uma assadeira grande e rasa e coloque o pernil de cordeiro desossado nela, com a pele para baixo. Se houver alguma parte mais grossa, faça mais um corte com uma faca e a achate.

- Coloque a colher de sopa de folhas de tomilho sobre uma tábua e disponha os filés de anchova por cima. Corte os dentes de alho ao meio, no sentido do comprimento, e adicione-os ao tomilho e às anchovas na tábua.

- Pique todos esses ingredientes juntos para fazer uma pasta para passar no cordeiro.

- Esfregue essa pasta nos cortes do cordeiro desossado, e depois espalhe o restante na superfície da carne, pressionando o máximo que puder.

- Espalhe o azeite por cima e em seguida deixe o cordeiro ficar em temperatura ambiente (isso pode levar até 30 minutos).

- Quando estiver pronto, vire o cordeiro com cuidado dentro da assadeira e esfregue um pouco do azeite do fundo na pele, depois tempere com o sal.

- Leve ao forno por 30 minutos, depois o retire e cubra com papel-alumínio, deixando-o descansar de 10 a 15 minutos se você quiser a carne rosada. Caso prefira o cordeiro menos rosado, deixe-o descansar por 30 minutos.

- Transfira a carne para uma tábua e corte-a em fatias bem finas. Coloque o caldo que ficou na assadeira em uma panela pequena e aqueça no fogo. Derrame um pouco sobre a carne fatiada. Espalhe por cima um pouco de folhas de tomilho picadas e sirva com o restante do caldo.

OBSERVAÇÃO SOBRE O ARMAZENAMENTO	NOTA DE CONGELAMENTO
Transfira as sobras de cordeiro assado para um recipiente, deixe esfriar, tampe – ou embrulhe em papel-alumínio – e refrigere no máximo 2 horas após o preparo. Dura até 2 dias na geladeira.	O cordeiro assado e frio pode ser congelado, em recipientes herméticos ou sacos plásticos, por até 2 meses. Descongele de um dia para o outro, na geladeira, antes de usar.

RESPIRAR

Passamos a maior parte de nossa vida correndo de lá para cá, tentando arrumar tempo e tendo que cozinhar em intervalos curtos, praticamente sem um minuto para recuperar o fôlego. Este capítulo defende um ritmo diferente, mais lento, e mesmo assim as receitas são perfeitas para nossa vida moderna e frenética.

É essencial perceber que cozinhar com tranquilidade não é sonhar com uma vida na fazenda de antigamente: isso facilita sua vida aqui e agora. Estas são as receitas às quais recorro quando recebo amigos no meio da semana e não tenho tempo de preparar nada no mesmo dia, e é a comida que sirvo para a minha família. Eu tento manter um estoque de porções para o jantar no congelador — o que significa uma grande economia. Estas receitas se preparam sozinhas, só precisam ser deixadas no forno com a temperatura baixa, sem qualquer interferência minha. Tudo que preciso fazer é reaquecê-las depois. Para ser sincera, você só precisa estar lá para jogar tudo dentro de um recipiente e colocá-lo no forno, embora eu saiba que algumas pessoas não gostam de sair de casa e deixar o forno ligado. Como eu trabalho em casa, isso não é um problema para mim, mas é aí que entra a *slow cooker*, uma panela elétrica de cozimento lento.

Eu passei a amar minha *slow cooker*, principalmente porque encontrei uma que é perfeita para o meu modo de cozinhar. A tigela é feita de ferro fundido e é removível, então, se eu quiser dourar algo no fogo primeiro, não preciso sujar mais louça usando uma frigideira. E posso servir direto na tigela quando a comida estiver pronta. Já confessei meu profundo amor por cozinhar com utensílios de ferro fundido no começo do livro (veja a **p. xiii** da "Introdução"), e, mesmo quando não estou realmente cozinhando, mas deixando que a comida cozinhe a si mesma, sinto que faz diferença trazer aquele sabor de algo preparado no fogão a lenha que os materiais sintéticos, por mais eficientes que sejam, não conseguem reproduzir.

Da mesma forma, uso caçarolas de ferro fundido esmaltadas para preparar ensopados de cozimento lento no forno. O calor é distribuído de maneira mais uniforme, então não existem partes mais quentes, e o sabor realmente parece melhor. Elas são caras, eu sei, mas, como eu disse em *Na cozinha com Nigella*, elas duram para sempre (uma das minhas foi um presente de casamento para os meus pais, em 1956), o que significa que você não precisa comprá-las novas — e eu adoro ter uma desculpa para comprar no eBay. Mas, por mais que cozinhar tenha que ser algo prático, também formamos laços sentimentais com nossas velhas e amadas panelas, e aquelas caçarolas pesadas que estão comigo praticamente desde que me tornei adulta, e fazem a culinária ser parte de uma importante continuidade. Os ensopados de cozimento lento que são preparados nelas formam uma corrente de cozinhar e comer que percorre a minha vida e a dos meus filhos. Não estou dizendo que não gosto de aumentar a minha coleção, mas faço isso sabendo que um dia meu filho e minha filha, e talvez os filhos deles, vão cozinhar com ela.

Essa sensação de continuidade também é um dos motivos pelos quais eu amo tanto essa maneira de cozinhar. Ela me permite tempo para respirar, e é nesse tempo que posso relaxar, feliz e segura, sabendo que a comida estará na mesa mais tarde. E, para mim, outra vantagem é que as receitas que virão ficam ainda melhores depois de descansar por alguns dias antes de serem reaquecidas. Na verdade, eu insisto em fazer isso. Saber que a comida está lá e, principalmente, que eu não tenho que me preocupar ou ter trabalho com ela, me faz respirar com mais facilidade.

Frango vermelho malaio

Yasmin Othoman é minha paciente professora na arte culinária da Malásia, e sou muito grata a ela. Esta receita, chamada *ayam masak merah*, ganha cor graças à pasta picante de pimenta e aos tomates. Na verdade, quando postei na internet uma foto da minha primeira tentativa, um coro de malaios exigiu que eu adicionasse mais pimenta. Eles perceberam o meu erro apenas pela cor do prato. Sim, é picante, mas não assustadoramente picante, só que o mais estranho é a proposital textura seca do curry. Seco, no contexto do curry, e principalmente aqui, significa que o frango não deve ficar nadando em um molho, mas ser coberto por uma camada espessa dele. Não é necessário servi-lo com nada além de arroz branco.

SERVE 4 A 6 PESSOAS

6 pimentas-malaguetas secas

1 cebola roxa grande, descascada e picada

3 dentes de alho, descascados e picados

1 pedaço de 5 cm de gengibre fresco, descascado e cortado

3 pimentas-malaguetas, picadas, com as sementes

2 colheres de sopa de óleo de girassol

2 talos de capim-limão, limpos e esmagados

3 colheres de sopa de extrato de tomate

12 sobrecoxas de frango, com osso e sem pele

1 lata de 400 g de tomates picados

200 ml de leite de coco

½ colher de chá de sal marinho em flocos

PARA SERVIR:

2 chalotas, descascadas e cortadas em fatias finas

3 a 4 colheres de sopa de óleo de girassol

- Cubra as pimentas secas com água quente por 5 minutos para que amoleçam; muitas delas flutuarão em vez de ficar submersas. Retire-as da água, cortando-as em pedaços — é melhor usar luvas descartáveis para fazer isso — e sacuda-as para remover o máximo possível de sementes.

- Coloque a cebola, o alho, o gengibre e as pimentas secas e frescas em uma tigela e bata-os com um mixer até formar uma pasta.

- Em uma wok grande (com tampa), aqueça o óleo. Depois acrescente a pasta de pimentas e o capim-limão e frite por 5 minutos em fogo médio, mexendo de vez em quando.

- Adicione o extrato de tomate e cozinhe por 1 minuto, depois acrescente as sobrecoxas de frango, mexendo para que fiquem bem cobertas pela mistura.

- Adicione os tomates enlatados. Coloque água fria até preencher ¼ da lata vazia, mexa e adicione a água à wok, seguida pelo leite de coco. Mexa bem e adicione o sal.

- Deixe ferver, tampe, abaixe o fogo e deixe cozinhar por 30 minutos, tirando a tampa de vez em quando para mexer o frango no molho.

- Retire a tampa, aumente um pouco o fogo e deixe ferver por 30 minutos. O molho começará a engrossar e ficará bem vermelho. Transfira para uma travessa para esfriar e leve à geladeira, coberto, por pelo menos 1 dia e por no máximo 3. Veja a observação abaixo.

- Para reaquecer, coloque o frango com o molho novamente na wok, tampe e cozinhe em fogo médio ou baixo até que o frango esteja totalmente quente, cerca de 20 minutos, mexendo algumas vezes para garantir que o calor esteja distribuído uniformemente. Retire a tampa, aumente o fogo e deixe o molho ferver por cerca de 15 minutos, até que uma pasta espessa esteja cobrindo as sobrecoxas. Quando o molho estiver na consistência certa, prove e adicione mais sal, se desejar.

- Você não precisa espalhar anéis de chalota crocantes por cima, mas vai gostar se o fizer. Aqueça o óleo em uma frigideira de ferro fundido ou outro material pesado e frite as chalotas fatiadas até ficarem douradas e crocantes. Assim que estiverem prontas, coloque-as com cuidado sobre papel-toalha e deixe esfriar. Na verdade, você pode preparar as chalotas a qualquer momento enquanto o frango cozinha, ou até antes. Espalhe-as sobre o frango vermelho na hora de servir.

OBSERVAÇÃO SOBRE O PREPARO ANTECIPADO	NOTA DE CONGELAMENTO
As chalotas podem ser fritas até 4 horas antes. Deixe-as esfriar em temperatura ambiente até a hora de usar. A pasta de curry pode ser feita até 2 dias antes e mantida em um recipiente hermético, na geladeira, até a hora de usar. O frango com o molho (sem as chalotas) pode ser preparado com até 3 dias de antecedência. Deixe esfriar, tampe e refrigere até 2 horas depois do preparo. Dura até 3 dias na geladeira. Reaqueça de acordo com a receita acima.	Congele em um recipiente hermético por até 2 meses. Descongele de um dia para o outro na geladeira e reaqueça de acordo com a receita.

Observação: o frango deve ser reaquecido apenas uma vez.

Carne com curry *massaman*

Este é mais um prato inspirado nas minhas viagens pela Tailândia, e eu já o preparei várias e várias vezes. É basicamente um ensopado de carne e batata, com todo o aconchego que isso implica, mas a sensação dos sabores fortes e adocicados não fica clara nessa descrição. O curry *massaman* é relativamente suave, então não pense que a quantidade de pasta que eu uso será um exagero. Mas acredito que, a menos que você use pastas tailandesas autênticas, você não terá um curry com o sabor adequado. De qualquer forma, eu compro leite de coco, pasta de tamarindo e todas as minhas pastas de curry de um fornecedor tailandês pela internet, e, além da qualidade ser muito superior, o preço é muito mais em conta que no supermercado.

Quanto ao coco, você verá que adiciono o creme de cima primeiro, mas muitas vezes abro a lata de cabeça para baixo, então eu mesma não consigo seguir minhas instruções. Em outras palavras, relaxe: com boas pastas e um bom leite de coco, isto não pode dar errado.

Eu gosto de aferventar um punhado de vagem, cortada bem pequena, que depois eu refresco em água gelada e misturo com fatias finas de chalota ou, para a versão de jantar em família, simplesmente sirvo uma tigelada de vagens cozidas para acompanhar.

SERVE 6 PESSOAS

2 ½ colheres de chá de pasta de tamarindo

25 g de açúcar mascavo claro

500 ml de água quente, recém-fervida

400 ml de leite de coco de caixinha

½ xícara de pasta de curry *massaman*, ou a gosto (125 ml/140 g)

1 colher de chá de sal marinho em flocos

1 kg de garrão (músculo bovino) sem osso, cortado em cubos de 4 a 5 cm

750 g de batatas cerosas descascadas

1 maço pequeno de coentro ou manjericão tailandês, para servir

- Preaqueça o forno a 170°. Coloque a pasta de tamarindo e o açúcar em uma jarra medidora e adicione água fervente até a marca de 250 ml. Mexa com um garfo para ajudar a dissolver a pasta e o açúcar.

- Em uma panela ou caçarola grande e pesada, com tampa — eu uso uma de 24 cm de diâmetro — coloque o creme do topo da caixinha de leite de coco. Adicione a pasta de curry e aqueça, mexendo de vez em quando, até ferver (parte do óleo pode se separar nesse estágio, mas é normal). Adicione o conteúdo da jarra — com água, tamarindo e açúcar — e o restante do leite de coco, junto com o sal, e misture bem antes de acrescentar a carne. Mexa bem e deixe abrir fervura. Assim que isso acontecer, tampe a panela, desligue o fogo e transfira para o forno para cozinhar por 2 horas.

- Quando retirar do forno, deixe esfriar e mantenha na geladeira por pelo menos 1 dia, ou por no máximo 3 dias, para que a carne fique macia e os sabores do molho se desenvolvam.

- Cerca de meia hora antes de comer, preaqueça o forno a 200°, corte as batatas do mesmo tamanho da carne e adicione-as à panela do ensopado. Leve ao fogo, adicione 250 ml de água fervente e deixe abrir fervura. Tampe e transfira para o forno por 30 minutos, ou até que o ensopado esteja borbulhando e as batatas estejam macias. Espalhe por cima algumas folhas de manjericão tailandês picadas, caso você as encontre, ou coentro picado, e sirva imediatamente.

OBSERVAÇÃO SOBRE O PREPARO ANTECIPADO	NOTA DE CONGELAMENTO
Cozinhe o ensopado por 2 horas de acordo com a receita acima, depois deixe esfriar, tampe e refrigere em até 2 horas após o preparo. Dura até 3 dias na geladeira.	Congele o ensopado frio em um recipiente hermético por até 3 meses, descongele de um dia para o outro na geladeira e depois aqueça de acordo com a receita acima.

Observação: o ensopado deve ser reaquecido apenas uma vez.

RESPIRAR

Rabo de boi na torrada

Às vezes eu fico obcecada por uma receita, e esta é uma delas. A primeira vez que comi um rabo de boi na torrada divino foi em um restaurante chamado Hubbard & Bell, e depois falei sobre ele por dias. Alguns meses depois encontrei uma receita de Geleia de Rabo de Boi no livro *Buvette*, de Jody Williams, e eu sabia que precisava experimentar. A minha receita é muito mais simples que essas duas versões, mas sou grata pela inspiração de ambas.

É extraordinário o quanto essa receita rende: é o suficiente para espalhar em 6 ou 8 torradas e você ainda conseguirá fazer um molho com o que sobrar para acompanhar um macarrão ou uma polenta. Mas lembre-se de reaquecer apenas a quantidade necessária de cada vez. Eu congelo a minha em porções suficientes para passar em 4 fatias de torrada, para ter muito prazer e aconchego futuramente.

RENDE 2 LITROS, SUFICIENTE PARA 6 A 8 FATIAS DE TORRADA, MAIS UM ENSOPADO PARA 4 PESSOAS OU UM MOLHO PARA SERVIR COM 500 G DE MACARRÃO (PESO DA MASSA SECA) PARA 4 A 6 PESSOAS

- 1 cebola, descascada e picada grosseiramente
- 1 dente de alho, descascado e picado
- 1 cenoura, descascada e picada grosseiramente
- 1 talo de salsão
- 1 punhado de salsinha fresca
- 1 colher de sopa de gordura de pato, ganso ou bacon
- Raspas e suco de 1 mexerica ou de ½ laranja
- 2 colheres de chá de tomilho seco ou 1 colher de sopa de folhas de tomilho fresco
- 2 colheres de chá de pimenta-da-jamaica em pó
- 2 colheres de chá de cacau
- 4 colheres de sopa de vermute tinto ou vinho do porto
- 500 ml de caldo de carne
- 2 colheres de sopa de molho inglês
- 2 colheres de chá de sal marinho em flocos
- 1,25 kg de rabo de boi, cortado em fatias de 5 a 6 cm
- 2 folhas de louro
- Tomilho fresco, para servir (opcional)

- Preaqueça o forno a 170°.

- Coloque a cebola, o alho e a cenoura em pedaços na vasilha de um processador de alimentos equipado com a lâmina. Quebre o talo de salsão em 2 ou 3 pedaços e adicione também, junto com a salsinha, e processe até ficar tudo bem picadinho. Ou você pode simplesmente fazer isso à mão.

- Derreta a gordura de pato (ou outra) em fogo médio numa caçarola pesada (com tampa) e, quando estiver quente, rale a casca da mexerica (ou laranja), mexa um pouco para liberar o aroma, antes de adicionar a mistura do processador. Cozinhe, mexendo de vez em quando, por 5 minutos.

- Adicione o tomilho seco (ou as folhas de tomilho fresco), a pimenta-da-jamaica em pó e o cacau e misture bem antes de acrescentar o vermute (ou vinho do porto). Deixe ferver e então adicione o caldo de carne e o molho inglês, esprema o suco da mexerica ou laranja na panela (não se preocupe se cair um pouco de polpa) e tempere com o sal. Mexa bem e acrescente o rabo de boi à panela, deixe ferver, adicione as folhas de louro, tampe e transfira para o forno para cozinhar por 3 horas e meia.

- Você saberá que o rabo de boi está pronto quando a carne estiver soltando do osso. Usando 2 garfos, comece a puxar e desfiar a carne. Se quiser esperar até que esteja mais frio, fique à vontade. Deixe o ensopado esfriar, remova os ossos e mantenha na geladeira, em recipiente hermético, por pelo menos 1 dia, ou até 3 dias.

- Quando quiser reaquecer o ensopado, remova o disco sólido de gordura que terá se formado na superfície e adicione a quantidade que você precisa em uma panela. Vai parecer que está seco, mas isso acontece porque os sucos estão gelificados — você não precisa adicionar água, por mais que tenha vontade. Mas você precisa se certificar de que o fogo está baixo e que a tampa está bem fechada, para conservar o líquido que você tem e garantir que tudo esteja bem quente antes de servir.

- Espalhe sobre torradas feitas com um bom pão — para mim, uma xícara de ensopado, em seu estado frio e gelificado, é o suficiente para 3 fatias de torrada, talvez 4 — e decore com algumas folhas de tomilho fresco, caso você tenha.

OBSERVAÇÃO SOBRE O PREPARO ANTECIPADO	PARA FAZER NA *SLOW COOKER*	NOTA DE CONGELAMENTO
O rabo de boi pode ser preparado com até 3 dias de antecedência. Deixe esfriar, tampe e refrigere em até 2 horas após o preparo.	Use metade do caldo de carne e cozinhe na temperatura baixa por 8 horas, até que o rabo de boi esteja macio o suficiente para desfiar, antes de adicionar o tomilho seco ou fresco, a pimenta-da-jamaica em pó e o cacau e continuar seguindo a receita acima.	Congele o ensopado frio em um recipiente hermético por até 3 meses. Descongele de um dia para o outro, na geladeira, antes de reaquecer.

Observação: o rabo de boi deve ser reaquecido apenas uma vez.

Costela bovina com sabor asiático

Como os Estados Unidos são grandes consumidores de carne, a costela é encontrada facilmente e em todo lugar. Infelizmente — fora de restaurantes da moda, que provocaram um grande aumento no preço — ela é praticamente desconhecida na Grã-Bretanha. Isso precisa mudar. A carne é saborosa e adocicada, e, se isso não bastasse, ela é poeticamente chamada pelos açougueiros de "Escada de Jacó".

Eu faço este ensopado — que é quase vergonhosamente fácil — quando quero servir algo maravilhoso, mas sem ter muito trabalho quando as visitas chegam. Talvez você precise encomendar a costela no açougue com antecedência, e você também terá que pedir que a cortem em cubos de 4 a 5 cm. Você precisará de uma panela grande (com tampa) para cozinhá-la — eu uso uma com 35 cm de diâmetro — porque, a menos que você consiga dispor os pedaços em uma única camada, o líquido usado não será suficiente para cobrir todos eles. Se você não tiver uma panela grande o bastante, use uma assadeira grande e cubra bem com papel-alumínio.

Eu gosto de servir este ensopado com arroz integral cozido com alguns grãos de cardamomo, e com os Rabanetes assados da **p. 227**, ou com vagens crocantes.

SERVE 6 A 8 PESSOAS

2,5 kg de costela bovina, cortada em cubos de 4 a 5 cm

1 xícara de molho de hoisin (250 ml)

2 xícaras de água (500 ml)

¼ xícara (4 colheres de sopa) de molho shoyu

½ xícara de vinho de arroz chinês (*Shaoxing*) (125 ml)

2 colheres de sopa de pó de 5 especiarias chinesas

1 colher de sopa de pimenta calabresa

1 colher de sopa de óleo de gergelim torrado

4 dentes de alho grandes, descascados e finamente ralados ou picados

PRA SERVIR:

1 pimenta-malagueta fresca, picada

2 a 3 colheres de sopa de coentro fresco picado

3 a 4 limões Tahiti, cortados em quatro

- Preaqueça o forno a 150°. Coloque os pedaços de costela em uma panela grande, e leia a introdução da receita para saber as dicas, caso ainda não tenha lido.
- Misture o restante dos ingredientes e espalhe sobre a costela.
- Cubra tudo com uma camada de papel-manteiga, selando o máximo que puder, antes de colocar a tampa, ou cubra o topo da panela com papel-alumínio, prendendo bem as beiradas. Cozinhe no forno de 4 a 4 horas e meia: a carne deve estar macia e começando a soltar dos ossos.
- Transfira os pedaços de costela para uma travessa que caiba na sua geladeira e então remova o máximo possível dos ossos, tampe e leve à geladeira por pelo menos 1 dia, ou por até 3 dias.
- Antes de reaquecer, retire a camada sólida de gordura que terá se formado na superfície (eu faço isso com as mãos, usando luvas descartáveis), transfira a costela para uma travessa grande que possa ir do forno à mesa — eu uso uma travessa de cerâmica medindo 28 x 26 x 8 cm porque o formato dela lembra o formato dos cubos de carne — e reaqueça, coberta com papel-alumínio ou com uma tampa, dependendo da travessa que estiver usando, em forno a 200° durante 1 hora, ou até ficar bem quente.
- Espalhe a pimenta-malagueta picada e o coentro fresco picado sobre a costela na hora de servir, e coloque algumas fatias de limão Tahiti na mesa para que cada um possa esprremê-las em seu ensopado, a gosto, na hora de comer.

OBSERVAÇÃO SOBRE O PREPARO ANTECIPADO	NOTA DE CONGELAMENTO
A costela pode ser preparada com até 3 dias de antecedência. Deixe esfriar, tampe e refrigere em no máximo 2 horas após o preparo.	Congele em um recipiente hermético por até 3 meses. Descongele de um dia para o outro, na geladeira, antes de reaquecer de acordo com a receita acima.

Observação: a costela deve ser reaquecida apenas uma vez.

Chili de carne com uísque, cerveja e feijão preto

Em casa eu chamo este prato de "O Massacre do Chili do Texas", já que minha receita está longe de ser autêntica aos olhos dos americanos que apreciam chili. Meu crime é duplo: a inclusão de feijão não é considerada adequada no país, e adicionar xarope de bordo é uma heresia no sul dos EUA. Porém, embora eu peça desculpas a quem se sentir ofendido, eu não quero e não posso pedir desculpas por este prato. Ele é tudo que eu sonho em um chili: profundamente saboroso e bastante picante, mas não exageradamente. Mas vocês já conhecem meus desrespeito às regras, então sintam-se à vontade para diminuir a quantidade de pimenta, se desejarem.

Quanto às pimentas, eu encontro a pimenta ancho no corredor de temperos do meu supermercado, mas se você não conseguir encontrá-las, então adicione mais 2 colheres de chá de pimenta calabresa. Você não terá o sabor defumado, mas terá o intenso paladar picante. Você também pode tostar as pimentas frescas no fogo para compensar. Uma última observação: se você usa lentes de contato como eu, você precisa usar luvas descartáveis para manusear as pimentas.

A propósito, eu não cometi um erro com o feijão: ele não precisam ficar de molho previamente. Na verdade, ele — e também o chili — fica muito melhor sem ter ficado de molho.

Não há nada errado em comer este chili apenas com alguns pedaços de um pão de qualidade, mas meu acompanhamento preferido seria batata assada e iogurte de leite de coco misturado com coentro fresco picado. Creme azedo também é uma opção. E algumas fatias de abacate em cima de uma tigela cheia de chili é sempre uma boa pedida.

SERVE 8 A 10 PESSOAS

2 pimentas ancho secas (cerca de 30 g no total)

250 ml de água quente, recém-fervida

2 colheres de sopa de óleo de girassol

1 cebola grande, descascada e picada

4 pimentas *jalapeño* frescas ou outras pimentas, picadas e com as sementes

3 dentes de alho grandes, descascados e ralados ou picados

2 ½ colheres de chá de cominho em pó

2 ½ colheres de chá de coentro em pó

1 colher de chá de pimenta calabresa

1,75 kg de músculo sem osso, cortado em cubos

150 ml de uísque Bourbon

1 garrafa de 330 ml de cerveja mexicana, ou outra cerveja do tipo lager

500 g de feijão preto seco

1 litro de água fria

2 colheres de chá de sal marinho em flocos

2 colheres de sopa de xarope de bordo

- Preaqueça o forno a 150°.

- Coloque as pimentas ancho em uma jarra medidora e adicione água fervente até a marca de 250 ml.

- Aqueça o óleo em uma panela grande e pesada — lembrando que você vai colocar muitas coisas boas dentro dela — depois adicione a cebola e cozinhe, mexendo de vez em quando para não queimar, por cerca de 5 minutos, ou até começar a amolecer. Acrescente as pimentas *jalapeño* picadas e cozinhe, mexendo sempre, por mais 3 minutos, antes de adicionar o alho, seguido pelo cominho, coentro e pimenta calabresa. Misture bem.

- Adicione os cubos de carne, seguidos pelo uísque e deixe-os ferver antes de adicionar a cerveja.

- Adicione o feijão preto e — usando luvas descartáveis — rasgue as pimentas ancho em pedaços (descartando os talos duros) e coloque-as na panela, em seguida despeje o líquido no qual elas estavam de molho, o litro de água fria, o sal e o xarope de bordo. Deixe abrir fervura, tampe e transfira para o forno para cozinhar por 4 horas, quando a carne estará praticamente derretendo. Meus filhos não querem esperar quando faço este prato e querem comer imediatamente, mas este ensopado escuro, robusto e apimentado fica ainda melhor se esfriar e for reaquecido em um dia ou dois.

OBSERVAÇÃO SOBRE O PREPARO ANTECIPADO	PARA FAZER NA *SLOW COOKER*	NOTA DE CONGELAMENTO
O chili pode ser feito com até 3 dias de antecedência. Deixe esfriar, tampe e refrigere em no máximo 2 horas após o preparo.	Reduza o litro de água fria da receita para 200 ml. Cozinhe em temperatura baixa de 8 a 10 horas, até que o feijão e a carne estejam macios. Após 6 horas, verifique o chili e, se o feijão tiver absorvido a maior parte do líquido, adicione um pouco de água recém-fervida.	Congele o chili frio em um recipiente hermético por até 3 meses. Descongele de um dia para o outro, na geladeira, antes de reaquecer. Reaqueça lentamente, mexendo de vez em quando, até ficar bem quente.

Observação: o chili deve ser reaquecido apenas uma vez.

Ensopado italiano de músculo de vitela

Talvez isto seja algo ruim para alguém que escreve livros de culinária admitir, mas quando encontro receitas que adoro, eu as preparo várias e várias vezes, sempre que recebo amigos para jantar. Esta é uma delas, e de fato eu preciso encontrar um motivo para *não* prepará-la. Eu a provei pela primeira vez anos atrás, preparada pelo cozinheiro mais generoso e talentoso que conheço, Helio Fenerich do Helio's Kitchen, e esta é a minha versão da receita que ele teve a gentileza de me dar.

Neste momento preciso repetir um pequeno discurso que fiz em *Nigellíssima*: sei que existe uma repulsa generalizada à ideia de comer vitela, mas é crucial saber que tanto a RSPCA (Sociedade Real para a Prevenção da Crueldade com os Animais) quanto a Compassion in World Farming (Compaixão na Criação Global de Animais) estão incentivando o consumo de vitela, contanto que tenha o rótulo de "vitela rosa" (cuja criação é humanizada), caso contrário, inúmeros animais são abatidos sem necessidade. É hora de repensar nosso preconceito. Discurso encerrado.

SERVE 8 A 10 PESSOAS

- 2 cenouras, descascadas e picadas
- 1 cebola grande, descascada e picada
- 4 dentes de alho, descascados e picados
- 4 talos de salsão, quebrados em pedaços
- 1 maço pequeno de tomilho fresco
- 3 colheres de sopa de óleo de girassol

- 2 peças inteiras de músculo de vitela (peça ao açougueiro para cortar as extremidades para revelar o tutano)
- ½ lata de 400 g de tomates picados
- 250 ml de vermute branco seco ou vinho branco
- 1 colher de chá de sal marinho em flocos
- 1 pitada de pimenta-do-reino moída na hora

- Preaqueça o forno a 180°. Coloque todos os vegetais juntos, acrescente 2 colheres de sopa de folhas de tomilho — reservando o restante para depois — na vasilha de um processador de alimentos e bata até ficar tudo bem picado. Você também pode fazer isso à mão.

- Em uma assadeira grande que possa ir ao fogo, aqueça o óleo em fogo médio-alto e doure as peças de músculo. Elas são bem grandes, e é um pouco trabalhoso dourá-las de todos os lados, mas não é preciso ficar perfeito. Retire a carne quando estiver dourada.

- Adicione os vegetais picados — o seu *soffritto* — e cozinhe sobre fogo médio, mexendo, de 10 a 15 minutos, ou até que a mistura esteja macia.

- Adicione os tomates (se você não suporta ficar com meia lata de tomates parada na geladeira depois, nada muito terrível acontecerá se você adicionar a lata inteira. Mas eu sou contida e não faço isso), o vermute (ou vinho) e tempere com o sal e uma boa pitada de pimenta-do-reino moída na hora. Mexa bem, coloque as peças de músculo de volta na assadeira e passe-as no suco dos vegetais, espalhando um pouco desse suco por cima das peças. Não haverá muito líquido, mas é assim que tem que ser.

- Desligue o fogo e cubra com papel-manteiga, fechando-o ao redor da carne na assadeira, depois cubra a assadeira toda com 2 camadas de papel-alumínio, selando bem as beiradas. Transfira para o forno e cozinhe por 3 horas, ou até que a carne comece a soltar do osso.

- Retire o papel-alumínio e o papel-manteiga e, quando a carne estiver fria o bastante para ser manuseada, puxe a carne dos ossos, desfiando-a com as mãos, e descarte qualquer pedaço de pele gelatinosa. Na verdade, eu como essa pele ali mesmo, porque adoro, mas não é todo mundo que gosta. Agora, a parte divertida: bata os ossos contra a borda interna da assadeira para que o tutano saia e caia sobre o ensopado. Isto não é para os fracos.

- Transfira o ensopado para uma travessa que caiba na geladeira, tampe e refrigere por pelo menos 1 dia, ou por até 3 dias. Quando quiser comer, preaqueça o forno a 200°, transfira o ensopado para uma caçarola ou travessa com tampa que vá ao forno, mexendo para incorporar a camada de gordura do tutano, e deixe chegar à temperatura ambiente. Tampe e reaqueça no forno por 30 minutos, ou até ficar bem quente. Prove para ver se é preciso adicionar mais tempero e sirva imediatamente, espalhando o tomilho reservado por cima.

OBSERVAÇÃO SOBRE O PREPARO ANTECIPADO	NOTA DE CONGELAMENTO
O ensopado por ser feito com até 3 dias de antecedência. Deixe esfriar, tampe e refrigere em no máximo 2 horas após o preparo.	Congele o ensopado frio em um recipiente hermético por até 3 meses. Descongele de um dia para o outro, na geladeira, antes de reaquecer de acordo com a receita acima.

Observação: o ensopado deve ser reaquecido apenas uma vez.

Traseiro de porco assado

É criancice achar esse nome engraçado, mas eu acho, e é por isso que o mantive. "Traseiro de Porco" é como os americanos chamam a paleta do porco, embora meu açougueiro diga que se trata da parte sobre a omoplata, e é por isso que especifiquei assim nos ingredientes. Mas o que eu fiz foi basicamente uma carne de porco desfiada, e tenho certeza que qualquer parte da paleta vai servir.

A verdadeira vantagem deste prato — além da facilidade do preparo e do prazer de comê-lo — é que você o cozinha por tanto tempo no forno, em temperatura baixa, que, além de sua casa ficar com um aroma magnífico (eu coloco no forno tarde da noite e, quando desço para o café da manhã, já está pronto), você não precisa fazer nada quando a multidão faminta chegar, apenas desfiar a carne. Mas eu também dou uma opção para um tempo de cozimento mais curto, caso isso facilite sua vida.

Se você tiver um forno duplo, peça ao açougueiro para lhe dar a pele também. Corte-a em pedaços com uma tesoura de cozinha e asse em forno preaquecido a 220° durante 25 minutos, depois vire-as e asse por mais 5 minutos. Sirva junto com a carne de porco.

Este prato fica muito bom servido em pãezinhos ou acompanhado do Feijão preto cubano (p. 214), da Salada agridoce (p. 240) ou de ambos.

SERVE 8 A 10 PESSOAS

2 kg de paleta de porco sem osso e sem pele, da parte sobre a omoplata, com uma boa camada de gordura, enrolada e amarrada

2 colheres de sopa de açúcar mascavo claro

2 colheres de sopa de mostarda de Dijon

2 colheres de sopa de vinagre de xerez

2 colheres de chá de sal marinho em flocos

2 colheres de chá de pó de 5 especiarias chinesas

2 colheres de chá de pimenta-malagueta em pó

4 dentes de alho, descascados finamente ralados ou picados

- Forre a base e as laterais de uma assadeira pequena, com espaço suficiente para a carne de porco, com uma camada dupla de papel-alumínio. Coloque a carne sobre ele, com a gordura para cima, e deixe atingir a temperatura ambiente, o que leva de 40 a 60 minutos, dependendo da sua geladeira e do clima. Quando estiver quase lá, aqueça o forno a 250°.

- Misture o açúcar, a mostarda e o vinagre em uma tigela. Adicione o sal, as 5 especiarias, a pimenta-malagueta em pó e depois o alho.

- Quando a carne de porco estiver pronta para ir ao forno, misture os ingredientes do tempero novamente (eu uso uma espátula de borracha para misturar e para passar o tempero na carne de porco) e cubra a carne com a maior quantidade possível. O tempero tipo churrasco pode não parecer muito apetitoso nesse estágio, mas não é preciso se preocupar. Leve a paleta temperada ao forno bem quente e deixe por 10 minutos — quando a superfície vai começar a queimar em algumas partes — e abaixe o forno para 100°. Cozinhe por pelo menos 12 horas, ou por até 18 horas, cobrindo com papel-alumínio após 14 ou 15 horas.

- Alternativamente, após os 10 minutos iniciais a 250°, abaixe a temperatura do forno para 150° e cozinhe de 5 horas e meia a 6 horas, cobrindo com papel-alumínio após 3 horas.

- Retire do forno, desamarre, descarte as partes que estiverem queimadas demais para comer (embora elas sejam as minhas favoritas) e desfie a carne de porco com dois garfos. Espalhe um pouco do suco por cima (talvez você queira remover um pouco da gordura primeiro) e sirva imediatamente.

OBSERVAÇÃO SOBRE O ARMAZENAMENTO	NOTA DE CONGELAMENTO
Deixe as sobras esfriarem, cubra e refrigere no máximo 2 horas após o preparo. Dura até 3 dias na geladeira. Reaqueça no forno, coberta com papel-alumínio — ou enrole a carne em papel-alumínio, no caso de porções pequenas — em forno preaquecido a 150° por cerca de 30 minutos (o tempo vai variar de acordo com a quantidade) até ficar bem quente. Adicione um pouco de água, se necessário, para evitar que ela fique seca demais.	Congele em um recipiente hermético por até 2 meses. Descongele de um dia para o outro, na geladeira, antes de reaquecer de acordo com a Observação sobre o armazenamento.

Observação: a carne de porco deve ser reaquecida apenas uma vez.

Carne de porco no pão chinês

Por onde eu começo? Eu sei: em Nova York, no Momofuku Noodle Bar, no East Village, para ser precisa. O nome do restaurante é japonês; David Chang, o dono e chef principal, é coreano-americano; a barriga de porco assada lentamente, servida em pãezinhos quentes, com certeza possui raízes chinesas, embora ela não deva ser confundida com aquela outra carne de porco, *char siu*. Esta parece mais um sanduíche, ou hambúrguer de barriga de porco, e dentro do pão quentinho que abriga as fatias pode ser colocado todo tipo de delícias. Para mim, isso significa o Molho de pimenta, gengibre e alho (**p. 254**), as Pimentas em conserva à moda tailandesa (**p. 261**) ou apenas pimentas frescas picadas, algumas folhas de coentro arrancadas do talo, algumas cebolinhas picadas e palitos de pepino, e, se estiver disposto, anéis de chalota fritos e crocantes, mas a estrela aqui é a barriga de porco.

No Ocidente comemos barriga de porco assada, para que a pele fique crocante, deixando a carne macia com uma cobertura crocante. Mas existe outra maneira, embora não seja para os "gordurofóbicos". Quando a carne é assada lentamente, a gordura permanece, e isso é essencial para o prato. A carne fica toda suculenta: todinha mesmo.

Embora seja uma receita demorada de fazer, ela é muito simples. E, se facilitar a sua vida, você pode cozinhar a carne de porco com antecedência e reaquecê-la rapidamente na hora de comer. É o seguinte: a carne fica muito mais bonita de servir quando fatiada ao sair do forno, mas é muito mais fácil fatiá-la depois que ela esfria. E os pães ficam mais parecidos com os dos Momofuku dessa maneira também.

Você terá que ir a um supermercado chinês para comprar os pãezinhos, embora você possa usar pães comuns, tipo de hambúrguer. Mas lembre-se que essas fatias suculentas de carne podem ser servidas com arroz ou macarrão, ou da forma que você preferir.

RENDE O SUFICIENTE PARA RECHEAR DE 14 A 28 PÃEZINHOS

½ xícara de sal marinho em flocos (70 g)

½ xícara de açúcar (100 g)

1,25 kg de barriga de porco sem osso e sem pele (mas ainda com um pouco de gordura), cortada ao meio no sentido do comprimento para render 2 pedaços

¼ de xícara (4 colheres de sopa) de molho de hoisin, e mais para servir

14 a 28 pãezinhos chineses ou pãezinhos comuns, tipo de hambúrguer, para servir

PARA ACOMPANHAR:

1 a 2 chalotas, em fatias finas

3 a 4 colheres de sopa de óleo de girassol para fritar

½ pepino grande

4 cebolinhas, picadas

1 maço grande de coentro

Molho de pimenta, gengibre e alho (p. 254) ou qualquer molho de pimenta

- Encha uma jarra medidora com 1 litro de água fria. Adicione o sal e o açúcar e mexa para dissolver. Coloque 2 pedaços de barriga de porco em um saco plástico e adicione o líquido da jarra. Feche bem o saco, coloque-o em uma travessa e leve à geladeira por pelo menos 8 horas, e no máximo 24 horas.
- Quando estiver pronta para assar, retire a carne da geladeira para que ela atinja a temperatura ambiente e preaqueça o forno a 250°. Coloque água fria em uma jarra medidora até a marca de 250 ml, adicione o molho de hoisin e misture bem. Retire a carne de sua salmoura (sobre a pia), seque-a e coloque os 2 pedaços, com a gordura para cima, em uma assadeira onde eles caibam certinho. Eu usei uma medindo 28 x 24 x 6,5 cm. Umedeça o topo de cada pedaço com 1 colher de sopa da mistura de hoisin e cozinhe no forno por 30 minutos, quando a gordura já terá dourado e queimado em algumas partes.
- Retire do forno, abaixe a temperatura para 150° e coloque o restante da mistura de hoisin na assadeira, evitando a superfície da carne. Cubra bem a assadeira (e com cuidado — estará quente) com uma camada de papel-alumínio grosso (ou 2 camadas de papel-alumínio comum) e leve novamente ao forno por 2 horas, quando a carne estará totalmente assada e macia. Enquanto a carne de porco cozinha, você pode fritar as chalotas, em fatias finas, em óleo quente até ficarem crocantes, e deixá-las esfriar sobre uma camada dupla de papel-toalha, para serem usadas depois.
- Retire a carne assada do forno e transfira para uma tábua. Se for servi-la imediatamente, deixe-a descansar por alguns minutos enquanto você aquece os pães no micro-ondas ou no vapor, depois corte cada pedaço de carne em fatias de 1cm — eu consigo 14 fatias de cada pedaço. Se a carne de porco despedaçar enquanto você a corta, não se preocupe. O sabor dela desfiada é igualmente bom e, de fato, é assim que ela costuma ser servida nos pães.
- Corte o pepino e as cebolinhas em 3 partes, na largura, depois fatie ambos em palitos finos, no sentido do comprimento; arranque algumas folhas de coentro do maço e coloque tudo em pratos pequenos para servir com a carne de porco, acompanhados pelo molho de pimenta e um pouco de molho de hoisin.
- Se eu tiver feito com antecedência e reaquecido as fatias, eu aqueço os pãezinhos e os preparo eu mesma, recheando cada um com 2 fatias (ou apenas 1, se você quiser que a carne renda) de barriga de porco, junto com as tirinhas de cebolinha e pepino, coentro, molho de hoisin e chalota frita, se desejar, e o molho de pimenta. Se eu for fatiar a carne imediatamente, eu deixo que cada um recheie o seu pãozinho.

OBSERVAÇÃO SOBRE O PREPARO ANTECIPADO	NOTA DE CONGELAMENTO
Deixe a carne de porco esfriar fora do líquido do cozimento (e coloque o líquido em uma tigela ou jarra, para levar à geladeira), depois enrole bem cada pedaço com papel-alumínio e leve à geladeira por até 3 dias. Para reaquecer, remova o disco sólido de gordura do líquido de cozimento da carne, depois adicione ¼ de xícara (4 colheres de sopa) do caldo gelificado a uma assadeira rasa, espalhe-a para cobrir o fundo, depois fatie a carne de porco. Espalhe as fatias em uma camada única na assadeira, cubra com papel-alumínio e aqueça por 15 minutos em forno preaquecido a 200° até ficar bem quente. Vire as fatias no líquido antes de servir.	A carne de porco assada e fria pode ser enrolada em uma camada dupla de papel-alumínio e congelada por até 3 meses. Descongele de um dia para o outro na geladeira, e fatie e reaqueça de acordo com a orientação acima.

Observação: a carne de porco deve ser reaquecida apenas uma vez.

Ensopado de músculo de cordeiro e alho-negro

Esta é uma versão bem preguiçosa — com alguns acréscimos meus — de um maravilhoso tagine de cordeiro do inspirador livro de receitas *Persiana*, de Sabrina Ghayour. Na primeira vez em que o preparei, segui a receita e providenciei uma peça de músculo por pessoa. Mas me ocorreu que, na verdade, ninguém precisa de um músculo inteiro, então agora eu desfio a carne adocicada (extraindo cada pedacinho de tutano dos ossos do músculo), o que faz com que ela renda muito mais. Couscous pode parecer um acompanhamento óbvio, e combina, mas eu prefiro servir com uma pilha de pão sírio e o Grão-de-bico com cominho e espinafre (**p. 211**). Se você nunca viu alho-negro para comprar, deve tentar encontrar: ele tem um sabor que parece caramelizado e fermentado ao mesmo tempo, que dá um toque almiscarado fabuloso. É muito mais fácil encontrá-lo agora, porque ele está sendo produzido no Reino Unido, mas caso você não encontre, use então 2 cabeças de alho caramelizado em casa no lugar dele (ver Homus com alho caramelizado, **p. 113**, para instruções). Se decidir usar isso em vez do alho-negro, simplesmente pique as cebolas com a faca e esprema a polpa de alho na panela depois de acrescentar os tomates.

SERVE 10 A 12 PESSOAS

2 cebolas grandes (450 a 500 g no total), descascadas e cortadas em quatro

2 cabeças de alho-negro (ver introdução da receita), com os dentes separados e descascados

3 colheres de sopa de gordura de pato ou ganso (45 g)

2 colheres de chá de sementes de cominho

2 colheres de chá de pimenta-da-jamaica em pó

2 colheres de chá de canela em pó

250 ml de vermute tinto ou vinho tinto encorpado

2 latas de 400 g de tomates picados

2 colheres de chá de sal marinho em flocos

6 peças de músculo de cordeiro

○ Preaqueça o forno a 150°. Coloque as cebolas e os dentes de alho-negro em um processador de alimentos e bata até ficar tudo bem picado. Você também pode fazer isso à mão, mas o alho-negro é muito grudento. Ele também se funde melhor ao ensopado se for batido até quase virar polpa.

○ Em uma panela, com tampa, grande o bastante para receber todos os ingredientes depois (eu usei uma de 30 cm de diâmetro e 15 cm de profundidade), derreta a gordura de pato ou ganso, depois adicione o conteúdo do processador de alimentos, limpando as laterais do recipiente com uma espátula. Cozinhe, mexendo frequentemente, por 3 minutos em fogo médio, ou até que a cebola comece a amolecer, então adicione as sementes de cominho, a pimenta-da-jamaica e a canela em pó.

○ Aumente o fogo para alto e adicione o vermute ou vinho tinto. Deixe abrir fervura antes de acrescentar o conteúdo das 2 latas de tomates, depois encha cada lata com água fria e adicione à panela também.

○ Tempere com o sal, mexa e adicione o músculo de cordeiro. Deixe abrir fervura novamente, tampe e transfira para o forno para cozinhar por 4 horas, o molho ficará mais espesso e a carne começará a se soltar do osso.

○ Deixe em um local fresco, com a panela destampada, e, quando a carne estiver fria o bastante para ser manuseada (talvez você tenha que espera 1 hora, dependendo da sensibilidade de suas mãos; eu espero 30 minutos), remova a carne e bata os ossos contra a borda interna da panela para que o tutano e o suco dos ossos se misturem ao ensopado. Isso pode fazer sujeira. Descarte os ossos e desfie o cordeiro usando 2 garfos. Depois disso eu coloco a carne na panela na qual vou reaquecê-la e servi-la mais tarde — uma panela de 28 cm de diâmetro e 10 cm de profundidade, ou uma com capacidade para 6 litros, deve servir —, já que a panela fria vai ajudar a esfriar a carne mais rápido. Quando estiver fria, tampe e leve à geladeira por pelo menos 1 dia, ou por até 3 dias. Ou, se for mais fácil para você, transfira quando estiver fria para recipientes herméticos ou para uma travessa menor.

○ Antes de reaquecer o ensopado, tire-o da geladeira, remova a gordura da superfície e deixe descansar por 1 hora (menos se estiver em recipiente hermético) até atingir a temperatura ambiente, e preaqueça o forno a 200°. Cozinhe de 1 hora a 1 hora e 15 minutos, até ficar bem quente. E caso ainda não estejam prontos para comer, apenas desligue o forno e deixe a panela lá dentro por até 30 minutos.

OBSERVAÇÃO SOBRE O PREPARO ANTECIPADO	NOTA DE CONGELAMENTO
A carne pode ser preparada com até 3 dias de antecedência. Desfie e refrigere o mais rápido possível, depois cubra e leve à geladeira em no máximo 2 horas após o preparo.	Congele em um recipiente hermético por até 3 meses. Descongele de um dia para o outro, na geladeira, antes de reaquecer de acordo com a receita acima.

Observação: o músculo de cordeiro só deve ser reaquecido uma vez.

Ensopado de cordeiro com especiarias e cobertura de pãezinhos de queijo de cabra e tomilho

Aromático e adocicado, este ensopado já virou uma tradição aos domingos na minha casa, e, embora não haja nada errado em servir o ensopado sozinho, para mim ele atinge seu auge quando coberto com pãezinhos de massa sequinha e quebradiça, que leva queijo de cabra e tomilho. Com isso você não precisa preparar batatas ou outro tipo de carboidrato para servir de acompanhamento. E, ao ler as instruções para a cobertura, você verá como ela é fácil de fazer. Igualzinho ao ensopado.

Alho caramelizado se tornou uma constante em minha vida culinária, e foi aqui que tudo começou.

SERVE 8 PESSOAS

2 cabeças de alho, inteiras e com casca

2 colheres de sopa de azeite comum

2 cebolas, descascadas e cortadas em pedaços

1 ½ colher de chá de tomilho seco

2 ½ colheres de chá de canela em pó

1,25 kg de filé de pescoço de cordeiro (ou use a paleta), cortado em pedaços

250 ml de vermute ou vinho tinto

4 cenouras (350 g), descascadas, cortadas em quatro no sentido do comprimento (ao meio, se forem cenouras fininhas) e fatiadas em pedaços de 3 cm

2 berinjelas (500 g), cortadas em pedaços de 4 a 6 cm

375 ml de água quente, recém-fervida

2 colheres de chá de sal marinho em flocos

3 unidades de anis-estrelado

- Corte o topo das cabeças de alho de forma que apareçam apenas a ponta dos dentes. Descarte as tampas, coloque cada cabeça de alho sobre um pedaço separado de papel-alumínio e feche bem as extremidades, formando pacotinhos. Coloque-os em uma pequena assadeira de alumínio ou travessa que possa ir ao forno. Preaqueça o forno a 170°.

- Em uma caçarola ou panela grande — mais larga do que funda — que tenha tampa e possa ir ao forno, aqueça o azeite e adicione as cebolas picadas. Cozinhe em fogo médio-baixo por cerca de 10 minutos, mexendo frequentemente para que elas amoleçam sem queimar. Se elas ficarem douradas, tudo bem, você só não quer que elas fiquem mais escuras que isso. Adicione o tomilho seco e a canela.

- Aumente o fogo, adicione os pedaços de cordeiro e misture bem, mas não espere que os pedaços de carne fiquem selados.

- Acrescente o vermute ou vinho, mexendo para soltar o que tiver ficado grudado no fundo da panela, depois adicione as cenouras, as berinjelas, a água quente, o sal e o anis-estrelado. Misture novamente e deixe o ensopado começar a ferver.

- Tampe a panela e transfira-a para o forno, colocando o alho preparado para assar ao mesmo tempo, e cozinhe por 2 horas. Quando tirar o ensopado do forno, deixe-o esfriar sem a tampa e, assim que conseguir manusear o alho, esprema os dentes caramelizados dentro do ensopado, misture e deixe esfriar. Depois transfira-o para um recipiente adequado, tampe e deixe na geladeira por pelo menos 1 dia, ou por até 3 dias, antes de reaquecer.

- Para reaquecer, remova a gordura da superfície e transfira o ensopado para uma travessa grande o bastante para ele e a cobertura de pãezinhos — eu uso uma caçarola larga e rasa, de 30 cm de diâmetro e 8 cm de profundidade — e leve ao fogo até abrir fervura. Deixe ferver por 30 minutos.

- Se quiser fazer a cobertura de pãezinhos, preaqueça o forno a 220° enquanto o ensopado aquece, e veja a próxima receita. Ou, se você quiser servir apenas o ensopado, deixe-o ficar bem quente antes de levá-lo à mesa.

OBSERVAÇÃO SOBRE O PREPARO ANTECIPADO	NOTA DE CONGELAMENTO
O ensopado pode ser feito com até 3 dias de antecedência. Deixe esfriar, tampe e refrigere em no máximo 2 horas após o preparo.	Congele em um recipiente hermético por até 3 meses. Descongele de um dia para o outro, na geladeira, antes de reaquecer de acordo com a receita acima.

Observação: o ensopado deve ser reaquecido apenas uma vez.

Cobertura de pãezinhos de queijo de cabra e tomilho

Eu fiz esta receita pela primeira vez para cobrir o Ensopado de cordeiro da receita anterior, mas você não tem que limitar o uso dela a esse prato. Eu com certeza não limito. Considere-a um coringa muito útil. Você pode trocar o queijo de cabra por cheddar, usar apenas manteiga, adicionar outras especiarias ou variar as ervas. Qualquer ensopado, decorado com esta cobertura lindamente dourada, é altamente recomendado para um aconchegante almoço de domingo, e eu também costumo cobrir um molho de carne comum com estes pãezinhos, feitos com metade queijo Red Leicester e metade manteiga (ambos ralados) e ¼ de colher de chá de mostarda inglesa em pó e de noz-moscada em pó no lugar da cúrcuma, sem usar qualquer tipo de erva. Quando a cobertura é assada, com um ensopado quente por baixo, os pãezinhos assam e cozinham ao mesmo tempo, ficando leves e macios ao crescerem no forno com sua superfície crocante e dourada, enquanto a parte de baixo se funde ao molho do ensopado.

Eles são muito fáceis de fazer. Adoro sentir a massa macia sob minhas mãos, e a tranquilidade que sinto ao abrir e cortar a massa. De fato, o simples ato de prepará-los reduz qualquer estresse.

RENDE APROXIMADAMENTE 20 PÃEZINHOS

125 ml de leite integral, mais 2 colheres de chá

1 colher de chá de suco de limão-siciliano

175 g de farinha de trigo, e mais um pouco para abrir e cortar

2 colheres de chá de fermento em pó

¼ de colher de chá de bicarbonato de sódio

½ colher de chá de sal marinho fino, mais uma pitada

½ colher de chá de cúrcuma em pó

1 colher de sopa de folhas de tomilho fresco, mais alguns raminhos para depois

50 g de queijo de cabra esmigalhado

50 g de manteiga sem sal, gelada

1 ovo

- Coloque o leite em uma caneca ou jarra pequena, acrescente o suco de limão-siciliano, misture e deixe descansar enquanto você prepara o resto.

- Misture a farinha de trigo, o fermento em pó, o bicarbonato, ½ colher de chá de sal, a cúrcuma e as folhas de tomilho em uma tigela. Adicione o queijo de cabra esmigalhado e a manteiga ralada. Eu uso um ralador Microplane, do tipo usado para ralar chocolate. Misture levemente com um garfo.

- Agora, como se estivesse fazendo uma farofa, misture a manteiga e o queijo à farinha temperada com os dedos. Em outras palavras, incorpore a gordura aos ingredientes secos usando um movimento leve — como as asas de uma borboleta — esfregando seus polegares contra os 3 dedos médios de cada mão, pegando a mistura entre eles. Quando você obtiver uma textura de flocos, parecida com aveia, adicione 100 ml do leite com suco de limão-siciliano e misture com uma colher de pau até obter uma massa levemente úmida. Se você achar que não precisa dos 25 ml restantes de leite com suco de limão-siciliano, não use.

- Enfarinhe levemente uma superfície para abrir a massa, depois separe um pedaço grande de papel-manteiga e deixe por perto. Forme uma bola com a massa macia, pressione-a formando um disco espesso. Coloque-o na superfície enfarinhada e vire imediatamente a massa sobre ela. Com o rolo ou com as mãos, abra a massa deixando-a com pouco menos de 1 cm de espessura. Mergulhe um cortador redondo de 6 cm — ou a boca de um copo — em um pouco de farinha e comece a cortar rodelas, colocando-as sobre a folha de papel-manteiga. Junte a massa restante e continue abrindo-a e cortando-a da mesma forma, até ter usado toda a massa. Você deverá obter aproximadamente 20 pãezinhos.

- Quando o ensopado que você quer cobrir estiver aquecido, e o forno estiver preaquecido a 220°, você pode cobri-lo com estes pequenos pãezinhos. Mas primeiro faça uma mistura para pincelar, usando o ovo, 2 colheres de chá de leite e uma pitada de sal. Com o ensopado quente à sua frente, arrume os pãezinhos por cima e, agindo de forma rápida, mas com calma, pincele os pãezinhos com a mistura do ovo e leve de volta ao forno por mais 15 minutos, até que tenham crescido e estejam dourados, e o ensopado esteja borbulhando.

Presunto assado lentamente com melado

Nada tomará o lugar do meu Presunto na Coca-Cola do livro *Nigella Bites* — em meu coração ou em minha mesa — mas este presunto assado lentamente é uma revelação diferente. Em vez de ser fervido e depois transferido para um forno quente para caramelizar, eu o cozinho lentamente no forno, envolto em melado, depois embrulhado em papel-alumínio, para que ele cozinhe docemente no fogo baixo. Depois eu retiro o presunto do forno, retiro o papel-alumínio, removo a pele, insiro cravos-da-índia na camada de gordura e cubro com uma calda de melado, levando-o brevemente de volta para o forno quente. Cozida desta maneira, a carne fica incrivelmente macia e fácil de cortar em fatias finas; o presunto também encolhe muito pouco, e não é preciso manusear grandes pedaços de carne em líquido fervente.

Eu sempre gosto de servir presunto no Natal, o que significa que teremos presunto frio e também peru frio para fazer sanduíches no dia seguinte, e esta é a melhor maneira de prepará-lo para facilitar a sua vida. E se as 12 ou 15 horas de cozimento não forem adequadas para você, você pode cozinhá-lo por 5 horas em forno aquecido a 180°, antes de cobrir com a calda.

Os sucos que se acumulam na assadeira durante a primeira etapa do cozimento são extremamente saborosos, mas muito intensos. Eu espalho um pouco desses sucos sobre as fatias de carne, mas com moderação.

Você vai notar que eu não deixo a peça de presunto de molho antes, isso porque o presunto que eu compro não é salgado o bastante para precisar ser dessalgado, mas é claro que você pode fazer isso, se você ou seu açougueiro acharem necessário. A escolha entre um presunto defumado ou não depende totalmente do seu gosto particular.

A propósito, ao medir o seu melado, facilita muito se você untar o recipiente com óleo primeiro.

SERVE 10 A 12 PESSOAS, COM SOBRAS

3,5 kg de pernil de porco sem osso, com a pele	¼ de xícara (4 colheres de sopa) de melado
150 g de melado	¼ de xícara (4 colheres de sopa) de açúcar demerara
PARA A CALDA:	1 colher de sopa de mostarda de Dijon
Aproximadamente 1 colher de sopa de cravos-da--índia inteiros	

- Preaqueça o forno a 250° e deixe a peça de pernil atingir a temperatura ambiente.

- Forre uma assadeira grande com uma camada de papel-alumínio, depois coloque uma grade por cima dele. Rasgue um pedaço grande de papel-alumínio (grande o bastante para embrulhar o pernil inteiro) e coloque-o sobre a grade que está dentro da assadeira. Rasgue um segundo pedaço grande de papel-alumínio e coloque sobre o primeiro, mas na posição contrária, de forma que você tenha 4 cantos de papel-alumínio prontos para embrulhar o pernil.

- Coloque o pernil sobre o papel-alumínio e derrame o melado sobre ele, diretamente sobre a pele, deixando escorrer por todos os lados. Não se preocupe em espalhar o melado sobre o pernil porque, no calor do forno, o melado o cobrirá o suficiente.

- Agora levante as pontas da primeira camada de papel-alumínio e feche-a no topo, deixando um pouco de espaço ao redor do pernil, e então lacre as extremidades. Em seguida faça o mesmo com o segundo pedaço de papel-alumínio: você está tentando criar um pacote fechado ao redor do pernil, então feche todas as aberturas que restarem. Por fim, rasgue mais um pedaço de papel-alumínio e coloque por cima do pacote inteiro, certificando-se de fechar bem as extremidades.

- Coloque no forno com cuidado e deixe cozinhar por 30 minutos, depois abaixe a temperatura do forno para 100° e deixe de 15 a 24 horas.

- No dia seguinte, tire o pernil do forno e abra o papel-alumínio. Um pouco de líquido terá se formado, e você pode reservá-lo para umedecer a carne fatiada depois. Transfira o pernil com cuidado para uma tábua e remova a pele para deixar uma boa camada de gordura.

- Aumente a temperatura do forno para 200°. Usando uma faca afiada, faça losangos na camada de gordura, desenhando linhas em um sentido e depois no sentido oposto, com cerca de 2 cm de distância entre eles.

- Coloque um cravo-da-índia no centro de cada losango, depois misture o melado, o açúcar demerara e a mostarda de Dijon em uma tigela e espalhe sobre a gordura do pernil. A mistura vai escorrer, então pegue com uma colher e espalhe por cima da peça novamente antes de levá-la ao forno por 20 minutos, quando a calda já terá engrossado. Retire do forno e transfira para uma tábua. Deixe descansar de 10 a 20 minutos antes de cortar em fatias finas.

OBSERVAÇÃO SOBRE O ARMAZENAMENTO	NOTA DE CONGELAMENTO
Esfrie as sobras o mais rápido possível, depois cubra (ou enrole bem em papel-alumínio) e refrigere em no máximo 2 horas após o preparo. Dura até 3 dias na geladeira.	Congele em um recipiente hermético (ou enrolado em papel-alumínio e colocado dentro de um saco plástico) por até 2 meses. Descongele de um dia para o outro, na geladeira, antes de usar.

Purê de batatas prático

Ninguém está questionando a glória do purê de batatas, e embora ele não seja difícil de fazer, pode ser um transtorno prepará-lo de última hora e em grandes quantidades. Esta é a resposta: um purê saboroso, com um leve toque de queijo e uma cobertura crocante que revolucionou minha vida culinária. Eu o fiz pela primeira vez no ano passado, para o Dia de Ação de Graças, e desde então ele apareceu na minha mesa várias vezes. Ele fica maravilhoso servido com o presunto da página anterior, e toda vez que você quiser ter menos trabalho quando for receber visitas.

SERVE 12 PESSOAS

2,5 kg de batatas

Sal a gosto para a água da fervura

175 g de manteiga sem sal, macia

250 ml de creme azedo

1 pitada de noz-moscada ralada na hora

1 pitada de pimenta-do-reino moída

35 g de queijo parmesão ralado

Sal marinho em flocos a gosto

PARA A COBERTURA:

75 g de farinha de rosca ou pão torrado e ralado

75 g de manteiga sem sal, macia

50 g de queijo parmesão ralado

- Descasque as batatas, corte cada uma em quatro, coloque-as em uma panela grande com água salgada e deixe ferver. Abaixe um pouco o fogo e cozinhe até que as batatas estejam macias, mas não desintegrando. O tempo vai depender do tamanho da sua panela, mas conte cerca de 30 minutos depois que a água ferver.

- Antes de escorrer as batatas, reserve 2 xícaras (500 ml) da água do cozimento, depois escorra as batatas, coloque-as de volta na panela quente e agora seca, e tampe, mas sem levar ao fogo.

- Derreta a manteiga e o creme azedo em uma panelinha, depois espalhe sobre as batatas cozidas que estão na panela, e amasse-as enquanto adiciona um pouco da água reservada do cozimento das batatas, até obter a maciez e a consistência corretas. Eu não deixo a mistura muito seca, já que ela vai engrossar ao descansar e reaquecer. Adicione a noz-moscada, a pimenta-do-reino, o parmesão e o sal a gosto.

- Quando você estiver feliz com seu purê, coloque-o em uma travessa larga e rasa, que possa ir ao fogo, e alise a superfície. Você pode deixá-lo esfriar e depois guardar na geladeira, coberto com filme plástico, por até 3 dias. Mas, se você quiser, é claro que você pode seguir imediatamente para a próxima etapa.

- Quando quiser reaquecer o purê, preaqueça o forno a 200° e tire a travessa de purê da geladeira para que fique em temperatura ambiente.

- Coloque a farinha de rosca em uma tigela, adicione a manteiga, uma colher de sopa por vez, e misture até formar uma farofa. Espalhe por cima do purê de batatas e polvilhe tudo com o parmesão. Asse por 30 minutos, ou até aquecer completamente.

> OBSERVAÇÃO SOBRE O PREPARO ANTECIPADO
>
> As batatas, sem a cobertura, podem ser preparadas com até 3 dias de antecedência. Deixe esfriar, cubra e refrigere no máximo 2 horas após o preparo. Deixe atingir a temperatura ambiente (por cerca de 30 minutos) antes de adicionar os ingredientes da cobertura e assar.

Observação: o purê deve ser reaquecido apenas uma vez.

Macarrão com alho-poró ao forno

Esta receita teve sua estreia, junto com o Frango Cosima (**p.149**), no aniversário de 21 anos da minha filha, feita para convidados que não comem carne e para termos algo gostoso para comer no fim da noite. Foi aí que eu descobri que parmesão não é uma boa opção para pratos vegetarianos; então, você pode substituí-lo por 350 g de queijo cheddar, que é consumido pelos vegetarianos. Na verdade, fique à vontade para usar qualquer queijo que você tiver em casa.

SERVE 8 PESSOAS, COMO PRATO PRINCIPAL

500 g de alho-poró (já limpo e sem as folhas)	2 colheres de chá de mostarda de Dijon
250 ml de vermute branco ou vinho branco	50 g de queijo parmesão, ralado
500 ml de água fria	300 g de cheddar forte, ralado
2 colheres de chá de sal marinho em flocos	1 pitada de pimenta-do-reino
500 ml de leite integral	500 g de macarrão tortiglioni ou rigatoni
75 g de manteiga sem sal, macia	Sal para a água do macarrão, a gosto
75 g de farinha de trigo	

- Corte o alho-poró em fatias de 1 cm antes de colocá-lo em uma panela larga e pesada, com tampa. Adicione o vermute (ou vinho), a água e o sal — o alho-poró deve apenas ficar coberto — depois tampe e deixe ferver. Quando estiver borbulhando, mantenha tampado — você vai precisar do líquido do cozimento depois, então ele não pode evaporar — e cozinhe até o alho-poró ficar macio, cerca de 10 minutos. Após 5 minutos de cozimento, é uma boa ideia tirar a tampa rapidamente e dar uma boa mexida para ajudar o alho-poró a se soltar.

- Escorra o alho-poró e reserve, guardando também a água do cozimento. Eu faço isso colocando uma peneira grande sobre uma jarra medidora de boca larga; você deve obter cerca de 500 ml de líquido. Adicione o leite a essa água do cozimento e, se o líquido não chegar à marca de 1 litro, adicione um pouco mais de leite. Este talvez seja um bom momento para colocar a água do macarrão para ferver.

- Verifique se não sobrou nenhuma fatia de alho-poró na panela, então derreta a manteiga em fogo médio. Adicione a farinha de trigo e a mostarda e mexa para formar um roux, depois cozinhe, mexendo sem parar, de 1 a 2 minutos, até que a mistura engrosse um pouco.

- Tire a panela do fogo e, aos poucos, adicione a mistura de leite, sem parar de mexer, para incorporar o líquido e evitar que empelote.

- Quando todo o líquido estiver incorporado, leve a panela de volta ao fogo médio e, trocando o batedor de claras por uma colher de madeira ou espátula, cozinhe mexendo sempre, até que o molho fique espesso, homogêneo e tenha perdido o sabor de farinha. Isso vai levar cerca de 10 minutos.

- Quando o molho branco tiver engrossado, apague o fogo (ou, se estiver usando fogão elétrico, retire a panela) e, usando sua colher de pau ou espátula, adicione e misture o parmesão e 225 g do cheddar, temperando com pimenta-do-reino a gosto, incorporando os queijos completamente antes de adicionar o alho-poró. Tampe e reserve.

- Quando a panela de água para o macarrão estiver fervendo, adicione sal a gosto, acrescente o macarrão e cozinhe até ficar mais *al dente* do que o normal. Reserve algumas xícaras da água do cozimento antes de escorrer o macarrão.

- Adicione ½ xícara (125 ml) da água do cozimento do macarrão ao molho, misture bem e depois espalhe metade do molho em uma travessa de lasanha de 27 x 37 cm, ou em uma assadeira ou outro recipiente à sua escolha. Adicione o macarrão escorrido e em seguida espalhe o restante do molho sobre ele, e mexa cuidadosamente para misturar tudo. Adicione mais água do cozimento do macarrão se necessário; o molho deve ficar ralo, já que vai engrossar durante a espera e quando assar. Deixe descansar por 10 minutos (ou deixe esfriar e refrigere por até 3 dias, deixando atingir a temperatura ambiente antes de assar).

- Quando quiser assar, preaqueça o forno a 220°. Espalhe os 75 g de cheddar restantes sobre o macarrão e asse no forno quente de 20 a 25 minutos, ou até borbulhar e ficar dourado por cima. Verifique se está totalmente quente inserindo a ponta de uma faca no centro. Ela deve estar quente ao toque. Se você quiser a superfície crocante e tostada, coloque sobre um grill quente por alguns minutos, observando com cuidado. Ou apenas mantenha por mais tempo no forno quente. Deixe descansar fora do forno de 10 a 20 minutos antes de servir.

OBSERVAÇÃO SOBRE O PREPARO ANTECIPADO

O prato pode ser feito com até 3 dias de antecedência. Deixe esfriar, cubra e refrigere em no máximo 2 horas após o preparo. Deixe atingir a temperatura ambiente (cerca de 30 minutos) antes de assar.

Observação: o macarrão com alho-poró deve ser reaquecido apenas uma vez.

Grão-de-bico na *slow cooker* com cominho e espinafre

Eu me orgulho em dizer que, com esta receita, eu converti alguém que dizia detestar grão-de-bico. E eu mesma tive uma revelação durante esse processo. Até agora, eu seguia uma regra criada por mim mesma de só comprar grão-de-bico em lojas de produtos asiáticos ou do Oriente Médio, depois de me decepcionar demais com o grão-de-bico de supermercado, que por mais que eu os deixasse de molho e cozinhasse, continuavam pequenos e duros. Mas, sem deixar de molho, qualquer grão-de-bico cozido através deste método em uma *slow cooker* parece ficar grande e macio. Por causa do bicarbonato de sódio, você precisa descartar a água do cozimento, senão você não obterá um caldo saboroso durante o processo, mas essa é uma troca que fico feliz em fazer. Mas prove o líquido: talvez o sabor do bicarbonato não seja tão forte para você.

Eu gosto deste prato como uma refeição completa, que pode ser aprimorada com um pouco de queijo feta esmigalhado espalhado por cima, mas eu costumo prepará-lo no lugar das batatas para acompanhar frango assado ou ensopados, ou o que eu estiver com vontade.

SERVE 6 A 8 PESSOAS

500 g de grão-de-bico seco

½ colher de chá de bicarbonato de sódio

500 g de espinafre

2 a 3 colheres de sopa de azeite extravirgem

1 dente de alho, descascado e ralado ou espremido

4 colheres de chá de sementes de cominho

1 xícara de caldo de legumes (250 ml)

Sal marinho em flocos a gosto

- Coloque o grão-de-bico na *slow cooker* e cubra com água suficiente para ficar de 4 a 5 cm acima dos grãos. Adicione o bicarbonato de sódio e cozinhe na temperatura baixa de 6 a 8 horas. Geralmente, 6 horas são suficientes, mas você pode deixá-los lá por mais tempo sem que fiquem macios demais e comecem a desintegrar.

- Escorra o grão-de-bico e lave o espinafre. No recipiente da *slow cooker*, caso ele possa ir ao fogo — caso contrário use uma panela ou caçarola grande com tampa —, coloque o azeite e o alho e leve ao fogo, mas não deixe o alho queimar. Misture 3 colheres de chá das sementes de cominho no azeite quente com alho, depois adicione metade do espinafre, que ainda terá um pouco de água presa às folhas, e ¼ do caldo de legumes. Tampe e deixe o espinafre murchar no fogo por cerca de 3 minutos. Mexa e adicione o restante do espinafre e mais ¼ do caldo de legumes. Misture e tampe novamente para permitir que ele murche.

- Acrescente à panela o grão-de-bico escorrido e mexa gentilmente para misturar, adicionando a quantidade necessária de caldo para facilitar. Adicione sal a gosto e tire do fogo.

- Toste o restante de sementes de cominho em uma panela seca e quente, e espalhe sobre o grão-de-bico antes de servir.

OBSERVAÇÃO SOBRE O ARMAZENAMENTO	PARA FAZER NO FORNO	NOTA DE CONGELAMENTO
Deixe as sobras esfriarem, cubra e refrigere em no máximo 2 horas após o preparo. Mantenha na geladeira por até 2 dias. Reaqueça em uma panela sobre fogo baixo, adicionando um pouco mais de caldo de legumes se necessário, e mexendo de vez em quando, até ficar bem quente.	Preaqueça o forno a 150°. Coloque o grão-de-bico em uma panela grande e pesada e adicione água suficiente para atingir 5 cm acima dos grãos, depois deixe ferver na chama do fogão. Quando estiver borbulhando, abaixe o fogo, adicione ½ colher de chá de bicarbonato de sódio, tampe e cozinhe no forno por 2 horas, quando o grão-de-bico deverá estar macio, mas talvez não tão grande quanto ficaria na *slow cooker*.	Congele as sobras em um recipiente hermético por até 3 meses. Descongele de um dia para o outro, na geladeira, antes de reaquecer de acordo com as orientações acima em Observação sobre o armazenamento.

Observação: o grão-de-bico deve ser reaquecido apenas uma vez.

Feijão preto cubano na *slow cooker*

Eu sempre pensei que todos os feijões secos precisavam ficar de molho antes de cozinhar, mas não, este não é o caso. Além disso, o feijão preto perde grande parte de sua intensidade se for deixado de molho. Cozido ainda seco, seu escuro permanece na panela e não é descartado com a água onde foi deixado de molho.

Quando provei feijão preto em Cuba ou Miami, o pimentão neste prato sempre era verde, mas eu não consigo usar pimentões verdes, então uso os vermelhos, que são mais doces e suculentos. No entanto, esta receita não dá certo com outro tipo de feijão.

SERVE 6 A 8 PESSOAS

2 cebolas, descascadas e bem picadas
2 pimentões vermelhos, sem sementes e bem picados
6 dentes de alho, descascados e picados
500 g de feijão preto
1 pimenta dedo-de-moça fresca, picada, com sementes

2 colheres de sopa de sementes de cominho
1 pitada de pimenta-do-reino moída na hora
1 litro de água
2 folhas de louro
Sal a gosto

- Coloque todos os ingredientes na *slow cooker* e cozinhe na temperatura baixa de 6 a 8 horas. Quando o feijão estiver cozido, adicione sal a gosto, depois tire do fogo e deixe descansar por pelo menos 30 minutos, para que o líquido engrosse. Melhor ainda: deixe-o esfriar completamente para desenvolver o sabor, depois reaqueça lentamente.

- Sirva morno, com arroz e coentro fresco picado, ou enrole em burritos e sirva com abacate, queijo ralado e creme azedo. Ele também fica ótimo servido frio, acompanhado de tortilla frita em pedaços.

OBSERVAÇÃO SOBRE O ARMAZENAMENTO	PARA FAZER NO FORNO	NOTA DE CONGELAMENTO
Deixe as sobras esfriarem, cubra e refrigere em no máximo 2 horas após o preparo. Dura até 2 dias na geladeira.	Coloque todos os ingredientes em uma caçarola pesada e cubra com 3 cm de água fria. Deixe ferver na chama do fogão, tampe e leve ao forno preaquecido a 150° durante 2 horas até que o feijão esteja cozido e tenha produzido um caldo escuro. Deixe esfriar e espere um dia para reaquecer. O feijão estará macio, mas o caldo não estará tão grosso quanto ficaria na *slow cooker*.	Congele em um recipiente hermético por até 3 meses. Descongele de um dia para o outro, na geladeira, antes de usar. Reaqueça em uma panela sobre fogo baixo, adicionando um pouco mais de água, se necessário, e mexendo de vez em quando, até ficar bem quente.

Observação: o feijão deve ser reaquecido apenas uma vez.

Ensopado de carne e Guinness com ameixas secas e melado, feito na *slow cooker*

Este prato, com cerveja preta, melado e ameixas secas, é uma beleza escura, com um sabor forte e intenso. Sua doçura é a companhia perfeita para minha crescente coleção de receitas de conservas (**p. 258** a **264**), mas se você ainda não sucumbiu ao ato de fazer conservas como eu, sugiro que compre um pote de nozes em conserva e outro de repolho roxo em conserva para servir como acompanhamento. Batatas assadas com creme azedo também ficam ótimas como este prato.

A propósito, o "caldo de carne de qualidade" que está na lista de ingredientes é o tipo vendido "fresco", em frascos, no supermercado.

SERVE 10 PESSOAS

1,75 kg de músculo bovino sem osso, cortado em cubos

250 g de ameixas secas

500 ml de caldo de carne de qualidade

250 ml de Guinness ou outra cerveja escura

1 colher de chá de sal marinho em flocos

⅓ de xícara de melado (100 g)

1 a 2 gotas de óleo de girassol, para untar a xícara ou tigela

1 ou 2 pedaços de canela em pau

3 folhas de louro

- Coloque os cubos de carne na tigela da *slow cooker*, adicione as ameixas secas e misture com as mãos.

- Acrescente o caldo de carne e a cerveja em uma jarra medidora de 1 litro e adicione o sal. Coloque o melado em uma xícara medidora untada, com capacidade para ¾ de xícara, ou unte a tigela onde for pesá-lo, e adicione o caldo de carne e a cerveja, misturando bem, depois espalhe sobre a carne e as ameixas na *slow cooker*.

- Adicione a canela em pau e as folhas de louro, afundando-as no caldo, depois leve a tigela para a base da *slow cooker* (se a sua, como a minha, tiver 2 partes separadas) e cozinhe na temperatura baixa por 8 horas, quando a carne deverá estar macia e as ameixas grandes e macias. Desligue e, sem queimar a boca, verifique o tempero.

- Você pode servir este prato agora — a carne estará macia o suficiente — mas acho melhor deixá-lo descansar por 1 dia, ou por até 3 dias, para que os sabores se intensifiquem e se fundam. Depois, deixe atingir a temperatura ambiente para esquentar em forno preaquecido a 200° durante 30 minutos, até ficar bem quente. Ou você pode reaquecê-lo na chama do fogão, deixando cozinhar por 30 minutos após abrir fervura.

OBSERVAÇÃO SOBRE O ARMAZENAMENTO	PARA FAZER NO FORNO	NOTA DE CONGELAMENTO
O ensopado por ser feito com até 3 dias de antecedência. Deixe esfriar, cubra e refrigere em no máximo 2 horas após o preparo.	Cozinhe o ensopado em uma caçarola de ferro fundido, com tampa, em forno preaquecido a 150° durante 3 horas, ou até que a carne esteja macia e as ameixas grandes e macias. Adicione um pouco de água se o molho estiver ficando seco demais. Deixe descansar antes de servir.	Congele em um recipiente hermético por até 3 meses. Descongele de um dia para o outro, na geladeira, antes de reaquecer.

Observação: o ensopado deve ser reaquecido apenas uma vez.

Carne e arroz coreanos na *slow cooker*

O elemento coreano desta receita é fornecido pela intensa pasta de pimenta, *gochujang*, que não falta em minha cozinha desde o livro *Na cozinha com Nigella*. Você consegue comprá-la em lojas de produtos asiáticos ou pela internet, e depois de prová-la — para aqueles que ainda não o fizeram — você encontrará desculpas para usá-la várias vezes na sua cozinha. Nesta receita também me inspirei no prato coreano *bibimbap*, embora esta receita não seja exatamente uma versão dele. Com certeza ela é muito mais simples de fazer. Mas se você quiser colocar um ovo frito em cima de tigela, eu não tentarei te impedir...

SERVE 6 PESSOAS

500 g de carne moída, de preferência orgânica

1 e ¼ de xícara de arroz integral de grão curto (200 g)

1 lata de 400 g de tomates picados

¼ de xícara (4 colheres de sopa) de pasta *gochujang*

¼ de xícara (4 colheres de sopa) de molho de soja

300 g de broto de feijão

- Coloque a carne e o arroz na tigela da *slow cooker*.
- Coloque os tomates picados em uma jarra, depois encha a lata vazia com água fria e adicione a água à jarra. Acrescente a pasta *gochujang* e o molho de soja, misture bem e espalhe sobre a carne e o arroz na *slow cooker*. Agora mexa tudo, tampe e cozinhe na temperatura baixa por 4 horas. No final do tempo de cozimento, a carne estará macia, todo o líquido terá sido absorvido e terá formado uma calda.
- Coloque os brotos de feijão em uma tigela grande e cubra-os com água fervente. Deixe descansar por 1 minuto, depois escorra e adicione à carne com arroz. Tampe novamente por 5 minutos, depois desligue a *slow cooker* e sirva.

OBSERVAÇÃO SOBRE O ARMAZENAMENTO	PARA FAZER NO FORNO
Deixe as sobras esfriarem, cubra e refrigere em no máximo 2 horas após o preparo. Dura até 1 dia na geladeira. Reaqueça em uma travessa que vá ao forno, coberta com papel-alumínio, a 150°, durante aproximadamente 30 minutos (o tempo vai depender da quantidade), ou reaqueça no micro-ondas em recipientes adequados, até ficar bem quente, antes de servir.	Misture todos os ingredientes em uma caçarola de ferro fundido esmaltado com tampa, adicionando mais 125 ml de água, e cozinhe em forno preaquecido a 180° de 2 horas a 2 horas e meia, quando o arroz estará macio, o líquido absorvido e a mistura grossa e quase com uma calda. Prepare o broto de feijão seguindo a receita acima, adicione-os à panela, misture, tampe e deixe fora do forno por 10 minutos.

Ensopado de frango marroquino na *slow cooker*

Esta receita rende um ensopado dourado e levemente aromático que fica ainda mais suculento por incluir os ossos das sobrecoxas também. Se você o fizer com antecedência (e todos os ensopados ficam melhores dessa forma), você pode remover facilmente a gordura que a pele produz depois que o ensopado passar algum tempo na geladeira. A pele também dá sabor, e tanto a pele quanto os ossos são removidos na hora de servir, e a carne macia é desfiada.

SERVE 6 PESSOAS

- 8 sobrecoxas de frango, com pele e osso
- 1 cebola, descascada e finamente picada
- 2 a 3 limões-sicilianos em conserva (dependendo do tamanho), cortados em pedaços
- 2 latas de 400 g cada de grão-de-bico cozido ou 1 ½ vidro de 660 g de grão-de-bico cozido, escorrido e lavado
- 2 colheres de chá de sementes de cominho
- 1 colher de chá de gengibre em pó
- 1 ou 2 pedaços de canela em pau
- 1 pitada (¼ de colher de chá) de fios de açafrão
- 500 ml de caldo de galinha
- 50 g de uvas-passas brancas
- 70 g de azeitonas verdes sem caroço
- Coentro fresco picado, para servir

○ Coloque tudo na *slow cooker* e cozinhe na temperatura baixa por 4 horas.

○ Quando o ensopado estiver pronto, retire a travessa da *slow cooker* de sua base e deixe o ensopado descansar de 10 a 15 minutos, sem a tampa, antes de desfiar o frango. Descarte a pele e os ossos. Coloque em uma tigela morna para servir, com coentro espalhado por cima.

OBSERVAÇÃO SOBRE O ARMAZENAMENTO	PARA FAZER NO FORNO	NOTA DE CONGELAMENTO
Deixe as sobras esfriarem, cubra e refrigere em no máximo 2 horas após o preparo. Dura até 3 dias na geladeira.	Aqueça 1 colher de sopa de azeite em uma caçarola de ferro fundido ou panela pesada (grande o suficiente para acomodar o frango em uma única camada) e cozinhe a cebola por 5 minutos, até que ela amoleça. Adicione o restante dos ingredientes e deixe ferver, depois cubra com um pedaço de papel-manteiga e tampe. Cozinhe em forno preaquecido a 180° durante 1 hora, ou até que o frango esteja macio e soltando do osso.	Congele em um recipiente hermético por até 3 meses. Descongele de um dia para o outro, na geladeira, antes de usar. Reaqueça em uma panela tampada sobre fogo baixo, mexendo de vez em quando, até ficar bem quente.

Observação: o ensopado deve ser reaquecido apenas uma vez.

ACOMPANHAMENTOS

Uma médica me disse uma vez que fui a única pessoa que ela havia aconselhado a comer menos verduras e legumes. Eu sou uma carnívora que frequentemente pode fazer 1 kg de brócolis, com muita pimenta e gengibre, para o jantar, sem qualquer acompanhamento e sem me preocupar com meu sistema digestivo.

Mas a minha mãe também comia um repolho inteiro, temperado apenas com manteiga e pimenta-do-reino branca, em uma única refeição. Eu herdei esse desejo de mergulhar no esplendor de uma única tigela de comida, e na singularidade de seu sabor. Mas recentemente me vi procurando, ao cozinhar, por acompanhamentos simples que complementam uma receita de carne, peixe ou ave sem ofuscá-la e, ao mesmo tempo, sem perder o próprio brilho. Existe algo esteticamente gratificante no ato de cozinhar vegetais: as cores deles fazes minha cozinha cantar e, se eu fosse capaz, cantaria junto com ela.

Sinto vergonha em dizer o número de vezes em que eu asso apenas um frango para o jantar, mas estas são as receitas que misturam os rituais confortantes do que é familiar com a exuberância do novo — algo que todos nós precisamos, tanto dentro quanto fora da cozinha.

No entanto, estas não são as únicas receitas com vegetais neste livro: várias receitas nos capítulos anteriores fornecem ideias para acompanhamentos nas introduções. Aqui, porém, o foco da admiração está voltado apenas para eles. E, por ser um tipo de "rainha dos condimentos", aproveitei a oportunidade para adicionar um molho ou dois. Uma refeição, por mais reduzida que seja, só me parece completa quando eu tenho ao meu alcance um pote ou tigela de algo que possa complementar minha comida durante a refeição.

Isso me traz ao novo amor da minha vida culinária: eu não consigo parar de fazer coisas em conserva; eu me tornei uma "toursomaníaca". Mas a "toursomania" — a necessidade compulsiva de fazer conservas; um termo inventado por mim — é algo para o qual não vejo cura em um futuro próximo. Como alguém que já divulgou seu "Hall da Vergonha dos Utensílios de Cozinha", eu deveria me envergonhar de admitir isto, mas recentemente eu comprei um pote japonês para fazer conservas.

Mas não se assuste: todas as conservas deste livro são simples de fazer. O pote para fazer conservas talvez jamais seja usado e, sim, como manda a tradição, fique juntando poeira dentro do armário embaixo da escada, junto com a maioria das bugigangas de cozinha que eu compro (tarde da noite e pela internet, geralmente). Estas conservas são fáceis de preparar, não exigem paciência, habilidades ou equipamentos especiais, e você pode permitir a si mesmo ter um momento de silenciosa satisfação, e de muita expectativa, tanto enquanto você as prepara quanto na hora de levá-las à mesa.

Rabanetes assados

Eu encontrei uma receita de rabanetes assados no site thekitchn.com e logo quis fazer minha própria versão. O único trabalho é cortar os rabanetes ao meio, e eles precisam de pouco tempo no forno. O calor transforma a crocância deles em uma suculência picante — e como a cor rosada deles é bonita! Eu os preparo quase toda vez que recebo visitas para jantar, e eles nunca deixaram de encantar.

Você também pode transformá-los em uma salada: para a quantidade de rabanetes abaixo (embora você talvez queira usar a metade), toste 100 g de avelãs enquanto os rabanetes assam, depois pique-as, e misture ao rabanetes e as avelãs a um punhado de agrião, com um molho feito com suco de laranja, azeite e sal marinho em flocos.

SERVE 8 A 10 PESSOAS

600 g de rabanetes	1 a 2 colheres de sopa de cebolinha fresca picada
2 colheres de sopa de azeite comum	1 colher de chá de sal marinho em flocos, ou a gosto

- Preaqueça o forno a 220°.
- Fatie os rabanetes ao meio, no sentido do comprimento: eles ficam lindos se você deixar as partes verdes, mas talvez você queira cortar se tiverem raízes compridas.
- Coloque-os em uma tigela, adicione o azeite e mexa os rabanetes para que fiquem cobertos de azeite por igual.
- Transfira-os para uma assadeira rasa e vire todos os rabanetes com a parte cortada para baixo, para que você tenha um mar de bolinhas cor-de-rosa.
- Asse no forno quente por 10 minutos, depois tire do forno e misture-os com as cebolinhas picadas e o sal, verificando o tempero e adicionando mais se desejar. Sirva quente, mas caso você tenha sobras, estes rabanetes frios podem ser usados mais tarde, no final da semana, em saladas ou sopas, ou simplesmente como acompanhamento de qualquer refeição.

OBSERVAÇÃO SOBRE O ARMAZENAMENTO

Deixe as sobras esfriarem, depois cubra e leve à geladeira. Dura até 5 dias na geladeira. Sirva frio.

Brócolis japoneses com mexerica e pimenta

Esta receita apareceu da mesma forma que muitas outras: eu estava em uma cozinha (da minha editora, na verdade) e decidi usar os ingredientes que estavam disponíveis. O resultado foi incrível e me mantive fiel à receita, preparando-a da mesma maneira e frequentemente — quando a estação permite — em minha própria cozinha. E quando não encontro brócolis japoneses, eu simplesmente os substituo por brócolis comuns.

SERVE 4 A 6 PESSOAS

500 g de brócolis japoneses

Sal para água de cozimento dos brócolis

Raspas e suco de 1 mexerica ou de ½ laranja

¼ de colher de chá de sal de aipo ou ½ colher de chá de sal marinho em flocos, ou a gosto

1 colher de chá bem cheia de mostarda de Dijon

2 colheres de sopa de óleo de canola ou azeite extravirgem

½ colher de chá de pimenta-malagueta em pó

- Coloque uma panela de água para esquentar, adicionando sal a gosto depois que estiver fervendo. Corte as extremidades duras dos brócolis.

- Coloque metade das raspas de casca de mexerica (ou laranja) em um pote ou tigela, e reserve a outra metade para depois. Adicione a elas o suco de mexerica (ou laranja), o sal de aipo (ou sal marinho em flocos), a mostarda de Dijon, o óleo e ¼ de colher de chá da pimenta-malagueta em pó, tampe o pote e chacoalhe bem. Ou, se estiver usando uma tigela, misture bem.

- Cozinhe os brócolis por cerca de 2 minutos, ou até ficar macio, mas ainda com certa crocância. É impossível determinar o tempo precisamente, já que depende da estação. Escorra os brócolis e coloque-o de volta na panela quente, mas seca. Adicione os ingredientes do molho e misture gentilmente antes de transferir para uma travessa ou tigela. Espalhe por cima o restante das raspas de mexerica e da pimenta-malagueta em pó e sirva.

OBSERVAÇÃO SOBRE O ARMAZENAMENTO

Deixe as sobras esfriarem, cubra e refrigere o mais rápido possível. Dura até 5 dias na geladeira. Sirva frio.

Brócolis de duas maneiras, com gengibre, pimenta, limão Tahiti e sementes de abóbora

Eu posso ser extravagante, mas nunca desperdiço nada (algo que eu preciso dizer com frequência) e não suporto ver um caule de brócolis ser jogado fora. Mesmo se eu quiser cozinhar apenas os floretes dos brócolis, guardo o caule em um saco plástico na geladeira, para ser descascado e frito um ou dois dias depois.

SERVE 6 PESSOAS

1 pedaço de 3 cm de gengibre fresco, descascado (15 g)

4 colheres de sopa de sementes de abóbora

1 cabeça de brócolis (aproximadamente 500 g)

Sal para água de cozimento dos brócolis

2 colheres de chá de suco de limão Tahiti

1 pitada de sal

½ colher de chá de óleo de gergelim torrado

1 colher de sopa de óleo de girassol

PARA O CAULE:

1 colher de chá de óleo de girassol

1 pimenta-malagueta fresca, picada e sem as sementes

1 pedaço de 3 cm de gengibre fresco (15 g), descascado e cortado e palitos

1 colher de sopa de água

2 colheres de chá de suco de limão Tahiti

- Coloque uma panela de água para ferver e cozinhar os brócolis. Rale grosseiramente o gengibre descascado em um prato fundo (isso deve render cerca de 2 colheres de chá de gengibre ralado). Pegue um pedaço de papel-toalha e coloque o gengibre no meio dele, depois — agindo rapidamente — levante as laterais do papel e gire-as para formar um pacotinho e espremer o suco (você pode espremer o suco no prato fundo mesmo). Isso deve render cerca de 1 colher de chá de suco de gengibre. Agora que você realizou meu novo truque favorito, pode seguir em frente. Mas você vai precisar do suco de gengibre daqui a um minuto.

- Toste as sementes de abóbora em uma frigideira pesada ou de ferro fundido, sem óleo, em fogo médio-alto, sacudindo a frigideira ou mexendo as sementes até que elas estejam douradas e aromáticas. Transfira para um prato, mas não lave a frigideira, pois a usará em breve.

- Separe o caule da cabeça de brócolis e reserve. Separe os brócolis em floretes. Descasque o caule com um descascador de legumes e depois fatie-o em tiras finas, como brotos de bambu.

- Quando a água dos brócolis ferver, adicione sal a gosto e cozinhe os floretes de 2 a 3 minutos, certificando-se de que ainda estão crocantes. Escorra e coloque-os de volta na panela seca, agora fora do fogo.

- Faça o molho para os floretes misturando bem em uma tigela o suco de limão Tahiti, o suco de gengibre, o sal e os óleos de gergelim e girassol. Depois espalhe esse molho, junto com metade das sementes de abóbora tostadas, sobre os floretes de brócolis cozidos na panela e misture tudo. Deixe descansar enquanto você prepara o caule.

- Na frigideira onde você tostou as sementes de abóbora, aqueça o óleo de girassol, adicione o caule fatiado e frite por 1 minuto antes de adicionar metade da pimenta picada e os palitos de gengibre e fritar por mais 30 ou 60 segundos. Adicione a água e o suco de limão Tahiti e cozinhe por mais um minuto, até que as fatias do caule comecem a amolecer mas ainda continuem crocantes.

- Coloque os floretes no centro de uma travessa, espalhe as fatias de caule ao redor e algumas sobre os floretes, e espalhe por cima o restante das sementes de abóbora e da pimenta picada.

OBSERVAÇÃO SOBRE O ARMAZENAMENTO

Deixe as sobras esfriarem, cubra e refrigere o mais rápido possível. Dura até 5 dias na geladeira. Sirva frio.

Ervilhas refogadas com mostarda e vermute

Eu sempre tenho um estoque de ervilhas no freezer: cozidas lentamente, com uma pequena quantidade de líquido saboroso, elas são tanto reconfortantes quanto elegantes. É verdade que elas perdem sua cor verde vibrante, mas não tenha medo: o tom vivo que falta a elas é compensado pela exuberância de seu sabor. E como elas podem ficar guardadas por muito tempo, melhorando sempre, elas facilitam a vida quando você vai receber visitas para o jantar e não quer saber de correria em cima da hora.

SERVE 8 PESSOAS

2 colheres de sopa de azeite extravirgem (30 ml)	2 colheres de chá de sal marinho em flocos
1 pacote de ervilhas congeladas (907 g)	2 colheres de chá de mostarda de Dijon
125 ml de vermute branco seco ou vinho branco seco	2 folhas de louro

- Aqueça o azeite em uma panela pesada (com tampa) e adicione as ervilhas, mexendo sempre, depois acrescente o vermute (ou vinho) e deixe abrir fervura.
- Adicione o sal, a mostarda e as folhas de louro. Deixe ferver, tampe e cozinhe de 20 a 30 minutos, depois tire do fogo e deixe descansar em um lugar quente por até 1 hora, com a panela ainda tampada. No entanto, acho que estas ervilhas ficam ainda melhores quando continuam a assar em forno a 120° de 1 a 2 horas depois de terem sido cozidas na chama do fogão.

OBSERVAÇÃO SOBRE O ARMAZENAMENTO	NOTA DE CONGELAMENTO
Deixe as sobras esfriarem, cubra e refrigere o mais rápido possível. Dura até 5 dias na geladeira. Reaqueça em uma panela pequena sobre fogo baixo, mexendo de vez em quando, até ficar bem quente.	Congele as sobras em um recipiente hermético por até 3 meses. Descongele de um dia para o outro, na geladeira, antes de reaquecer de acordo com a orientação acima.

Dal rápido com água de coco

Esta receita se parece com um creme de ervilhas temperado, embora o tempero aqui seja mais delicado que invasivo. Eu queria um leve sabor de coco, mas nada pesado como o leite de coco, então a água de coco forneceu a solução perfeita. Mas é o macis que parece dar o toque final ao prato.

Embora esta receita renda mais que o suficiente para 2 pessoas, preparo esta quantidade mesmo quando apenas 2 pessoas vão comer (ver o Bacalhau com temperos indianos, **p. 27**), e faço isso de propósito, só para ter as deliciosas sobras. Eu gosto de receitas com dupla função, e esta rende uma sopa maravilhosa em sua segunda aparição. Eu pego uma xícara cheia e faço sopa com ela, aquecendo-a com uma xícara de caldo de legumes e uma colher de chá de garam masala. Admito que o resultado não é uma sopa muito bonita, mas o sabor é certamente lindo.

SERVE 2 A 4 PESSOAS

200 g de lentilhas vermelhas	200 ml de água
300 ml de água de coco	¼ de colher de chá de macis em pó
1 pedaço de canela em pau	Sal a gosto
2 grãos de cardamomo, amassados	

- Coloque as lentilhas em uma panela com tampa e adicione a água de coco, a canela em pau, os grãos de cardamomo e a água.

- Deixe ferver, tampe e cozinhe por 20 minutos. Após esse tempo, verifique para ver se as lentilhas estão macias; elas devem ter absorvido a água e estar próximas da consistência de um purê. Se as lentilhas não estiverem macias o suficiente, adicione mais um pouco de água e cozinhe por mais uns 5 minutos.

- Quando elas estiverem macias e a água tiver sido absorvida, adicione o macis em pó e o sal e bata com um garfo até obter uma consistência parecida com um purê de ervilhas. Ele vai ficar mais espesso enquanto descansa, então, se você estiver fazendo esta receita com antecedência — ela pode ser deixada na panela tampada, mantendo seu calor, por até 1 hora — você vai precisar adicionar mais líquido na hora de servir. E verifique o tempero novamente também.

OBSERVAÇÃO SOBRE O ARMAZENAMENTO	NOTA DE CONGELAMENTO
Deixe as sobras esfriarem, cubra e refrigere em no máximo 2 horas após o preparo. Dura até 2 dias na geladeira. Reaqueça em uma panela pequena sobre fogo baixo, mexendo de vez em quando e adicionando líquido extra enquanto for necessário, até ficar bem quente, ou use para fazer sopa.	Congele em um recipiente hermético por até 3 meses. Descongele de um dia para o outro, na geladeira, antes de reaquecer de acordo com a orientação acima.

Observação: as lentilhas devem ser reaquecidas apenas uma vez.

ACOMPANHAMENTOS

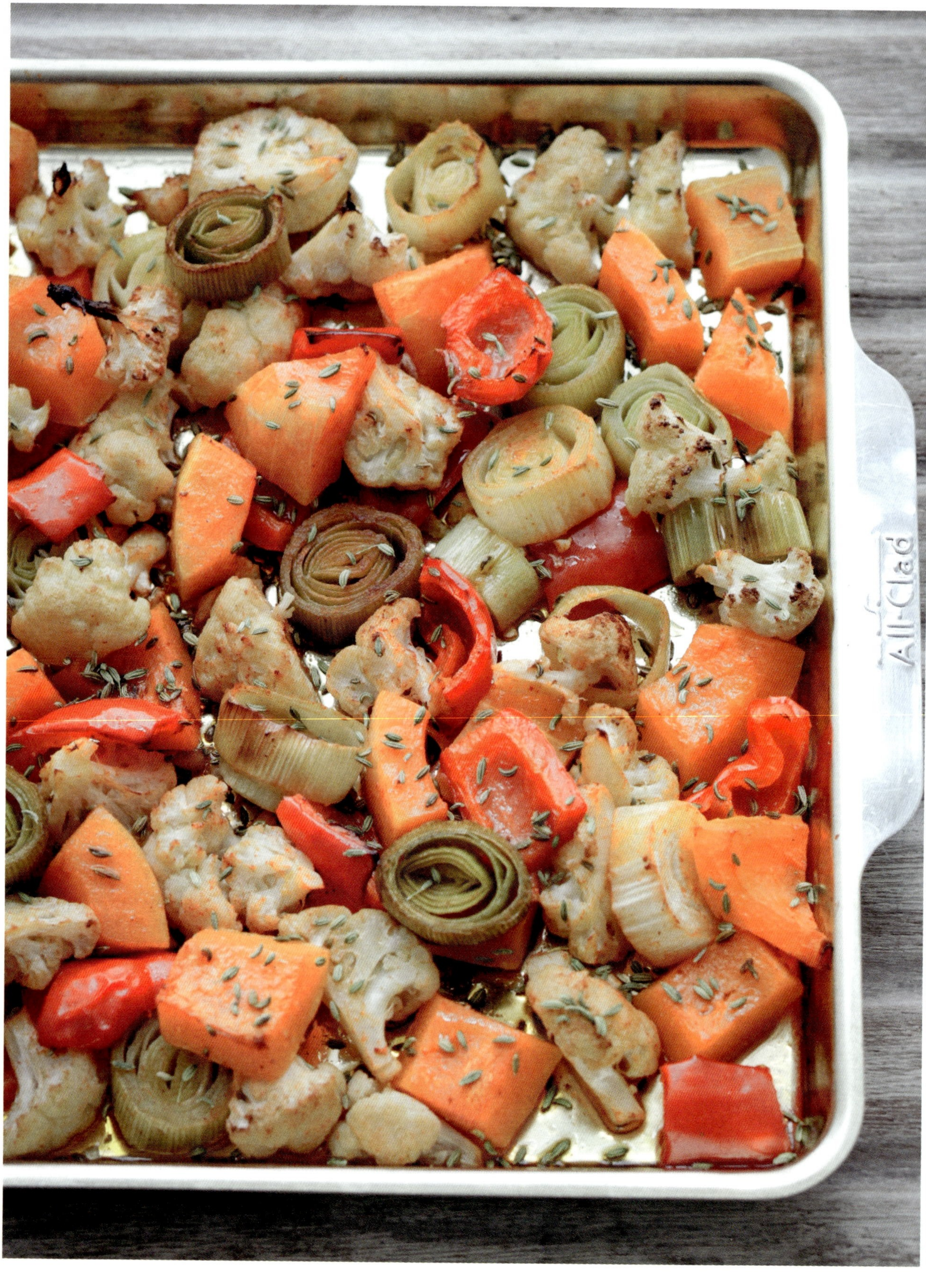
All-Clad

Bandeja de legumes assados

Esta receita surgiu porque eu tinha metade de uma abóbora paulista sobrando depois de fazer os Hambúrgueres de abóbora e halloumi (p. 134), mas eu sempre vasculho a gaveta de legumes da minha geladeira, procurando pedacinhos que possam estar chegando ao fim da vida, precisando apenas do calor do forno para serem ressuscitados.

Em outras palavras, você não precisa usar exatamente os mesmos legumes que eu usei aqui, mas faça um bom uso do que você tiver à mão. Certifique-se de cortar os legumes em tamanhos parecidos para que cozinhem ao mesmo tempo. Mas não espere que os legumes saiam deste processo *al dente*: acho que chegou a hora de valorizarmos a intensidade do sabor que vem do cozimento lento de legumes, como já fazemos com a carne.

SERVE 8 PESSOAS

Aproximadamente 500 g de abóbora paulista, descascada e sem sementes

2 talos de alho-poró, limpos e sem a parte verde

2 pimentões vermelhos, com as membranas e sementes removidas

1 couve-flor pequena

4 colheres de sopa de óleo de canola ou de azeite comum

1 colher de sopa de sementes de funcho

1 colher de chá de páprica picante

- Preaqueça o forno a 200°. Corte a abóbora em pedaços de aproximadamente 4 cm. Coloque-os em uma assadeira grande e rasa.

- Fatie o alho-poró em rodelas de 2 a 3 cm e coloque-as na assadeira também. Corte os pimentões em pedaços de 4 cm e coloque-os na assadeira.

- Corte os floretes da couve-flor, partindo os floretes grandes, e adicione-os à assadeira.

- Espalhe o óleo, as sementes de funcho e a páprica picante sobre os legumes, depois misture tudo para que fiquem cobertos de maneira uniforme.

- Asse no forno por 45 minutos, quando os legumes deverão estar macios e totalmente cozidos, mas deixe-os um pouco mais no forno se for necessário.

OBSERVAÇÃO SOBRE O ARMAZENAMENTO

Deixe as sobras esfriarem, cubra e refrigere o mais rápido possível. Dura até 5 dias na geladeira. Sirva frio.

Salada com molho de missô e gengibre

Embora você possa usar o processador de alimentos para picar o repolho, não consigo deixar de pensar que é muito mais simples picá-lo manualmente. Você terá menos coisas para lavar e, além disso, eu adoro esse aspecto "artesanal" da culinária. Com isso eu quero dizer que tarefas simples como esta fazem com que o ato de cozinhar acabe com o estresse. Então comece a picar e esqueça de todo o resto enquanto você faz isso.

SERVE 6 A 8 PESSOAS

1 cebola roxa, descascada e cortada em meias-luas

2 colheres de sopa de vinagre de arroz

2 colheres de sopa de saquê

2 colheres de sopa de sementes de gergelim

1 repolho branco pequeno

2 pimentões vermelhos (ou 3, se forem pequenos), com as membranas e sementes removidas

4 pimentas dedo-de-moça frescas, sem as sementes (podem sobrar algumas)

1 dente de alho grande (ou 2 pequenos), descascado e ralado ou espremido

1 pedaço de 2,5 cm de gengibre fresco, descascado e ralado

2 colheres de sopa de missô branco doce

2 colheres de sopa de molho de soja

1 colher de chá de óleo de gergelim torrado

- Coloque a cebola fatiada em uma tigela pequena com o vinagre de arroz e o saquê, e deixe descansar por 10 minutos.

- Enquanto isso, toste as sementes de gergelim aquecendo-as em uma frigideira pesada e seca e depois transfira-as para um prato para esfriarem.

- Pique o repolho e corte os pimentões e as pimentas em fatias finas, colocando-as em uma tigela grande. Mexa para misturar bem.

- Adicione o alho e o gengibre às cebolas. Acrescente o missô, o molho de soja e o óleo de gergelim, e misture bem.

- Agora espalhe as cebolas e o molho sobre os legumes, e misture novamente.

- Por fim, adicione as sementes de gergelim tostadas, misture bem e sirva.

> OBSERVAÇÃO SOBRE O ARMAZENAMENTO
>
> Refrigere as sobras em um recipiente hermético imediatamente. Dura até 3 dias na geladeira, mas os legumes vão amolecer nesse período.

Salada agridoce

Este é mais um exercício de meditação enquanto você pica legumes. Há muito para fatiar, mas o resultado é uma salada colorida que alimenta uma multidão e tem o sabor perfeito para acompanhar uma mesa de frios. Ela também é uma ótima parceira para o Chili de carne com uísque, cerveja e feijão preto (**p. 182**) ou para o Traseiro de porco assado (**p. 188**), e muitos outros.

SERVE 10 A 12 PESSOAS

1 repolho roxo (aproximadamente 800 g), cortado ao meio

4 cebolinhas grandes ou 6 cebolinhas pequenas

2 pimentões vermelhos, com as membranas e sementes removidas

1 pimentão amarelo, com as membranas e sementes removidas

1 pimentão laranja, com as membranas e sementes removidas

1 pimenta dedo-de-moça fresca, sem sementes

1 maço grande (aproximadamente 100 g) de coentro fresco

250 ml de suco de abacaxi de caixinha

2 limões Tahiti

1 ½ colher de sopa de sal marinho em flocos, ou a gosto

2 colheres de chá de óleo de gergelim torrado

2 colheres de chá de xarope de bordo

- Pique o repolho bem fininho e coloque na maior tigela que você tiver. Talvez seja mais fácil usar uma panela bem grande, já que você precisará misturar todos os ingredientes mais tarde, e mesmo a maior tigela que tenho não é grande o suficiente.
- Fatie as cebolinhas em tiras, depois corte cada tira em fatias finas no sentido do comprimento. Adicione ao repolho.
- Corte os pimentões em fatias bem finas. Adicione ao repolho e à cebolinha.
- Pique bem a pimenta dedo-de-moça e faça o mesmo com o coentro — talos e folhas. Acrescente a pimenta e o coentro picado à tigela de repolho, reservando 1 colher de sopa de coentro.
- Em uma tigela ou jarra medidora, misture o suco de abacaxi, o suco e as rapas da casca de um limão e o suco de metade do segundo limão. Tempere com o sal, adicione o óleo de gergelim e o xarope de bordo, e misture bem antes de espalhar por cima dos vegetais picados. Misture tudo e deixe descansar por pelo menos 15 minutos, e por até 2 horas, antes de servir. Espalhe a colher de sopa de coentro picado sobre a salada pronta.

> OBSERVAÇÃO SOBRE O ARMAZENAMENTO
>
> Refrigere as sobras em um recipiente hermético imediatamente. Dura até 3 dias na geladeira, mas os legumes vão amolecer nesse período.

Salada de pepino, pimenta e abacate

Como a pobre Becky Sharp mordendo uma pimenta verde, que lhe pareceu tão convidativa e refrescante, é fácil ser enganado pelo frescor verde desta salada — o suave abacate, o suculento pepino — mas não se esqueça dos pedacinhos picantes, que são realçados pela acidez do limão Tahiti.

SERVE 4 A 6 PESSOAS

- 1 pepino, descascado
- 1 abacate maduro, descascado
- 1 pimenta verde, sem sementes (se desejar) e finamente picada
- 4 colheres de sopa de coentro fresco picado
- Raspas e suco de 1 limão Tahiti
- 2 colheres de sopa de azeite extravirgem
- Sal marinho em flocos a gosto

- Corte o pepino ao meio no sentido do comprimento e remova as sementes com uma colher pequena. Fatie cada metade em pedaços de 2 cm e coloque em uma tigela.

- Pique o abacate em pedaços de tamanho parecido e adicione à tigela, junto com a pimenta, o coentro picado, o suco e as raspas de casca de limão Tahiti, o azeite e o sal marinho.

- Misture bem, mas suavemente, e depois transfira para uma travessa para servir.

Batata e pimentão assados

Eu nunca sinto a necessidade de me desculpar por usar pimentões grelhados vendidos em potes de vidro, porque embora eu não os consuma direto do pote, trata-se de um ingrediente muito útil, como já foi demonstrado nestas páginas e em livros anteriores. Você só precisa usar pimentões que estejam conservados em óleo, não em salmoura. As batatas não assam nesse óleo, apenas refogam: elas ficarão crocantes em algumas partes, mas em geral ficarão apenas macias e saborosas com o doce caldo dos pimentões.

SERVE 8 A 10 PESSOAS

2 kg de batatas cerosas

2 potes de 290 g cada de pimentões grelhados, em óleo

2 colheres de sopa de sementes de coentro

- Preaqueça o forno a 220°.

- Descasque as batatas, corte-as em fatias de 2,5 cm, corte cada fatia em 4 pedaços (cortando ao meio as fatias menores, das extremidades) e coloque-as em uma assadeira grande e rasa.

- Espalhe os pimentões em conserva — eles costumam vir em tiras pequenas, caso contrário corte-os com uma tesoura — com óleo e tudo, sobre as batatas. Adicione as sementes de coentro e misture tudo antes de assar no forno por 1 hora, quando as batatas estarão macias por dentro e douradas por fora, mas não crocantes, exceto nos cantos.

- Usando uma escumadeira (deixe o excesso de óleo cair na própria assadeira), transfira as batatas para uma tigela aquecida grande e sirva imediatamente, ou deixe descansar por 15 minutos, ou por até 45 minutos, porque elas também ficam excelentes mornas, em vez de quentes.

OBSERVAÇÃO SOBRE O PREPARO ANTECIPADO	OBSERVAÇÃO SOBRE O ARMAZENAMENTO
Descasque e fatie as batatas, mergulhe-as em uma tigela com água gelada, depois cubra e refrigere por até 1 dia. Escorra e seque as batatas antes de usar.	Deixe as sobras esfriarem, cubra e refrigere por até 5 dias. Reaqueça em uma assadeira em forno aquecido a 200° por cerca de 20 minutos (o tempo vai depender da quantidade).

Batata xadrez

Tenho que agradecer a Hettie Potter por esta receita, e por muito mais. Acho que este prato é uma mistura de batatas assadas e grelhadas: a superfície fica crocante e lindamente dourada, mas por baixo elas continuam macias. Se você quiser que as cascas fiquem crocantes, coloque um pouco de azeite na mão e passe-o nas cascas antes de assar.

SERVE 4 A 8 PESSOAS

4 batatas	1 colher de chá de sal marinho em flocos, ou a gosto
2 colheres de sopa de azeite	

- Preaqueça o forno a 220°.
- Corte as batatas no sentido do comprimento para que você tenha metades rasas. Corte a superfície de cada batata formando losangos (não corte mais que 3 mm de profundidade, é só para marcá-las), com cerca de 2 cm cada.
- Com o lado cortado para cima, coloque-as em uma assadeira rasa. Espalhe um pouco de azeite por cima de cada metade de batata e tempere com um pouco de sal marinho em flocos.
- Asse por 45 minutos, ou até que a superfície das batatas esteja dourada e o interior esteja macio.

> OBSERVAÇÃO SOBRE O ARMAZENAMENTO
>
> Deixe as batatas que sobrarem esfriarem em um prato, depois cubra e refrigere o mais rápido possível. Dura até 5 dias na geladeira.

Purê de porcini e pastinaca

Eu gosto desta receita por muitos motivos: a parceria da pastinaca e do porcini é saborosa — intensa, mas delicada. É preciso uma quantidade mínima de porcini para dar sabor ao purê; e esse sabor também está aromaticamente presente no líquido do cozimento, que eu guardo e uso como caldo para sopas no futuro, e insisto que você faça o mesmo. E caso você tenha sobras de purê também, misture os dois e já terá uma sopa (esta é uma receita muito generosa). Eu não gosto de adicionar manteiga ao purê, porque não quero que nada tire a pureza dos sabores presente no belo caldo, mas fique à vontade para adicionar, se quiser.

Este prato é maravilhoso para acompanhar linguiças, ou qualquer outra carne forte.

SERVE 2 A 3 PESSOAS

3 g de cogumelos porcini secos	1 colher de chá de sal marinho em flocos, ou a gosto
750 g de água quente, recém-fervida	1 pitada de noz-moscada, ralada na hora
500 g de pastinaca, descascada	Alguns ramos de tomilho, para servir (opcional)

- Coloque o porcini seco em uma panela grande o bastante para acomodar as pastinacas mais tarde e cubra-o com a água quente, depois tampe e leve ao fogo médio-alto enquanto você prepara as pastinacas.
- Corte a extremidade mais grossa das pastinacas em quatro e as partes mais finas ao meio, no sentido do comprimento. Ou, se elas forem muito finas, corte-as apenas ao meio no sentido do comprimento e depois corte as tiras ao meio, para que fiquem do mesmo tamanho. Adicione as pastinacas à panela fervente, tampe de novo e cozinhe por 15 minutos.
- As pastinacas devem estar maravilhosamente macias. Escorra-as em uma peneira grande sobre uma tigela ou jarra, para guardar todo o líquido do cozimento; você deverá ter cerca de 400 ml de líquido. Remova e descarte os pedaços de porcini, pois a esta altura todo o sabor deles já foi aproveitado. Coloque as pastinacas escorridas de volta na panela sobre a boca do forno quente (mas sem acender o fogo), e amasse com um garfo, adicionando um pouco do líquido do cozimento para ajudar a deixar as pastinacas na textura que você gosta: para mim, as pastinacas podem ser misturadas a 200 ml do líquido e ainda se manterem firmes. Quando mais líquido, mais amadeirado será o sabor do purê.
- Tempere a gosto, adicione um pouco de noz-moscada ralada na hora e tampe a panela para mantê-lo aquecido. Você pode decorar o purê com ramos de tomilho, não apenas para enfeitar, mas porque a fragrância deles combina com o aroma amadeirado das pastinacas com porcini.

OBSERVAÇÃO SOBRE O ARMAZENAMENTO	NOTA DE CONGELAMENTO
Deixe as sobras esfriarem, cubra e refrigere o mais rápido possível. Dura até 5 dias na geladeira. Reaqueça em uma panela pequena sobre fogo baixo, mexendo de vez em quando, até ficar bem quente.	Congele em um recipiente hermético por até 3 meses. Descongele de um dia para o outro, na geladeira, antes de reaquecer de acordo com a orientação anterior.

Observação: o purê deve ser reaquecido apenas uma vez.

ACOMPANHAMENTOS

Abóbora com zaatar e molho verde de tahine

Eu acho difícil deixar uma receita em paz; acredito que todos os cozinheiros sejam assim. Esta receita começou apenas com a abóbora com zaatar — aquela aromática mistura de tomilho, sumagre e gergelim — mas depois que a servi junto com o molho verde de tahine que está a seguir, nunca mais fiquei feliz apenas com a abóbora. Fique à vontade para usar outro tipo de abóbora, dependendo da época. De qualquer forma, a polpa doce da abóbora fica perfeita quando combinada com o sabor do molho de tahine.

SERVE 8 A 10 PESSOAS

1 abóbora paulista (aproximadamente 1,5 kg), descascada

2 colheres de sopa de azeite comum

2 colheres de sopa de zaatar

PARA SERVIR

Molho verde de tahine (p. 253)

- Preaqueça o forno a 200°. Corte a abóbora ao meio e remova as sementes. Depois corte cada metade ao meio novamente, no sentido do comprimento, e corte em pedaços triangulares, não muito pequenos.

- Coloque o azeite em uma assadeira grande e rasa — eu uso uma que mede 46 x 34 cm com uma pequena borda de 1,5 cm — depois acrescente a abóbora e espalhe-a na assadeira para que os pedaços fiquem cobertos de azeite. Em seguida espalhe o zaatar sobre a abóbora e realize o mesmo procedimento prazeroso novamente, para que todos os pedaços fiquem igualmente temperados.

- Asse no forno por 45 minutos, ou até ficarem macios. Com as abóboras, é sempre uma loteria. Verifique após 35 minutos, e esteja preparado para assar por até 1 hora, se necessário. Você pode servi-la como está, ou deixá-la descansar por cerca de 10 minutos e depois espalhar um pouco do Molho verde de tahine sobre ela, e colocar o restante do molho em uma tigela para servir como acompanhamento.

OBSERVAÇÃO SOBRE O ARMAZENAMENTO

Deixe as sobras esfriarem (sem o molho), depois cubra e refrigere o mais rápido possível. Dura até 5 dias na geladeira.

Molho verde de tahine

Quando preparo este molho para acompanhar a abóbora da receita anterior, eu adiciono tomilho para dar um contraste com o sabor do zaatar e deixo o molho verde usando salsinha. Mas você pode variar as ervas usadas: eu costumo fazer esta receita com metade salsinha e metade coentro, e, às vezes, adiciono hortelã também. Fica maravilhoso com legumes assados e também com carne ou peixe, e é perfeito para aqueles momentos de preguiça.

RENDE APROXIMADAMENTE 500 ML

150 g de tahine	Sal a gosto
¾ de xícara de água (175 ml)	2 colheres de sopa de folhas de tomilho (4 g)
1 dente de alho, descascado e picado	1 maço grande de salsinha (aproximadamente 100 g)
Suco de 1 ½ a 2 limões Tahiti	

- Coloque o tahine e a água na tigela pequena de um processador ou liquidificador. Adicione o alho picado, o suco de 1 ½ limão Tahiti, uma pitada de sal e as folhas de tomilho.

- Rasgue as folhas do maço de salsinha, descartando os talos, depois coloque-as na tigela do processador ou liquidificador e bata o molho até ficar homogêneo.

- Verifique o tempero, adicionando mais sal ou suco de limão, caso ache necessário.

OBSERVAÇÃO SOBRE O ARMAZENAMENTO

Guarde a sobra de molho em um recipiente hermético ou em um pote com tampa de rosca, na geladeira, por até 5 dias. Se necessário, misture antes de usar.

Molho de pimenta, gengibre e alho

Eu sou aquela pessoa hipócrita que olha atravessado para quem precisa cobrir tudo o que come com ketchup, enquanto eu mesma nunca me sento para comer sem um pote de mostarda inglesa do lado. Eu até levo essa mostarda quando viajo. Mas sinto que este molho picante e de cor viva está tomando o lugar da mostarda em minha vida. Agora eu sempre tenho um pote dele na geladeira, e não deixo nenhuma refeição passar incólume. Ele dá um sabor picante e alegria em partes iguais, e é perigosamente viciante.

RENDE APROXIMADAMENTE 200 ML

100 g de pimenta dedo-de-moça, picada grosseiramente, mas sem remover as sementes

2 dentes de alho, descascados

1 pedaço de 10 cm de gengibre fresco (50 g), descascado e picado grosseiramente

1 colher de chá de sal marinho fino, ou a gosto

4 colheres de chá de óleo de girassol

2 colheres de chá de açúcar

Suco de 1 limão Tahiti

- Coloque todos os ingredientes em uma tigela e bata até virar um purê com um mixer (ou você pode usar um processador de alimentos).
- Deixe descansar por cerca de 15 minutos antes de servir, já que ele vai espumar e precisa ficar firme. Na geladeira, os sabores deste molho maravilhoso parecem ficar ainda mais intensos.

OBSERVAÇÃO SOBRE O ARMAZENAMENTO	NOTA DE CONGELAMENTO
Guarde a sobra de molho em um recipiente hermético ou em um pote com tampa de rosca, na geladeira, na geladeira, por até 2 semanas.	Congele em um recipiente hermético por até 3 meses. Descongele de um dia para o outro, na geladeira, e use dentro de 2 dias.

Molho de iogurte e alho caramelizado

Talvez seja a idade, mas o alho cru está me apetecendo cada vez menos. Acho que o sabor do alho fica muito melhor depois de amenizado pelo calor do forno, que também concede a ele uma doçura deliciosa. E, de fato, qual a dificuldade em embrulhar uma cabeça de alho com papel-alumínio e deixá-la assando no forno?

Aqui eu dou orientações para que o alho seja caramelizado por um período mais curto no forno com temperatura alta, mas na vida real eu asso cabeças de alho sempre que ligo o forno, e altero o tempo de cozimento de acordo com a temperatura, para garantir que eu tenha um estoque na geladeira (onde eles duram, em um recipiente hermético ou embrulhados em papel-alumínio, por até uma semana). Isto não requer uma cronometragem precisa, você só tem que verificar se os dentes de alho estão macios, adocicados, tostados e prontos, depois de frios, para serem espremidos sobre o iogurte.

Sirva este molho com o *Shawarma* de frango assado (**p. 157**), junto ou substituindo o molho de iogurte com tahine, ou coloque-o na mesa sempre que servir cordeiro ou legumes assados. Ele também fica delicioso em uma batata assada.

RENDE APROXIMADAMENTE 450 ML

1 cabeça de alho grande, inteira e com casca

400 g de iogurte grego

1 colher de chá de sal marinho em flocos, ou a gosto

- Preaqueça o forno a 220°. Corte o topo da cabeça de alho de forma que apareça apenas a ponta dos dentes. Coloque a cabeça de alho sobre um pedaço de papel-alumínio e feche bem as extremidades, formando um pacotinho. Asse no forno durante 45 minutos, quando a ponta dos dentes que está aparecendo deverá estar caramelizada e a cabeça de alho estará macia. Deixe esfriar.

- Esprema os dentes de alho em uma tigela e você terá um purê cor de bronze.

- Adicione o iogurte e o sal e misture bem. Neste momento você pode adicionar ervas ao molho, mas eu prefiro assim, pálido e interessante.

- Divida entre tigelas para servir.

> **OBSERVAÇÃO SOBRE O ARMAZENAMENTO**
> Guarde sobras do molho na geladeira. Dura até 3 dias.

Picles rápido

Foi aqui que começou minha obsessão por conservas. Na verdade, isto não é bem uma conserva, é mais uma salada picante, mas eu como estes pepinos como se fossem picles. De fato, eu gosto mais deles: eles têm um sabor mais fresco (como era de se esperar), são menos molengas e não apresentam aquele toque ácido. Se você conseguir comprar pepinos japoneses, compre, pois eles têm muito mais sabor e crocância, mas eu já fiz esta receita com pepinos comuns. E sei que pode parecer desnecessário usar dois vinagres diferentes, e tenho certeza de que o vinagre balsâmico branco é totalmente desprezado (eu tenho em casa porque meu filho gosta, essa é a minha desculpa), mas esta combinação funciona, e eu continuarei fiel a ela. Eu ouso dizer que, se você quiser, poderia usar apenas vinagre de arroz. Nesse caso, aumente a quantidade e adicione um pouco de açúcar.

SERVE 6 A 8 PESSOAS

375 a 400 g de pepinos japoneses	2 colheres de sopa de vinagre de arroz
1 colher de chá de sementes de coentro	2 colheres de chá de vinagre balsâmico branco
1 colher de chá de sal marinho em flocos	2 colheres de sopa de folhas de endro fresco, e mais para servir
1 boa pitada de pimenta-do-reino branca, moída na hora	

- Usando um descascador de legumes, remova parte da casca do pepino no sentido do comprimento, de forma que você fique com pepinos listrados. Depois corte-os em bastões longos e coloque-os em uma tigela rasa, não metálica, na qual você consiga colocar todos eles em uma única camada. Adicione os ingredientes restantes.

- Cubra com filme plástico e sacuda a tigela para que os pepinos fiquem cobertos. Pode parecer que não há líquido suficiente, mas os bastões vão gerar mais líquido enquanto descansam, e o sabor deles se funde perfeitamente ao vinagre temperado. Deixe descansar por pelo menos 20 minutos antes de servir.

> **OBSERVAÇÃO SOBRE O ARMAZENAMENTO**
> O picles dura até uma semana na geladeira, em um pote lacrado.

Pimentas em conserva à moda tailandesa

Quando estive na Tailândia, um pote destas pimentas era oferecido com cada refeição. Agora eu faço o mesmo, e não limito a utilização delas à comida tailandesa. Como podem ver, não é uma receita difícil: trata-se apenas de fatiar as pimentas e deixá-las no vinagre. A regra parece ser 1 parte de pimentas picadas para 2 partes de vinagre (em volume, não em peso), para que aqueles que quiserem vinagre apimentado tenham o suficiente dele, e aqueles (como eu) que preferem descartar o líquido para usar as pimentas fiquem igualmente felizes. Não há necessidade de fazer a quantidade abaixo: simplesmente pique as pimentas que você tiver, meça-as em uma xícara e depois dobre esse volume para obter a quantidade necessária de vinagre.

RENDE APROXIMADAMENTE 500 ML

¾ de xícara de pimenta dedo-de-moça fresca (75 g)

1 ½ xícaras de vinagre de arroz (325 ml)

1 pote de conserva de 500 ml ou de tamanho semelhante, com uma tampa hermética

- Corte as pimentas em fatias bem finas e coloque no pote de conserva (embora, na verdade, eu tenha feito esta receita pela primeira vez em um pote de Nutella de 400 g, limpo) e coloque o vinagre sobre elas. Lacre o pote com a tampa e deixe na geladeira por 48 horas antes de usar.

OBSERVAÇÃO SOBRE O ARMAZENAMENTO

As pimentas em conserva duram até um mês, na geladeira, em um pote hermético.

Cenouras rápidas em conserva

Eu encaro da seguinte maneira: se eu tenho paciência para cortar cenouras em tirinhas à *julienne*, qualquer um tem. Acho que o truque para facilitar o preparo de conservas — e o mesmo se aplica a geleias — é trabalhar apenas em pequenas porções. Pela minha experiência, quando você faz uma grande quantidade de potes, a tendência é você empurrá-los para cima das pessoas na tentativa de acabar com eles. Se você fizer um único pote, como eu falo, você o degustará durante um mês para dar crocância e tempero às suas refeições, e existe pouca coisa que esta delicada conserva não consiga realçar.

RENDE APROXIMADAMENTE 500 ML

2 cenouras grandes (aproximadamente 250 g no total), descascadas

¾ de xícara de vinagre de maçã ou vinagre de vinho branco (175 ml)

¾ de xícara de água gelada (175 ml)

2 colheres de sopa de mel

2 colheres de chá de sal marinho em flocos

2 folhas de louro

1 colher de chá de sementes de mostarda

1 colher de chá de sementes de funcho

4 vagens de cardamomo

1 pote de conserva de 500 ml ou qualquer pote com uma tampa hermética

- Descasque as cenouras, corte-as em palitos e coloque-as em uma tigela ou jarra não metálica enquanto você prepara o líquido da conserva.

- Em uma panelinha, coloque o vinagre, a água, o mel, o sal, as folhas de louro, as sementes de mostarda e funcho. Esmague ou quebre os grãos de cardamomo e adicione-os também. Deixe ferver, tire a panela do fogo e mexa para que o sal se dissolva. Despeje esse líquido sobre as cenouras e deixe descansar por 1 hora, até atingir a temperatura ambiente, depois leve à geladeira por 1 hora antes de servir.

OBSERVAÇÃO SOBRE O ARMAZENAMENTO

As cenouras em conserva duram até 1 mês na geladeira, em um pote hermético.

Conserva rápida de beterraba com sementes de nigela

Até agora eu pensava que a única maneira de comer beterraba era crua, mas esta conserva suave, aromatizada com gengibre, é mais uma etapa na reabilitação de qualquer pessoa que pensa detestar beterrabas. Ela é doce e picante, e é o acompanhamento perfeito para linguiças (fica excelente em um sanduíche de linguiça) e para ensopados escuros. Eu também recomendo remover as tirinhas de beterraba de seu líquido e misturá-las a uma quantidade generosa de endro fresco para fazer uma deliciosa saladinha.

Caso você não encontre o xarope de gengibre, use o xarope de um pote de gengibre em calda.

RENDE APROXIMADAMENTE 500 ML

4 beterrabas cruas pequenas (aproximadamente 250 g no total), descascadas

¾ de xícara de vinagre de maçã ou vinagre de vinho branco (175 ml)

¾ xícara de água gelada (175 ml)

3 colheres de sopa de xarope de gengibre ou do xarope de um pote de gengibre em calda

2 colheres de chá de sal marinho em flocos

2 folhas de louro

2 colheres de chá de sementes de nigela

1 pote de conserva de 500 ml ou qualquer pote com uma tampa hermética

- Usando luvas descartáveis — caso contrário sua mão com certeza ficará manchada — corte a beterraba em fatias finas, depois corte cada fatia em palitinhos. Isso pode ser entediante, mas não é difícil e não há uma quantidade de beterrabas suficiente para deixá-lo cansado. Coloque-os em uma tigela ou jarra não metálica enquanto você prepara o líquido da conserva.

- Coloque os ingredientes restantes em uma panelinha e deixe ferver. Tire do fogo, mexa para dissolver o sal, despeje sobre a beterraba preparada e deixe descansar até atingir a temperatura ambiente. Cubra e leve à geladeira por cerca de 1 hora — ou até gelar — antes de servir, ou de guardar no pote por até 1 mês.

OBSERVAÇÃO SOBRE O ARMAZENAMENTO

A beterraba em conserva dura até 1 mês na geladeira, em um pote hermético.

Gengibre para sushi em conserva

Quem diria que eu viraria o tipo de pessoa que faz seu próprio gengibre para sushi? Levando em conta que eu faria conserva com qualquer coisa que você colocasse na minha frente neste momento, na verdade, faz sentido. Afinal, tenho certeza que os sabores destas páginas indicam o quanto eu gosto de gengibre. Não importa que eu não faça o meu próprio sushi — *ainda* (tudo pode mudar, como acontece com frequência) — já que esta conserva picante fica maravilhosa acompanhando um pedaço de peixe ou frango grelhado, ou uma carne de porco deliciosamente gordurosa.

Eu usei a beterraba apenas por causa de sua linda cor; ela não fica evidente no sabor. Você pode omiti-la completamente. Eu, por outro lado, não poderia.

RENDE APROXIMADAMENTE 250 ML

125 g de gengibre fresco, descascado
1 colher de chá de sal marinho fino
½ xícara de vinagre de arroz (120 ml)
¼ de xícara de água (60 ml)

¼ de xícara de açúcar (55 g)
1 pedaço pequeno de beterraba crua (5 g)
1 pote de conserva de 250 ml ou qualquer pote com uma tampa hermética

- Use um descascador de legumes para fatiar o gengibre em tiras finas. Transfira para uma tigela, tempere com o sal e misture bem. Deixe descansar por 30 minutos para permitir que o sal extraia o excesso de líquido.

- Após 30 minutos, esprema e descarte todo excesso de líquido do gengibre, e coloque as tiras no pote de conserva.

- Em uma panelinha, coloque ¼ de xícara do vinagre de arroz e a água, junto com o açúcar e a beterraba (se decidir usar), e aqueça em fogo médio até que o açúcar dissolva. Aumente o fogo para alto e deixe ferver por 1 minuto.

- Despeje a mistura de vinagre sobre as tiras de gengibre e deixe esfriar.

- Retire o pedacinho de beterraba e adicione o vinagre restante, misture bem e lacre o pote. Deixe na geladeira por pelo menos 24 horas, para permitir que os sabores se desenvolvam, antes de servir.

> **OBSERVAÇÃO SOBRE O ARMAZENAMENTO**
>
> O gengibre em conserva dura até 1 mês na geladeira, em um pote hermético.

Ovos cor-de-rosa em conserva

Quando eu era jovem, comi um pote inteiro de ovos em conserva industrializados por causa de uma (lucrativa) aposta; e isso não me fez enjoar deles. Mas esta receita é outra coisa. Eles parecem um tecido da década de 1960 que ganhou vida, mas são tão gostosos para comer quanto bonitos de se ver. No entanto, eu não pretendo converter aqueles que não gostam de ovos em conserva.

Este método de fazer ovos em conserva não é novo, mas sim uma receita tradicional alemã, preguiçosa mas gratificantemente simplificada aqui.

Se eu fizesse menos de 18 ovos, eu ainda usaria a mesma quantidade de líquido para a conserva, mas um pote menor. O importante é que o líquido chegue até o topo do pote.

RENDE 18 OVOS EM CONSERVA

75 g de beterraba crua, descascada

1 cebola roxa

3 colheres de sopa de sal marinho em flocos

3 colheres de sopa de açúcar

500 ml de água gelada

500 ml de vinagre de vinho tinto, e mais para completar depois

18 ovos

1 punhado de cubos de gelo, para resfriar os ovos

1 pote de conserva de 1,5 litro ou qualquer pote com uma tampa hermética

- Pique a beterraba em quadradinhos e coloque em uma panela.

- Corte a cebola ao meio, corte cada metade em fatias e coloque-as — com casca e tudo — dentro da panela.

- Adicione o sal, o açúcar, a água e o vinagre e deixe abrir fervura, depois deixe ferver por 1 minuto antes de tirar do fogo. Deixe descansar por 1 dia em um local fresco.

- Coloque os ovos em uma panela, cubra com água fria e deixe abrir fervura. Depois deixe ferver — não intensamente — durante 7 minutos. Leve a panela para a pia, escorra e abra a água fria sobre os ovos até que estejam frios o suficiente para serem manuseados. Transfira-os para uma tigela grande, cubra com água fria e, se puder, um punhado de cubos de gelo para que os ovos esfriem rapidamente. Se você deixar os ovos cozidos esfriarem lentamente, eles ficarão com aqueles anéis cinza ao redor da gema.

- Depois de deixar os ovos no máximo por 8 minutos na água com gelo, descasque-os (se ficarem tempo demais na água, fica difícil descascar os ovos) e coloque-os dentro do pote. Escorra a beterraba com a cebola em uma jarra e despeje o líquido sobre os ovos no pote. Agora adicione vinagre de vinho tinto suficiente para chegar até o topo do pote (eu uso cerca de 200 ml), depois lacre com a tampa e deixe na geladeira por 4 dias antes de servir, virando o pote de cabeça para baixo e de cabeça para cima de novo em intervalos regulares.

OBSERVAÇÃO SOBRE O ARMAZENAMENTO

Os ovos em conserva duram até 1 mês na geladeira, em um pote hermético.

DOCES

DOCES

Eu adoro fazer doces. Isso não é segredo. Existe algo no preparo de um bolo que me dá uma sensação de aconchego e serenidade, cuja combinação é a essência deste livro.

Pode parecer estranho, mas eu não gosto muito de comer bolos. Não se assuste: não ser escrava dos doces faz com que eu seja muito mais exigente com os bolos e biscoitos que faço e como. Nunca é "açúcar a qualquer preço": eu preciso conseguir provar e me deleitar com os sabores, e me sentir acima da ordem comum das coisas; resumindo, deve sempre ser algo especial. Eu não faço sobremesas diariamente, mas não convidaria amigos para uma refeição sem oferecer algo doce no final. É claro que aqueles que não querem comer açúcar são livres para recusar. Cozinhar trata-se de alimentar e dar prazer: ninguém precisa de um bolo para se alimentar, e, se não houver prazer ao comer um bolo, ninguém sentirá vontade de fazê-lo.

Mas parte do equilíbrio da vida está na compreensão de que dias diferentes exigem diferentes formas de comer. Uma vida que proíbe doces não é uma vida equilibrada, mas uma vida restrita e — embora esse não seja o foco do meu livro — um convite para uma obsessão da qual não quero participar. Reparei que eu, que sempre tenho muito chocolate e sorvete em casa, e faço bolos e biscoitos, consigo conviver bem com esse estoque, enquanto amigos meus que fazem questão de se privar dessas guloseimas podem facilmente devorar cada migalha de bolo ou pote de sorvete quando me visitam.

Deixo claro que não quero saber de fazer doces sem açúcar, simplesmente porque tudo que deve ser doce é, efetivamente, feito com açúcar. Um bolo feito com xarope de agave, por exemplo, não é um bolo sem açúcar, mesmo que isso seja uma antiga crença. Sempre me pedem — embora eu não saiba o motivo — que eu faça sobremesas *diet*, e minha resposta é "então não coma sobremesa". Mas não pedirei desculpas por manter a doçura: ela faz parte da vida e, além disso, é uma parte importante na maneira como a sociedade humana celebra, e eu fico muito feliz em honrar isso. Aqueles que desaprovam podem dar meia-volta agora.

Muitos dos bolos abaixo não contêm glúten ou laticínios, ou ambos. Toda vez que recebo amigos para jantar, sempre existem alguns com restrições, e, como eu os convidei porque quero que se sintam acolhidos, por que prepararia algo que eles não podem comer? Não estou fazendo isso por questões de saúde, e nem estou apta a isso — e sempre me lembro da irritação que a falecida Marina Keegan, como celíaca, sentia em relação à loucura das dietas sem glúten de Hollywood — mas com certeza posso afirmar que as receitas são deliciosas. E, se mais pessoas puderem desfrutar delas, mais feliz eu ficarei.

Porém, você verá que eu não me contive de maneira alguma com as receitas que se seguem. A alegria que sinto ao preparar doces se traduz na alegria de quem vai comê-los. Sejam quais forem os ingredientes usados, o meu objetivo é sempre simples: dar prazer, tanto para o cozinheiro quanto para quem vai comer, sem o qual a vida e a soma da felicidade humana, desta maneira pequena, mas essencial, ficaria muito menor.

Bolo de amêndoas e damasco com água de rosas e cardamomo

Esta é a minha ideia de um bolo perfeito: simples, bonito, aromático e atraente. Eu tenho feito este tipo de bolo, de uma forma ou de outra, desde meu bolo de mexerica em *How To Eat*, e não posso deixar de sentir, com uma tranquila empolgação, que ele atingiu seu apogeu aqui. Este é um bolo muito fácil de fazer, e, embora eu adore a poesia de seus ingredientes, o bolo não fica enjoativo com seu aroma de "mil e uma noites". A água de rosas pode ser um ingrediente complicado: usando um pouco, dá um toque exótico; uma fração a mais e parece que você está comendo sais de banho.

Uma das coisas que torna esta receita tão fácil é que você pode jogar todos os ingredientes dentro da tigela de um processador de alimentos. Mas, se você não tiver um, simplesmente pique bem os damascos secos e o cardamomo e depois bata junto com os demais ingredientes do bolo.

RENDE 8 A 10 FATIAS

150 g de damascos secos	1 colher de chá de água de rosas
250 ml de água fria	Óleo de girassol para untar
2 vagens de cardamomo, partidos	
200 g de amêndoas moídas	PARA DECORAR:
50 g de polenta fina (não instantânea)	2 colheres de chá de geleia de pétalas de rosa ou damasco
1 colher de chá de fermento em pó (sem glúten, se necessário)	1 colher de chá de suco de limão-siciliano
150 g de açúcar	2 ½ colheres de chá de pistaches finamente picados
6 ovos grandes	
2 colheres de chá de suco de limão-siciliano	1 fôrma redonda de fundo removível de 20 cm

- Coloque os damascos secos em uma panelinha, cubra-os com água fria e adicione os grãos de cardamomo partidos junto com suas aromáticas sementes. Leve ao fogo, espere levantar fervura e deixe ferver por 10 minutos — não se afaste muito da panela, porque ao final dos 10 minutos a água terá praticamente acabado e você não quer que a panela fique seca, já que os damascos absorverão mais água enquanto esfriam.

- Tire a panela do fogo, coloque-a em uma superfície fria, à prova de calor, e deixe os damascos esfriarem.

- Preaqueça o forno a 180°. Unte as laterais da fôrma e forre o fundo com papel-manteiga.

- Remova 5 dos damascos secos e rasgue cada um ao meio, depois reserve-os por enquanto. Descarte as cascas de cardamomo, deixando as sementes na panela.

- Despeje o conteúdo da panela na tigela de um processador de alimentos. Adicione as amêndoas moídas, a polenta, o fermento em pó, o açúcar e os ovos, e bata para misturar bem.

- Abra a tampa do processador, raspe as laterais, adicione as 2 colheres de chá de suco de limão-siciliano e a água de rosas e bata novamente, depois despeje na fôrma preparada e alise com uma espátula. Disponha as metades de damasco ao redor da circunferência da fôrma.

- Asse por 40 minutos, mas se o bolo estiver dourando demais antes de ficar pronto, cubra com papel-alumínio após 30 minutos. Quando estiver assado, o bolo vai se soltar da lateral da fôrma, a superfície estará firme e um palito enfiado no meio sairá com apenas uma ou duas migalhas grudadas nele.

- Transfira o bolo para uma grade, ainda na fôrma. Se você for usar geleia de damasco para decorar, aqueça-a um pouco antes para que fique mais fácil de espalhar; a geleia de pétalas de rosa é tão macia que não deve precisar ser aquecida. Adicione uma colher de chá de suco de limão-siciliano à geleia, misture e espalhe-a com um pincel sobre a superfície do bolo, depois espalhe os pistaches picados por cima e deixe o bolo esfriar na fôrma antes de abri-la e transferir o bolo para uma travessa.

OBSERVAÇÃO SOBRE O ARMAZENAMENTO	NOTA DE CONGELAMENTO
Guarde em um recipiente hermético, em um local fresco, de 5 a 7 dias. No calor (ou se o aquecimento central estiver ligado), guarde na geladeira.	O bolo pode ser feito com antecedência e congelado por até 3 meses (embora os pistaches possam amolecer um pouco ao descongelar). Embrulhe o bolo totalmente frio (ainda sobre a base da fôrma de abrir) em uma camada dupla de filme plástico e uma camada de papel-alumínio. Para descongelar, desembrulhe e deixe o bolo (ainda sobre a base da fôrma) sobre um prato, em temperatura ambiente, por cerca de 4 horas.

Bolo quente de framboesa e limão-siciliano

Embora esta receita tenha surgido como um doce britânico mais tradicional, parecido com o Bolo úmido de geleia de laranja do livro *Na cozinha com Nigella*, eu prefiro esta versão dela: doce, com amêndoas e a leve crocância da polenta. Outra vantagem universal desta receita é o fato de não conter glúten e derivados de leite. Mas, se você quiser o sabor de um bolo mais tradicional, prepare-o com 200 g de manteiga sem sal (e mais um pouco para untar a fôrma), que você bate com o açúcar e as raspas de casca de limão-siciliano, e use 225 g de farinha de trigo comum no lugar das amêndoas e da polenta. Você também vai precisar de 4 ovos em vez de 3, e — como a farinha de trigo é menos doce que as amêndoas e a polenta — eu aconselho você a aquecer o suco de limão que vai por cima com 2 colheres de chá de mel, primeiro.

Em ambos os casos, este bolo é tão gostoso frio quanto quente, embora eu adore a maneira como o aroma se mistura ao sabor quando ele é servido pouco depois de sair do forno. No entanto, quando estiver frio, você pode fazer o bolo render, cortando-o em fatias finas e saboreando-o com uma xícara de chá.

Especifiquei framboesas congeladas em vez de frescas porque elas não amolecem quando assadas. No entanto, em ambos os casos, a fruta tende a afundar um pouco, mas não se incomode com isso.

RENDE 9 QUADRADOS OU 18 FATIAS FINAS

150 ml de azeite suave, e mais um pouco para untar

Raspas e suco de 1 limão-siciliano

125 g de açúcar refinado

150 g de farinha de amêndoas

75 g de polenta fina (não instantânea)

½ colher de chá de bicarbonato de sódio

1 colher de chá de fermento em pó (sem glúten, se necessário)

3 ovos grandes

150 g de framboesas congeladas (sem descongelar)

1 fôrma quadrada de 20 cm

- Preaqueça o forno a 180° e unte levemente a fôrma com um pouco de azeite.
- Bata o azeite com as rapas de casca de limão-siciliano finamente ralada (você usará o suco depois), depois adicione o açúcar e misture bem. Isso pode ser feito com um mixer ou manualmente, com uma colher de pau, ou você pode bater todos os ingredientes, menos as framboesas, em um processador de alimentos.
- Em uma tigela separada, misture bem a farinha de amêndoas, a polenta, o bicarbonato e o fermento em pó usando um garfo. Adicione uma colher desse pó à mistura de

azeite e açúcar, batendo sem parar, depois adicione 1 ovo, seguido por $1/3$ da mistura seca, e assim por diante, até que todos os ovos e toda a mistura de amêndoas e polenta sejam usados e você tenha uma massa amarela e homogênea.

- Independentemente de você ter usado um processador, um mixer ou uma colher de pau pra combinar a massa, agora misture manualmente as framboesas à massa e em seguida despeje a mistura na fôrma preparada. Asse por 40 minutos, quando o bolo vai começar a se soltar das bordas da fôrma, estará dourado em cima e um palito inserido no meio sairá limpo, com apenas algumas migalhas douradas grudadas nele (este bolo deve ser úmido).

- Assim que retirar o bolo do forno, espalhe ou pincele o suco de limão-siciliano por cima e deixe esfriar até ficar morno (e não logo que sair do forno) para servir.

OBSERVAÇÃO SOBRE O ARMAZENAMENTO	NOTA DE CONGELAMENTO
Guarde em um recipiente hermético em um local fresco por até 2 dias, ou na geladeira por até 5 dias. Em climas quentes, mantenha na geladeira.	A sobra pode ser congelada, em um recipiente hermético, por até 3 meses. Descongele de um dia para o outro na geladeira, ou por 2 ou 3 horas em temperatura ambiente.

Bolo de chocolate com cassis e alcaçuz

Qualquer receita com alcaçuz sempre divide opiniões, mas eu já manifestei meu amor pelo alcaçuz antes, e sei que muita gente compartilha dessa minha paixão. Além disso, embora o meu Sorvete de cassis com calda de alcaçuz (**p. 336**) não seja recomendado para os não apaixonados, este bolo é suave o bastante para atrair aqueles que estão, a princípio, cautelosos. O chocolate parece amenizar a intensidade do alcaçuz, e o sabor do cassis é um parceiro tradicional e muito adequado. De fato, a inspiração para este bolo veio de um antigo amor pelos doces de cassis e alcaçuz que eu comia na infância. E vale a pena separar cassis para cobrir o bolo: eles são mais que apenas decorativos. Eu tive que separar os meus de um pacote de frutas silvestres congeladas e depois deixá-los descongelar, mas realmente valeu a pena.

Eu uso o Alcaçuz em pó fino da marca Lakrids, mas se você estiver usando um alcaçuz em pó cru, reduza a quantidade para 3 colheres de chá no bolo e ¾ de colher de chá na cobertura. O sabor do alcaçuz não deve ficar muito forte, mas se tornar sutilmente presente logo depois da mordida. Com as quantidades abaixo, aqueles que dizem detestar alcaçuz gostaram do bolo; os que amam alcaçuz adoraram, é claro.

A propósito, embora este bolo não leve derivados do leite, você pode usar leite semidesnatado se isso não for um problema. Quanto ao chocolate, se ele tiver um mínimo de 70% de cacau ele também não contém derivados de leite, mas ainda pode conter traços de leite. Se isso for um problema, verifique o rótulo do pacote para ter certeza.

RENDE 8 A 12 FATIAS

PARA O BOLO:

225 g de farinha de trigo

275 g de açúcar

75 g de cacau em pó

2 colheres de chá de fermento em pó

1 colher de chá de bicarbonato de sódio

4 colheres de chá de alcaçuz em pó fino (ver introdução da receita)

175 ml de leite de amêndoas

175 ml de óleo de girassol, e mais um pouco para untar

2 ovos grandes

250 ml de água quente, recém-fervida

200 g de geleia de cassis da melhor qualidade

PARA A COBERTURA:

2 colheres de sopa de água quente, recém-fervida

1 colher de chá de alcaçuz em pó fino (ver introdução da receita)

¼ de xícara de melaço de cana (75 g); unte a xícara com óleo antes de medir

100 g de chocolate amargo (com no mínimo 70% de cacau), finamente picado (ver introdução da receita)

PARA DECORAR:

100-125 g de cassis (opcional; ver introdução da receita)

2 fôrmas redondas para bolo de 20 cm cada (sem fundo removível)

- Preaqueça o forno a 180°. Prepare as fôrmas (sem fundo removível, porque essa massa é bem líquida) untando com óleo e forrando-as com papel-manteiga.

- Coloque a farinha de trigo, o açúcar, o cacau em pó, o fermento em pó, o bicarbonato de sódio e o alcaçuz em pó em uma tigela grande e misture com um garfo, desfazendo os caroços.

- Em uma jarra medidora misture o leite, o óleo e os ovos. Adicione estes ingredientes líquidos aos secos e, sem parar de bater — ou mexendo com uma colher de pau, se você preferir —, misture até ficar homogêneo. Agora acrescente a água fervente e, quando tudo estiver misturado, divida a massa igualmente nas 2 fôrmas. Elas ficarão cheias, mas não se assuste com isso.

- Com cuidado, leve os bolos ao forno e asse por cerca de 25 minutos, quando eles deverão estar se soltando das laterais das fôrmas, estarão firmes ao toque e um palito inserido no meio deverá sair limpo. Algumas migalhas podem sair com o palito, já que este é um bolo úmido, mas não deve haver massa alguma presa ao palito.

- Quando estiverem prontos, coloque as fôrmas com os bolos sobre uma grade por 10 minutos, depois desenforme-os com cuidado — eles devem sair facilmente, mas são macios, então seja gentil — sobre a grade, remova o papel-manteiga e deixe esfriar.

- Quando os bolos estiverem frios, coloque 1 deles sobre um prato, com o lado reto para cima. Espalhe a geleia de cassis por cima e cubra com o outro bolo, com o lado reto para baixo.

- Para fazer a cobertura, coloque a água quente e o alcaçuz em pó em uma panelinha e mexa bem com um batedor de claras para que o pó se dissolva, depois adicione o melaço de cana e deixe levantar fervura. Assim que começar a borbulhar, apague o fogo (mas deixe a panela sobre a boca do fogão) e adicione o chocolate finamente picado. Gire a panela para que o chocolate fique coberto e comece a derreter. Espere um minuto e depois bata até obter uma cobertura brilhante. Derrame a cobertura no meio da superfície do bolo e, usando uma espátula, espalhe-a até as bordas, deixando escorrer pelas laterais. Se você quiser, decore com cassis, certificando-se de que — caso estivessem congelados — eles estejam completamente descongelados e escorridos. E se você quiser adicionar o cassis ou qualquer outro tipo de decoração, seja rápido porque a cobertura seca em minutos!

OBSERVAÇÃO SOBRE O ARMAZENAMENTO	NOTA DE CONGELAMENTO
Guarde em um recipiente hermético (ou em uma boleira com tampa) em temperatura ambiente fresca por até 5 dias.	O bolo pode ser feito com antecedência e congelado, sem a cobertura. Quando estiverem frias, embrulhe as camadas de bolo com cuidado em uma camada dupla de filme plástico e uma camada de papel-alumínio. Congele por até 3 meses. Para descongelar, desembrulhe e coloque sobre uma grade de 2 a 3 horas.

Bolo suntuoso de chocolate amargo

Este bolo. Ele me intriga. Ele me encanta. Eu quase quero deixá-lo intocado.

Mas preciso explicar: eu jamais pensei que ficaria apaixonada pela alegria de um — sim — bolo de chocolate vegano. Não se trata de preconceito, mas foi — "foi" é a palavra de ordem — a conclusão da experiência.

É verdade que eu o preparei pela primeira vez — a receita me foi dada por Caroline Stearns, minha guru técnica na cozinha — quando eu estava fazendo um jantar para uma amiga vegana, mas agora eu sempre faço este bolo de chocolate mesmo para quem não tem restrições alimentares, e nem preciso explicar que é vegano. Não é preciso oferecer explicações: apenas ofereça o bolo. Além de tudo, ele é incrivelmente simples de fazer.

Minha versão usa óleo de coco no bolo e manteiga de coco na cobertura, mas é claro que você pode usar óleo vegetal no bolo e margarina vegana na cobertura, se você preferir. No entanto, a combinação estipulada na lista de ingredientes resulta em um bolo e uma cobertura que eu nunca vi iguais, embora eu saiba que a lista de compras é um pouco exigente. Mas depois de prová-lo, você também vai concordar que um bolo como este pode ser tão exigente quanto quiser. Além disso, você não terá que fazer nada na cozinha além de misturar. Você não precisa usar uma batedeira ou carregar qualquer tipo de peso: esta é uma receita que usa apenas uma tigela e uma colher de pau. Mas o óleo e a manteiga de coco precisam ficar fora da geladeira por algumas horas antes de serem usados. Eu geralmente os tiro da geladeira na noite anterior, pois assim fica mais fácil medir as quantidades.

Por favor, verifique o rótulo do chocolate que você compra. Ele precisa, independentemente de restrições, ser amargo (com no mínimo 70% de cacau para o meu gosto), mas se você precisar que este bolo seja completamente vegano ou sem derivados de leite, certifique-se de que há essa informação no pacote.

Eu detesto o preconceito que acompanha os bolos veganos, e celebro este aqui decorando-o com pétalas de rosa e pistaches picados.

RENDE 10 A 12 FATIAS

PARA A COBERTURA:

60 ml de água gelada

75 g de manteiga de coco (não é a mesma coisa que o óleo de coco)

50 g de açúcar mascavo

1 ½ colher de chá de café espresso em pó instantâneo (ou café granulado solúvel)

1 ½ colher de sopa de cacau em pó

150 g de chocolate amargo (com no mínimo 70% de cacau, ver introdução da receita), finamente picado

PARA O BOLO:

225 g de farinha de trigo

1 ½ colher de chá de bicarbonato de sódio

½ colher de chá de sal marinho fino

1 ½ colher de chá de café espresso em pó instantâneo (ou café granulado solúvel)

75 g de cacau em pó

300 g de açúcar mascavo

375 ml de água quente, recém-fervida

90 ml de óleo de coco (75 g se pesado quando sólido)

1 ½ colher de chá de vinagre de maçã ou vinagre de vinho branco

1 colher de sopa de pétalas de rosa comestíveis

1 colher de sopa de pistaches picados

1 fôrma redonda de fundo removível de 20 cm

- Comece pela cobertura, mas primeiro preaqueça o forno a 180° e coloque uma assadeira rasa lá dentro. Coloque todos os ingredientes da cobertura, exceto o chocolate picado, em uma panela pesada e deixe levantar fervura, garantindo que tudo esteja bem dissolvido. Apague o fogo — mas deixe a panela sobre a boca do fogão — e adicione o chocolate picado, girando a panela para que tudo fique debaixo d'água, por assim dizer. Deixe descansar por um minuto depois bata com um batedor de claras até obter uma cobertura escura e brilhante, e deixe esfriar. Isso leva exatamente o tempo que você vai levar para preparar o bolo, assá-lo e deixá-lo esfriar. Mas mexa a cobertura com uma espátula de vez em quando.

- Forre o fundo da sua fôrma de fundo removível (você precisará de uma fôrma boa, à prova de vazamentos, porque esta massa é bem líquida) com papel-manteiga.

- Coloque a farinha de trigo, o bicarbonato, o sal, o espresso e o cacau em pó em uma tigela e misture com um garfo.

- À parte, combine o açúcar, a água, o óleo de coco e o vinagre até que o óleo de coco tenha derretido, e despeje sobre os ingredientes secos, misturando bem. Em seguida, despeje a massa na fôrma preparada e asse por 35 minutos. Mas verifique após 30 minutos de forno para ver se já está pronto. Quando estiver pronto, o bolo estará se soltando das laterais da fôrma e um palito inserido no meio sairá limpo, ou com apenas algumas migalhas grudadas nele. Este é um bolo úmido e você não quer assá-lo por tempo demais.

- Quando o bolo estiver pronto, transfira-o para uma grade e deixe-o esfriar dentro da fôrma.

- Dê uma boa mexida na cobertura com uma espátula para verificar se ela está na consistência certa. Ela precisa estar líquida o suficiente para cobrir o bolo, mas espessa o bastante para ficar principalmente por cima dele. Então derrame a cobertura sobre o bolo ainda na fôrma e use uma espátula para espalhá-la até as beiradas, se necessário. Se você quiser decorar o bolo, a hora é agora. Espalhe sobre o bolo as pétalas de rosa e os pistaches picados ou qualquer coisa que você desejar; caso contrário, deixe-o apenas com sua suntuosa e brilhante cobertura. Aguarde 30 minutos para que a cobertura fique firme antes de fatiar o bolo.

OBSERVAÇÃO SOBRE O ARMAZENAMENTO	NOTA DE CONGELAMENTO
Guarde em um recipiente hermético (ou em uma boleira com tampa) em temperatura ambiente por até 5 dias.	O bolo pode ser feito com antecedência e congelado, sem a cobertura. Quando estiver frio, embrulhe o bolo com cuidado em uma camada dupla de filme plástico e uma camada de papel-alumínio. Congele por até 3 meses. Para descongelar, desembrulhe e coloque sobre uma travessa, em temperatura ambiente, de 3 a 4 horas.

Bolo de tomilho e limão-siciliano

Eu adoro tomilho e o uso abundantemente em minhas receitas, mas eu queria um bolo em que ele fosse um dos ingredientes principais, não apenas um toque decorativo. Além disso, depois de publicar um bolo de alecrim (no livro *Feast*), eu não tinha dúvidas de que iria funcionar. E funciona. Não se assuste com a quantidade de tomilho que vai na massa do bolo, pois ele não fica forte. Ele encanta.

Eu especifiquei leitelho na lista de ingredientes, mas você pode usar iogurte natural líquido no lugar dele. Ou, ainda mais fácil, fazer o seu próprio leitelho — o que eu sempre faço — adicionando 1 colher de sopa de suco de limão-siciliano (já que você terá limões à disposição para esta receita; caso contrário você pode usar vinagre de vinho branco ou vinagre de maçã) a 250 ml de leite semidesnatado, deixando descansar por 20 minutos antes de misturar e utilizar.

Agora, um aviso: mesmo quando bolo parecer dourado e pronto, você precisa se certificar de que ele está bem assado no centro. Caso contrário, além de ficar muito difícil de desenformar, o bolo ficará decepcionantemente cru (por mais dourada que pareça a superfície) quando for cortado.

Se você não tiver uma fôrma com furo no meio, pode fazer esta receita em uma fôrma de bolo quadrada de 20 cm (com aproximadamente 5,5 cm de profundidade). O bolo vai ficar bem alto, quase da altura da fôrma, e levará de 1 hora a 1 hora e 20 minutos na temperatura de forno abaixo (e verifique se está completamente assado no centro antes de tirá-lo do forno).

RENDE DE 10 A 14 FATIAS

450 g de farinha de trigo	250 ml de leitelho (ver introdução da receita)
¾ de colher de chá de fermento em pó	120 g de açúcar de confeiteiro
¾ de colher de chá de bicarbonato de sódio	Óleo em spray (ou óleo de girassol e farinha de trigo) para untar
200 g de manteiga sem sal, amolecida	
2 limões-sicilianos	
1 maço pequeno de tomilho fresco	1 fôrma para bolo redonda com furo no meio com capacidade para 10 xícaras (ou 2,5 litros) ou uma fôrma para bolo quadrada de 20 cm e aproximadamente 5,5 cm de profundidade
250 g de açúcar	
3 ovos grandes	

○ Preaqueça o forno a 170° e coloque uma assadeira rasa lá dentro. Unte a parte interna da sua fôrma com óleo em spray ou pincele com uma pasta feita com 2 colheres de chá de farinha de trigo misturada com 2 colheres de chá de óleo, cobrindo todas as reentrâncias da fôrma, se for o caso. Deixe a fôrma de cabeça para baixo sobre um pedaço de jornal ou papel-manteiga enquanto você prepara a massa do bolo. (Guarde esse pedaço de papel depois que tiver colocado a massa na fôrma, pois ele será útil na hora da cobertura.)

- Misture a farinha de trigo, o fermento em pó e o bicarbonato de sódio em uma tigela e misture com um garfo.

- Coloque a manteiga na tigela de uma batedeira portátil ou comum, adicione as raspas das cascas dos 2 limões e bata até ficar cremoso.

- Tire 4 colheres de sopa de folhas de tomilho dos talo e adicione-as junto com o açúcar. Bata novamente até obter uma mistura leve.

- Agora, um a um, adicione os ovos e bata para misturar. Após o último ovo, diminua a velocidade da batedeira e adicione $1/3$ da mistura de farinha de trigo, seguida por $1/3$ do leitelho, e assim por diante, até que ambos sejam usados completamente.

- Por fim, adicione o suco de 1 dos limões e bata para misturar, e transfira a massa para a fôrma preparada. Coloque a fôrma sobre a assadeira rasa que está no forno e asse por 1 hora e 15 minutos, mas comece a verificar após 1 hora. Não se assuste se parecer que há massa demais para a fôrma: tudo deve ficar bem e resolvido no final. Em outras palavras: o bolo vai crescer, mas depois murchará novamente.

- Quando um palito inserido no meio sair limpo coloque o bolo sobre uma grade e deixe-o na fôrma por 15 minutos antes de desenformá-lo com cuidado. Esse é sempre um momento tenso, mas se a fôrma foi untada adequadamente e o bolo estiver totalmente assado, você não deverá ter problemas. Além disso, é aquele momento de tensão que torna o dramático ato de desenformar o bolo ainda mais gratificante.

- Quando o bolo estiver frio, insira o pedaço de jornal ou papel-manteiga sob a grade, depois peneire o açúcar de confeiteiro em uma tigela e bata com ele o suco do limão restante até que você tenha uma cobertura que seja líquida o bastante para escorrer pelo bolo — eu calculo de 2 ½ a 3 colheres de sopa — mas espessa o bastante para agir como uma cola para as folhas de tomilho que você está prestes a espalhar por cima. Ou você pode despejar a cobertura diretamente no bolo, no prato em que irá servi-lo. Despeje a cobertura sobre o bolo e imediatamente espalhe as folhas de tomilho junto com um ou dois galhos. A quantidade fica a seu critério, mas eu costumo ser bem generosa.

OBSERVAÇÃO SOBRE O ARMAZENAMENTO	NOTA DE CONGELAMENTO
Guarde em um recipiente hermético, em local fresco, por até 5 dias.	Este bolo pode ser congelado, sem a cobertura, por até 3 meses. Embrulhe o bolo em uma camada dupla de filme plástico e uma camada de papel-alumínio. Para descongelar, desembrulhe e deixe sobre uma grade, em temperatura ambiente, por cerca de 5 horas.

Bolo de abóbora

Eu adoro a sensação de "festival da colheita" de um bolo de abóbora, mesmo que a abóbora saia de dentro de uma lata. Na primeira vez que fiz este bolo eu não usei cobertura, apenas polvilhei açúcar de confeiteiro e o servi acompanhado de frutas silvestres que eu havia descongelado, adicionando um pouco de raspas de casca de laranja a elas, ainda congeladas, ao colocá-las na tigela. Em seguida, senti que precisava fazer algo com a meia lata de abóbora que havia sobrado, então eu criei a receita do Sorvete de abóbora com conhaque (**p. 334**), que combina muito bem com esta, caso você decida servir o bolo enquanto ele ainda estiver morno. Mas não se sinta mal se preferir servir este bolo acompanhado apenas de café ou chá; neste caso, use a cobertura abaixo.

Sim, este é o segundo de três bolos com furo no meio deste livro, mas me parece que, se você tiver uma fôrma diferente (e eu tenho uma que resulta em um bolo que parece uma mistura entre um antigo chapéu de mãe de noiva e um cata-vento) você vai querer usá-la sempre que possível.

No entanto, se você não tiver uma fôrma com furo no meio, use uma fôrma quadrada de 20 cm (com aproximadamente 5,5 cm de profundidade). O bolo vai ficar bem alto, quase da altura da fôrma, e levará de 45 a 55 minutos para assar na temperatura de forno abaixo (e verifique se está completamente assado no centro antes de tirá-lo do forno).

RENDE DE 10 A 14 FATIAS

300 g de açúcar mascavo claro

250 ml de óleo de girassol

Suco e rapas da casca de 1 laranja

3 ovos grandes

400 g de farinha de trigo

2 colheres de chá de bicarbonato de sódio

2 colheres de chá de canela em pó

½ colher de chá de pimenta-da-jamaica em pó

300 g de purê de abóbora (de uma lata de 425g — reserve o restante para o Sorvete de abóbora com conhaque da p. 334)

Óleo em spray (ou óleo de girassol e farinha de trigo) para untar

PARA A COBERTURA:

200 g de açúcar de confeiteiro

2 e ½ a 3 colheres de sopa de suco de laranja (usando a laranja citada acima)

1 quadrado pequeno de chocolate amargo para ralar

1 fôrma para bolo redonda com furo no meio com capacidade para 10 xícaras (ou 2,5 litros) ou uma fôrma para bolo quadrada de 20 cm e aproximadamente 5,5 cm de profundidade (ver introdução da receita)

DOCES

- Preaqueça o forno a 180°. Unte a parte interna da sua fôrma com óleo em spray ou pincele com uma pasta feita com 2 colheres de chá de farinha de trigo misturada com 2 colheres de chá de óleo, cobrindo todas as reentrâncias da fôrma. Deixe a fôrma de cabeça para baixo sobre um pedaço de jornal ou papel-manteiga para escorrer o excesso de óleo enquanto você prepara a massa do bolo.
- Na tigela de uma batedeira manual (embora você possa fazer isto manualmente), bata o açúcar, o óleo, as raspas da casca de metade da laranja e 2 colheres de sopa de seu suco até a mistura ficar homogênea. Você terá que parar e raspar as laterais da tigela uma ou duas vezes.
- Adicione os ovos, batendo novamente.
- Coloque a farinha de trigo, o bicarbonato de sódio e as especiarias em outra tigela, mexendo levemente com um garfo para que tudo fique bem misturado.
- Em seguida, adicione o purê de abóbora à mistura do bolo e bata, antes de finalmente adicionar a farinha de trigo com especiarias e misturar usando uma espátula ou colher de pau. Quando a massa do bolo estiver homogênea, despeje-a cuidadosamente na fôrma untada.
- Asse de 45 a 55 minutos, embora eu sempre comece a verificar aos 40 minutos. O bolo deve estar se soltando das laterais da fôrma e um palito inserido no meio sairá limpo. Tire do forno, coloque sobre uma grade e deixe o bolo esfriar na fôrma por 15 minutos.
- Gentilmente, solte o bolo da fôrma com seus dedos, prestando atenção à parte ao redor do furo, em seguida desenforme o bolo sobre a grade e deixe esfriar completamente.
- Para cobrir o bolo, coloque-o no prato que desejar, depois peneire o açúcar de confeiteiro sobre uma tigela e adicione o suco de laranja aos poucos, misturando com um batedor de claras, indo mais devagar depois da segunda colher de sopa para garantir que você obtenha a consistência desejada. Quando você tiver uma cobertura lisa e espessa o bastante para aderir ao bolo, mas líquida o bastante para escorrer um pouco pelas laterais, comece a despejá-la por cima do bolo, deixando que ela escorra naturalmente: ela vai entrar pelos sulcos arquitetônicos do bolo lindamente por conta própria. Não se preocupe se cair um pouco no prato já que — para mim, pelo menos — isso deixa o bolo ainda mais charmoso. Às vezes, se eu tiver um pouco de cobertura sobrando, não consigo deixar de imitar a arte de Jackson Pollock (como você pode ver pela foto).
- Rale o chocolate por cima, para finalizar: até mesmo um quadrado pequeno rende bastante, mas não é nenhum sacrifício comer o que você não utilizar.

OBSERVAÇÃO SOBRE O ARMAZENAMENTO	NOTA DE CONGELAMENTO
Guarde em um recipiente hermético, em local fresco, por até 1 semana.	Congele, sem a cobertura, por até 3 meses. Embrulhe o bolo em uma camada dupla de filme plástico e uma camada de papel-alumínio. Para descongelar, desembrulhe e deixe sobre uma grade, em temperatura ambiente, por cerca de 5 horas.

Bolo de sidra e 5 especiarias chinesas

Geralmente eu chamo este bolo de Pão de gengibre com sidra e 5 especiarias, mas mudei o nome por preocupação com aqueles que esperam um sabor um pouco mais forte de gengibre (embora todos sejam livres para aumentar a quantidade de gengibre o quanto quiserem). Na verdade, a massa possui a leveza de um bolo, e não a umidade pesada (por mais linda que ela seja) de um pão de gengibre. Além disso, eu achei adequado dar o devido destaque ao tempero chamado "5 especiarias chinesas", deliciosamente aromático. Desde então eu descobri que existem muitas variações das 5 especiarias chinesas no mercado. Embora eu goste da mistura de anis-estrelado, cravo-da-índia, canela, pimenta-de-sichuan e sementes de funcho, eu também adoro as versões que levam alcaçuz e casca seca de mexerica. Mas descobri que todos os tipos funcionam, até as marcas que erroneamente adicionam alho: algumas pessoas (uma aqui no Reino Unido e outra nos Estados Unidos) fizeram essa versão, e ambas juram que é impossível detectar o alho. Mesmo assim, quando você estiver fazendo compras, é melhor verificar os ingredientes no rótulo e escolher um sem alho, se possível.

Se você quiser intensificar o sabor do gengibre, sem ter que descascar e ralar uma quantidade maior (ou se não quiser usar álcool), use 250 ml de cerveja de gengibre no lugar da sidra.

De qualquer forma, este bolo é maravilhoso por si só, embora eu tenha uma fraqueza pela Calda de caramelo com sal defumado (**p. 342**) como acompanhamento, como você pode ver na foto.

Uma última observação: se não tiver uma fôrma com furo no meio, você pode fazer esta receita em uma fôrma de bolo quadrada de 20 cm (com aproximadamente 5,5 cm de profundidade). Nesse caso, levará de 50 a 55 minutos para assar, ou até que um palito inserido no meio saia limpo e o bolo esteja firme ao toque. Deixe o bolo esfriar na fôrma antes de desenformá-lo e embrulhá-lo (veja na próxima página).

RENDE DE 10 A 14 FATIAS

250 ml de sidra, preferivelmente seca, ou *demi-sec*

175 ml de óleo de girassol

100 g de açúcar mascavo escuro

300 g (250 ml) de melaço de cana (use 1 xícara de medida untada com óleo, para facilitar)

3 ovos grandes

1 pedaço de 3 cm de gengibre fresco (15 g), descascado e finamente ralado

300 g de farinha de trigo

2 colheres de chá de fermento em pó

¼ de colher de chá de bicarbonato de sódio

½ colher de chá de noz-moscada ralada na hora

2 ½ colheres de chá de 5 especiarias chinesas em pó

1 ½ colher de chá de canela em pó

Óleo em spray ou óleo de girassol para untar

1 fôrma redonda com furo no meio, com capacidade para 10 xícaras (ou 2,5 litros) ou uma fôrma quadrada de 20 cm e aproximadamente 5,5 cm de profundidade (ver introdução da receita)

- Abra a sidra para que o gás saia. Preaqueça o forno a 170° e unte a fôrma com óleo em spray, ou com óleo, e deixe-a virada para baixo sobre um pedaço de jornal ou papel-manteiga enquanto você prepara a massa.

- Coloque o óleo, o açúcar mascavo e (se você estiver pesando ou usando uma xícara para medir os ingredientes, sempre unte levemente o recipiente para o melaço primeiro, para que eles saiam facilmente) o melaço em uma tigela.

- Adicione a sidra e os ovos, adicione o gengibre e bata até ficar homogêneo. Embora eu use uma batedeira portátil para fazer este bolo, é simples fazê-lo manualmente: nesse caso, bata os ovos juntos antes de adicionar os demais ingredientes.

- Em outra tigela coloque a farinha de trigo, o fermento em pó, o bicarbonato, a noz-moscada, as 5 especiarias e a canela. Misture tudo com um garfo.

- Adicione gentilmente os ingredientes secos aos úmidos, batendo sempre para obter uma massa homogênea. Raspe as laterais e o fundo da tigela para desmanchar todos os caroços de farinha de trigo.

- Coloque a massa escura e aromática na fôrma preparada: ela estará bem líquida, mas não se assuste. Leve ao forno para assar de 45 a 50 minutos, mas comece a verificar após 40 minutos. Quando estiver pronto, o bolo vai começar a se soltar das laterais da fôrma e um palito inserido no meio deverá sair limpo; quero dizer, seco, mas com algumas migalhas grudadas nele. Deixe a fôrma sobre uma grade por cerca de 30 minutos, depois use os dedos para ajudar a soltar o bolo das laterais da fôrma, principalmente ao redor do furo, e desenforme-o. Deixe esfriar completamente antes de embrulhá-lo, primeiro em papel-manteiga, depois em papel-alumínio, porque ele fica mais saboroso no dia seguinte. Nem sempre eu consigo fazer isso.

OBSERVAÇÃO SOBRE O ARMAZENAMENTO	NOTA DE CONGELAMENTO
O bolo pode ser guardado embrulhado em papel-manteiga e papel-alumínio, em um recipiente hermético, em temperatura ambiente fresca, por até 1 semana.	O bolo completamente frio pode ser embrulhado em uma camada dupla de filme plástico e uma camada de papel-alumínio e congelado por até 3 meses. Para descongelar, desembrulhe e deixe sobre uma grade, em temperatura ambiente, por cerca de 5 horas.

Bolo de matcha com cobertura de suco de cereja

Já fazia tempo que eu estava com a ideia de fazer um bolo de matcha. E desde que eu vi a foto de uma receita de donuts com cobertura de suco de cereja, eu sabia que essa cobertura um dia faria parte da minha vida culinária. Você já deve ter notado que tenho (sutilmente, eu espero) usado bastante as cores verde e rosa neste livro, então acho que era inevitável que esses dois — o bolo de matcha e a cobertura de suco de cereja — tivessem que ser feitos juntos. Eu adoro a evocação da flor de cerejeira japonesa junto com o matcha, também japonês — e fico feliz feito criança ao ver que um bolo tão vibrante e magicamente colorido pode ser feito sem corantes. Por favor, não pense que este bolo é um produto da cozinha conceitual. Ele é tão saboroso quanto eu sonhei que ele seria, caso contrário ele não estaria nestas páginas.

Um matcha de qualidade, o mais verde de todos os chás verdes em pó, custa caro, mas eu encontrei outras utilidades para ele. Portanto, depois de comprá-lo, ele terá outros papéis em sua cozinha (**p. 338** e **348**). Pense nele como um investimento culinário. Meu matcha favorito para este bolo é o Izu Matcha orgânico, da Tealyra (eu fico satisfeita com o matcha da Aiya Beginner para o *latte* da **p. 348**, mas ele é suave demais para esta receita), que não é barato, mas também não está entre os mais caros. Eu não recomendo comprar uma marca inferior, pelo simples motivo de que ela ainda será cara, mas não terá o mesmo sabor e não será tão verde quanto a original. Não vale a pena ter todo este trabalho para obter um bolo marrom e desbotado. Sim, este é um bolo luxuoso, e deve ser saboreado como tal.

Eu acho que fazer um bolo tipo *chiffon* — no qual os ovos são separados e as claras em neve são delicadamente misturadas à massa — resulta em uma textura mais macia, que é muito necessária aqui, já que o matcha em pó deixaria um pão-de-ló comum mais seco. No entanto, você pode ficar com uma leve depressão na superfície do bolo, já que ele cresce mais ao assar e inevitavelmente vai abaixar. E se a depressão for mínima, você pode reduzir a cobertura para 200 g de açúcar de confeiteiro misturado com 3 colheres de sopa de suco de cereja (comprado pronto, não arduamente espremido à mão, devo acrescentar), mas, caso contrário, continue conforme descrito abaixo. Caso você não encontre o suco de cereja (não de acerola, que é amarelo), tente o suco de romã. E, se essa moda ainda não chegou à sua região, então passe algumas framboesas por uma peneira e misture o suco vermelho com um pouco de água.

Uma última observação. É um fato que bolos tipo *chiffon* não deveriam ser feitos em fôrmas antiaderentes e não untadas (o que impede que eles cresçam), mas eu só tenho fôrmas antiaderentes, e nunca tive problemas nas vezes em que fiz este bolo.

RENDE DE 12 A 14 FATIAS DELICADAS

1 colher de sopa de Matcha Izu (ver introdução da receita) (7g)

80 ml de água quente, recém-fervida

3 ovos grandes, separados

120 g de açúcar

60 ml de óleo de girassol

110 g de farinha de trigo

1 colher de chá de fermento em pó

250 g de açúcar de confeiteiro

4 colheres de sopa de suco de cereja orgânico, puro (não de acerola)

1 fôrma redonda de fundo removível de 20 cm (de preferência que não seja antiaderente)

- Preaqueça o forno a 180°. Forre a base de sua fôrma de abrir com papel-manteiga, mas não unte a fôrma.

- Coloque o matcha em pó em uma tigela pequena, adicione a água quente e bata com um batedor de claras até dissolver bem. Deixe esfriar ligeiramente.

- Coloque as claras dos ovos em uma tigela separada e bata até formar picos moles. Sem parar de bater, adicione 3 colheres de sopa do açúcar e misture bem, depois reserve.

- Coloque as gemas e o restante do açúcar em outra tigela e bata até formar um creme claro. Adicione o líquido do matcha, seguido pelo óleo, e misture bem. Peneire sobre a tigela a farinha de trigo e o fermento em pó, e misture delicadamente.

- Adicione uma colherada da mistura de claras e misture delicadamente, fazendo o mesmo com o restante. Derrame gentilmente a mistura na fôrma e asse de 25 a 30 minutos, até que um palito inserido no meio saia limpo. Nem pense em abrir a porta do forno antes de 20 minutos para ver como está, já que isso pode fazer o bolo murchar.

- Deixe o bolo esfriar completamente na fôrma, sobre uma grade. O bolo vai encolher um pouco enquanto esfria. Passe uma espátula ao redor da borda do bolo e remova-o da fôrma. Coloque um prato sobre o bolo, vire, remova a base da fôrma, retire o papel-manteiga e coloque o bolo com cuidado, com a base para baixo, em um prato ou boleira.

- Quando o bolo estiver pronto para ser coberto, peneire o açúcar de confeiteiro sobre uma tigela e adicione o suco de cereja aos poucos, batendo com um batedor de claras, para fazer um glacê líquido e opaco. O bolo talvez fique com uma pequena depressão na superfície e esta quantidade de cobertura é feita pensando nisso, embora signifique que ela vai escorrer quando você cortar o bolo (eu acho que fica lindo). Cubra a superfície do bolo e deixe a cobertura escorrer um pouco pelas laterais. Espere firmar por até 1 hora: ela ainda estará um pouco líquida, mas se você esperar mais, ela começará a perder o brilho.

OBSERVAÇÃO SOBRE O ARMAZENAMENTO	NOTA DE CONGELAMENTO
Guarde em um recipiente hermético, em local fresco, de 2 a 3 dias.	O bolo completamente frio, sem cobertura, embrulhado em uma camada dupla de filme plástico e uma camada de papel-alumínio, pode ser congelado por até 1 mês. Talvez você ache mais fácil deixar o bolo sobre a base da fôrma ao congelar. Para descongelar, desembrulhe (remova o bolo com cuidado da base da fôrma, se for o caso) e deixe sobre uma grade, em temperatura ambiente, por cerca de 3 horas.

Bolo de Natal de tâmaras e geleia de laranja

Este bolo tem sabor de pudim de Natal — um pudim de Natal muito, muito bom — do tipo que os Quakers (como eu gosto de citar) uma vez condenaram como "a invenção da meretriz escarlate da Babilônia". Ele é intenso, úmido, melado e tão embriagante que nem precisa ter álcool nos ingredientes. Por acaso ele também não contém glúten e derivados de leite, e pode ser feito em cima da hora, muito útil quando você não tem tempo de fazer aquela receita de família que precisa ser assada com antecedência e banhada com conhaque durante 6 meses.

Eu gosto de usar uma maravilhosa geleia caseira (graças a Helio Fenerich, que também me deu a receita do Ensopado italiano de músculo de vitela da **p. 185**), que é boa, amarga e bem macia, e é um milagre que eu consiga guardá-la tempo suficiente para usá-la neste bolo. Mas existem muitas geleias de laranja boas à venda por aí. Apenas lembre-se que as tâmaras possuem sua própria e intensa doçura (mais que todas as outras frutas secas), então não compre nada doce demais: escolha uma geleia que tenha a textura de melaço e que forneça um toque de amargor.

E embora eu adore o sabor intenso e caramelado das tâmaras *Medjool* (a fruta dos reis bíblicos), você pode usar tâmaras secas, do tipo rotulado como "prontas para comer".

Uma última coisa: as amêndoas bem picadas, assim como a farinha de amêndoas, são industrializadas. Qualquer outra fruta seca pode ser usada, mas essa textura crocante é muito desejável.

RENDE APROXIMADAMENTE 14 FATIAS

250 ml de chá preto forte

500 g de tâmaras *Medjool*

150 g de cerejas cristalizadas, sem corantes

150 g de cranberries secas

150 g de uvas passas brancas

175 g de açúcar mascavo escuro

175 g de óleo de coco

2 colheres de chá de canela em pó

2 colheres de chá de gengibre em pó

½ colher de chá de cravo-da-índia em pó

200 g de geleia de laranja de boa qualidade (ver introdução da receita), e mais um pouco para pincelar o bolo

200 g de farinha de amêndoas

100 g de amêndoas picadas

3 ovos grandes, batidos

1 fôrma redonda de fundo removível de 20 cm

- Preaqueça o forno a 150°. Usando o fundo de sua fôrma redonda de abrir como molde, corte um círculo de papel-manteiga, e depois faça um "forro" para a lateral da fôrma que seja 6 cm mais alto que a altura da fôrma em si. Faça isso cortando uma faixa retangular longa de papel-manteiga, depois dobre a beirada mais longa, formando um tipo de barra de 2 cm, em seguida pegue uma tesoura e faça cortes nessa barra em intervalos iguais. Encoste essa faixa ao redor do interior da fôrma, com a barra cortada virada para o fundo, e depois coloque o círculo de papel-manteiga por cima da faixa picotada para mantê-la no lugar.

- Faça o seu chá: eu simplesmente despejo 250 ml de água fervente sobre um saquinho de chá, aguardo alguns minutos e retiro o saquinho antes de adicionar o chá à panela. Remova o caroço das tâmaras e corte cada uma em 4 pedaços, usando uma tesoura. Corte as cerejas cristalizadas ao meio, também usando uma tesoura. É claro que você pode usar uma faca, se preferir.

- Pegue uma panela onde caibam todos os ingredientes, incluindo o chá, e coloque tudo nela, exceto as amêndoas e os ovos. Leve ao fogo, mexendo para misturar, e mexa de vez em quando até levantar fervura. Abaixe o fogo e deixe ferver por 10 minutos, mexendo com frequência: mexer não apenas ajuda as tâmaras a desmanchar, mas também mantém o calor uniforme e impede que a mistura grude no fundo da panela. Após 10 minutos, tire a panela do fogo e deixe a massa descansar por 30 minutos; ou até por 1 hora.

- Adicione a farinha de amêndoas e as amêndoas picadas, seguidas pelos ovos batidos, e quando estiver tudo misturado — embora eu pudesse comer a massa do jeito que está — despeje a massa na fôrma preparada e alise a superfície com uma espátula, e asse de 1 hora e meia a 1 hora e 45 minutos. As laterais começarão a se soltar da fôrma e o bolo, embora úmido, deve deixar um palito inserido no centro apenas molhado, mas sem massa alguma.

- Transfira para uma grade, pincele com 3 colheres de sopa de geleia de laranja e deixe o bolo esfriar na fôrma (se sua geleia estiver firme, talvez você precisa aquecê-la um pouco para conseguir passar com um pincel — 20 a 30 segundos no micro-ondas, ou em uma panelinha, no fogo). Deixe o bolo descansar por um dia antes de servir. Eu gosto de pincelar com um pouco mais de geleia novamente, antes de fatiar e servir. Obviamente, fique à vontade para decorar mais, ou de acordo com a estação.

OBSERVAÇÃO SOBRE O PREPARO ANTECIPADO	OBSERVAÇÃO SOBRE O ARMAZENAMENTO
O bolo pode ser feito com até 1 semana de antecedência. Embrulhe o bolo frio em uma camada dupla de papel-manteiga e uma camada de papel-alumínio. Guarde em um recipiente hermético, em local fresco.	Depois de fatiado, guarde o bolo — ainda embrulhado em papel-manteiga e papel-alumínio — em um recipiente hermético por até 1 mês.

Torta de maçã e amora sem glúten

Geralmente, minha maneira de fazer doces sem glúten é simplesmente excluir a farinha de trigo da receita — como provam várias receitas neste livro e em meu site — porque, a menos que você seja celíaco ou esteja cozinhando para um celíaco, não vejo motivo para inventar substitutos, que frequentemente costumam ser de qualidade inferior, e não alternativas à altura. No entanto, eu estava cozinhando para um celíaco diagnosticado tardiamente, e que sentia muita vontade de comer torta, uma situação muito triste que eu não poderia ignorar. Após muita pesquisa, encontrei minha massa de torta no livro *The How Can It Be Gluten Free Cookbook*, publicado pela estimada America's Test Kitchen. Eu tive que superar minhas reservas contra a goma xantana (que, apesar do nome, é um pó) e fico feliz por isso: esta massa não é uma alternativa inferior — você teria que dizer às pessoas que ela não contém glúten para que elas soubessem — e é um serviço de utilidade pública em nome de todos os celíacos que sentem falta de torta.

Eu adoro o visual de uma torta assada em uma daquelas frigideiras de ferro fundido que parecem antigas — e eu não gostaria mesmo de cozinhar sem elas — mas você pode usar facilmente uma fôrma para torta, mas opte por uma de metal em vez de cerâmica. Embora esta receita renda massa suficiente para forrar e cobrir uma fôrma de torta de 22 cm, na minha cozinha eu tenho que escolher entre uma de 20 cm e outra de 25 cm de diâmetro, então eu uso a primeira.

Caso você queira fazer esta receita sem lactose, use o mesmo peso de óleo de coco (quando sólido) no lugar da manteiga, substitua o creme azedo por iogurte de soja ou de coco e coloque a fôrma na geladeira, depois de forrada com a massa da torta, por 5 minutos antes de adicionar as frutas.

SERVE 6 A 8 PESSOAS

PARA O RECHEIO DE FRUTA:

1 colher de sopa de manteiga sem sal (15 g)

2 maçãs verdes médias (aproximadamente 500 g), descascadas, sem o miolo e fatiadas ou picadas

2 colheres de sopa de açúcar cristal (30 g)

½ colher de chá de canela em pó

250 g de amoras

⅛ de colher de chá de goma xantana

PARA A MASSA DA TORTA:

200 g de manteiga sem sal, gelada

80 ml de água gelada

3 colheres de sopa de creme azedo (45 ml)

1 colher de sopa de vinagre de arroz

365 g de farinha de trigo sem glúten

1 colher de sopa de açúcar (15 g)

1 colher de chá de sal

½ colher de chá de goma xantana

PARA ASSAR:

1 clara de ovo, levemente batida (apenas até espumar)

½ colher de chá de açúcar

1 fôrma para torta ou frigideira de ferro fundido de 20 ou 22 cm

- Comece pelo recheio. Derreta a manteiga em uma panela larga e pesada, depois adicione as maçãs fatiadas ou picadas, o açúcar e a canela, mexendo e cozinhando por cerca de 3 minutos até que as maçãs amoleçam e um líquido caramelizado se forme no fundo da panela. Adicione as amoras, misture delicadamente, depois tire do fogo, misture a goma xantana e deixe esfriar.

- Agora, a massa da torta: corte a manteiga fria em cubos de 5 mm em um prato e leve ao freezer por 15 minutos, enquanto você prepara o restante dos ingredientes.

- Misture a água, o creme azedo e o vinagre de arroz em uma jarra ou tigela.

- Coloque a farinha de trigo sem glúten, o açúcar, o sal e a goma xantana em um processador de alimentos e bata rapidamente para misturar bem.

- Depois que a manteiga teve seus 15 minutos de fama no freezer, adicione-a à mistura de farinha de trigo no processador e pulse cerca de 10 vezes, até que a manteiga esteja do tamanho de ervilhas grandes.

- Despeje metade da mistura de creme azedo e pulse até incorporar. Cerca de 3 a 5 pulsos devem ser suficientes: a mistura ficará parecendo uma farofa fina.

- Adicione o restante da mistura de creme azedo e processe apenas até que a massa comece a se unir, grudando ao redor das lâminas.

- Retire a massa e forme com ela 2 bolas de tamanho igual, depois achate-as em discos, embrulhe-as em filme plástico e leve à geladeira para descansar por 40 minutos. Preaqueça o forno a 200° e coloque uma assadeira dentro dele para aquecer.

- Depois que os discos de massa descansarem na geladeira, pegue 1 dos discos e abra-o entre 2 pedaços de papel-manteiga. É importante não adicionar mais farinha de trigo à massa enquanto estiver abrindo com o rolo.

- Abra a massa com o rolo até que ela fique grande o bastante para forrar o fundo e as laterais da sua fôrma, com cerca de 4 m de sobra. Remova a camada superior de papel-manteiga, depois coloque a massa virada para baixo sobre a fôrma e remova cuidadosamente o outro pedaço de papel-manteiga.

- Ajeite a massa na fôrma, pressionando-a contra as laterais. Pegue o outro disco de massa e abra com um rolo da mesma maneira. Em seguida despeje a mistura de maçã e amora sobre a massa na fôrma e umedeça a borda da massa com um pouco de clara batida. Remova a camada superior da massa de cima e vire-a sobre o recheio da torta, descartando a última camada de papel restante.

- Corte ao redor do excesso de massa com uma faca e lacre as bordas pressionando-as com os dedos ou com os dentes de um garfo. Faça alguns cortes no centro da torta para o vapor escapar, depois pincele a superfície com a clara de ovo e espalhe o açúcar por cima.

- Asse de 30 a 40 minutos, ou até que a massa esteja dourada. Retire do forno e deixe a torta descansar de 15 a 30 minutos antes de fatiar.

OBSERVAÇÃO SOBRE O PREPARO ANTECIPADO	OBSERVAÇÃO SOBRE O ARMAZENAMENTO	NOTA DE CONGELAMENTO
A massa da torta pode ser feita com 2 dias de antecedência. Embrulhe em filme plástico e guarde na geladeira, e deixe descansar em temperatura ambiente de 20 a 30 minutos antes de abrir. Se a massa estiver gelada demais, talvez ela precise ficar 30 minutos em temperatura ambiente antes de abrir. O recheio pode ser feito com 1 dia de antecedência. Quando estiver frio, transfira para um recipiente hermético ou tigela com tampa e guarde na geladeira até a hora de usar. A torta pode ser montada de 3 a 4 horas antes de ir para o forno, mas pincele com a gema logo antes de assar. A torta ficará morna por até 1 hora depois de assar se deixada em local quente.	Guarde na geladeira em um recipiente hermético ou coberto com filme plástico ou papel-alumínio por até 5 dias. É melhor reaquecê-la antes de servir. Reaqueça porções em forno preaquecido a 150°, de 20 a 30 minutos.	A massa da torta pode ser congelada: embrulhe bem os discos de massa com filme plástico e coloque em um saco plástico ou embrulhe em papel-alumínio. Congele por até 3 meses e descongele de um dia para o outro na geladeira. Congele as porções que sobrarem em recipientes herméticos. Descongele de um dia para o outro na geladeira e reaqueça de acordo com a orientação acima.

Torta de laranja-amarga

Desde minha Torta de laranja-de-sevilha em *How To Eat*, eu nunca deixei de sentir a necessidade de usar laranjas-de-sevilha durante sua curta temporada na Europa em dezembro e fevereiro (como você verá em outras partes deste livro), mas aquele sabor amargo da laranja é bom demais para ser abandonado nos longos meses em que as laranjas-de-sevilha estão fora de época. Então eu simplesmente tento recriar seu amargor floral usando sucos de laranja e limão Tahiti comuns em uma proporção aproximada de 2 para 1. E, embora eu não seja uma pessoa que usa o freezer como um grande arquivo culinário, eu tento preparar pacotinhos com o suco e a raspas da casca de 4 laranjas-de-sevilha apenas para isto; e, quando eles acabam, uso a mistura de limão e laranja comuns.

Esta é mais que uma versão simplificada da receita de *How To Eat*: ela usa uma base de biscoitos de gengibre triturados e manteiga no lugar de uma massa caseira, e é ainda mais deliciosamente amarga que sua antecessora. Eu adoro seu sabor azedinho, mas sirvo um pequeno pote de mel para acompanhar e incentivo a todos (ao ponto de irritar) a espalharem um pouco por cima da torta.

Preciso dizer que, quando é época de laranjas-de-sevilha, esta torta parece um disco de raios de sol de inverno no prato, e o sabor também parece. Eu adoro servi-la depois da Costela bovina com sabor asiático ou do Ensopado italiano de músculo de vitela (**p. 179** e **185**), mas não quero restringir seu uso de forma alguma. Eu também devo acrescentar que o creme é igualmente fabuloso passado sobre pãezinhos tostados ou pão branco de qualidade.

RENDE DE 10 A 14 FATIAS

PARA A BASE:

250 g de biscoitos de gengibre

75 g de manteiga sem sal, amolecida

PARA O RECHEIO DE CREME:

3 ovos grandes

2 gemas de ovos

100 g de açúcar

150 g de manteiga sem sal, amolecida, cortada em cubos de 1 cm

Raspas e suco de 4 laranjas-de-sevilha (ou 4 laranjas-amargas) (cerca de 200 ml de suco) ou use 60 ml de suco de limão Tahiti (2 a 3 limões) e 140 ml de suco de laranja (1 laranja grande ou 2 laranjas médias)

PARA SERVIR:

Mel de qualidade

1 fôrma de torta rasa de fundo removível com 24 cm (e cerca de 5 cm de profundidade)

- Processe os biscoitos de gengibre até ficarem bem triturados, depois adicione a manteiga e processe novamente, esperando pacientemente até que comece a se unir e parecer uma areia escura e úmida. Se você não tiver um processador, coloque os biscoitos de gengibre em um saco plástico resistente e bata com um rolo de abrir massa ou outro utensílio pesado semelhante, mesmo que não tenha a mesma graça. Derreta a manteiga e transfira o biscoito triturado para uma tigela. Misture a manteiga ao biscoito até que vire uma farofa úmida.

- Despeje na fôrma e espalhe cuidadosamente a base de biscoitos por toda a base e pelas laterais; você pode fazer isso com as mãos ou com as costas de uma colher.

- Leve a fôrma à geladeira para que a base de biscoito endureça, por pelo menos 1 hora — embora isso possa levar até 2 horas se a sua geladeira estiver cheia. Eu sempre acho mais fácil fazer a base com antecedência, para que ela esteja gelada, pronta e esperando, até 2 dias antes de servir.

- Quando a base estiver firme, você pode fazer o recheio de creme. Em uma panela pesada — fora do fogo — bata os ovos (os ovos inteiros junto com as gemas) e o açúcar, até incorporar tudo muito bem.

- Adicione a casca (rale com cuidado para não ralar a parte branca também) e o suco das laranjas junto com os cubos de manteiga, depois leve a panela ao fogo médio e cozinhe, mexendo sempre; eu uso um batedor de claras para isso.

- Esse processo para engrossar o creme levará de 5 a 7 minutos, mas tire a panela do fogo de vez em quando, durante esse tempo, sem parar de bater, para evitar que fique quente demais. Quando o creme tiver engrossado, tire do fogo, continue batendo por mais 30 segundos, e despeje-o em uma jarra (rende cerca de 550 ml). Em seguida coloque um pedaço de papel-manteiga umedecido em cima do recheio (isso impedirá que uma película se forme), e deixe esfriar na geladeira por cerca de 30 minutos.

- Quando o recheio tiver esfriado, mas não sólido, despeje-o na fôrma forrada com a base de biscoitos e espalhe uniformemente.

- Deixe a torta descansar na geladeira por pelo menos 4 horas (ou de um dia para o outro), e por até 2 dias, antes de desenformá-la. É melhor fazer isso quando ela ainda estiver gelada — então não a tire da geladeira por mais de 5 ou 10 minutos antes de cortá-la. Sirva em fatias, com um pote de mel para que as pessoas espalhem à vontade sobre elas.

OBSERVAÇÃO SOBRE O PREPARO ANTECIPADO	OBSERVAÇÃO SOBRE O ARMAZENAMENTO
A base pode ser feita com 2 ou 3 dias de antecedência e deixada na geladeira até a gora de usar, coberta com filme plástico. Depois que estiver firme, a base (dentro da fôrma) também pode ser bem embrulhada em uma camada dupla de filme plástico e uma camada de papel-alumínio e congelada por até 1 mês. Descongele na geladeira por 2 ou 3 horas antes de colocar o recheio. O creme pode ser feito com 2 dias de antecedência. Recheie a torta e leve à geladeira por cerca de 4 horas, até que o creme tenha ficado mais firme, depois cubra com papel-alumínio, tentando não encostá-lo na superfície da torta.	As sobras podem ser guardadas na geladeira por 2 dias. A base da torta vai amolecer aos poucos, com o passar do tempo.

Torta de chocolate salgado

Eu sempre evitei fazer tortas de chocolate, não por preguiça (eu adoro fazer massa de torta, quando estou no clima), mas porque nunca senti que a massa complementava o chocolate ou que o esforço valia a pena. Esta é minha solução simples: fazer uma base com biscoito de chocolate. E o recheio também é fácil de fazer. Mas você não saberia disso pelo sabor. Eu nunca minto sobre o quanto uma receita é fácil de fazer, mas, neste caso, ninguém acredita em mim. Acho que o toque do sal é crucial: ele contrasta sutilmente com a robustez do chocolate, então, mesmo que você não goste da combinação de doce e salgado, não deixe o sal de fora. Se desejar, diminua a quantidade de sal pela metade. Eu tenho usado muito o sal defumado (ver Calda de caramelo com sal defumado — **p. 342**) e incentivo você a utilizá-lo amplamente e, particularmente, nesta receita.

É claro que, se desejar, você pode usar biscoitos de chocolate recheados comuns para a base: usando Oreos você terá uma cor escura mais dramática, mas o marrom mais claro dos biscoitos comuns vão destacar o tom escuro do recheio.

RENDE 14 FATIAS

PARA A BASE:

2 pacotes de Oreo de 154 g cada (28 bolachas ao todo)

50 g de chocolate amargo (mínimo de 70% de cacau)

50 g de manteiga sem sal, amolecida

½ colher de chá de sal marinho defumado em flocos (ver introdução da receita)

1 fôrma para torta com fundo removível de 23 cm e aproximadamente 5 cm de profundidade

- Quebre as bolachas em pedaços e coloque-os na tigela de um processador de alimentos. Faça o mesmo com o chocolate, processando até transformar tudo em migalhas. Adicione a manteiga e o sal e processe novamente até que a mistura comece a grudar. Se estiver fazendo isto manualmente, coloque as bolachas em um saco plástico resistente e bata até virarem migalhas, pique bem o chocolate e derreta a manteiga, depois misture tudo, junto com sal, em uma tigela grande, com uma colher de pau ou suas mãos, usando luvas descartáveis.

- Despeje a massa na fôrma de torta e espalhe pelo fundo e pelas laterais com suas mãos ou com as costas de uma colher, para que a base e as laterais fiquem lisas e cobertas uniformemente. Leve à geladeira para endurecer por pelo menos 1 hora, ou 2 horas se a sua geladeira estiver cheia. Eu não a manteria na geladeira por mais de 24 horas, porque a base de Oreo pode ficar quebradiça demais.

PARA O RECHEIO:

100 g de chocolate amargo (mínimo de 70% de cacau)

25 g de fubá

60 ml de leite integral

500 ml de creme de leite

50 g de cacau em pó, peneirado

2 colheres de chá de café espresso em pó instantâneo (ou café granulado solúvel)

75 g de açúcar

1 colher de chá de pasta ou extrato de baunilha

2 colheres de chá de azeite extravirgem

¾ de colher de chá de sal marinho defumado em flocos

- Pique bem o chocolate. Coloque o fubá em uma xícara, adicione o leite e bata até ficar homogêneo. (Eu acho mais fácil usar xícaras para os líquidos — nesse caso, a medida de leite é equivalente a ¼ de xícara americana, e você precisará de 2 xícaras de creme de leite.)

- Coloque o creme de leite em uma panela pesada, na qual todos os ingredientes caibam e possam ser misturados sem espirrar para fora da panela. Depois, adicione o chocolate picado, o cacau em pó peneirado (ou peneire-o direto sobre a panela), café espresso em pó instantâneo (ou café granulado solúvel) o açúcar, a pasta ou extrato de baunilha, o azeite e o sal defumado. Leve ao fogo médio-baixo e mexa gentilmente — eu uso um batedor de claras pequeno, já que não quero inserir ar na mistura, apenas desfazer os caroços — enquanto o creme de leite aquece e o chocolate comece a derreter.

- Tire do fogo, adicione a mistura de fubá e leite e combine bem até incorporar, depois volte a panela para o fogo baixo. Com uma colher de pau, continue mexendo até que a mistura engrosse, o que acontecerá depois de aproximadamente 10 minutos, mas esteja preparado para demorar alguns minutos a mais ou a menos. Tire a panela do fogo de vez em quando, mexendo sempre, para que tudo se misture, sem que o creme de leite ferva. Quando estiver pronto, o creme deve estar espesso o bastante para cobrir as costas de uma colher de pau, e se você passar o dedo por esse creme, a linha deve permanecer.

- Despeje o creme em uma jarra medidora larga (ele deve chegar até a marca de 600 ml). Agora molhe um pedaço de papel-manteiga com água fria, torça para escorrer e coloque o papel umedecido sobre a mistura de chocolate, depois leve a jarra à geladeira por 15 minutos. A mistura ainda estará morna, mas estará na temperatura certa para ser despejada sobre a base sem derretê-la.

- Despeje a mistura na fôrma forrada com as bolachas e leve de volta à geladeira de um dia para o outro. Não deixe por mais de 24 horas, senão a base começará a amolecer.

- Tire da geladeira por 10 minutos antes de servir, mas desenforme imediatamente. Coloque a fôrma sobre uma lata ou pote e deixe a parte do anel se soltar, depois transfira a torta para um prato ou tábua. Não remova a base da fôrma.

- Fatie modestamente — esta torta é bem doce e intensa, e as pessoas sempre podem repetir — e sirva com crème fraîche; que dará o toque azedinho necessário. A sobra pode ser guardada na geladeira de 4 a 5 dias, mas a base vai amolecer e as laterais ficarão quebradiças. Isso não vai atrapalhar o seu prazer de saborear esta torta, mas eu gosto de servi-la pela primeira vez em condições perfeitas!

OBSERVAÇÃO SOBRE O PREPARO ANTECIPADO	OBSERVAÇÃO SOBRE O ARMAZENAMENTO
A base pode ser feita com 1 dia de antecedência. Quando estiver firme, cubra e mantenha na geladeira até a hora de usar. A torta/recheio podem ser feitos com 1 dia de antecedência. Recheie a torta e deixe na geladeira de um dia para o outro, até ficar firme. Cubra com papel-alumínio, tentando não encostar na superfície da torta.	Guarde a torta na geladeira até a hora de servir. As sobras duram de 4 a 5 dias na geladeira. A base vai amolecer com o passar do tempo.

Torta de mel

Como todos que me seguem no Instagram sabem (lá eu sou @nigellalawson, para quem quiser saber), eu sou obcecada pela loja de tortas The Four & Twenty Blackbirds, no Brooklyn, e sou grata pela missão deles de espalhar o amor pelas tortas. Tudo começou com a Torta de mel salgado deles, e esta é a minha versão dela. Nada muito diferente — por que mexer no que é perfeito? — mas a minha tem uma massa mais fácil de fazer, uma massa para quem tem (peço desculpas a Mel Brooks) "Ansiedade por Tortas". Eu mexi no equilíbrio dos ingredientes do recheio — nem vale a pena mencionar essa questão, mas sinto que qualquer alteração em uma receita deve ser feita abertamente. E, a propósito, você não precisa se limitar a apenas uma das tortas deles: felizmente, o livro *The Four & Twenty Blackbirds Pie Book* existe para corrigir isso. Acho que o toque salgado desta torta contrasta com a doçura do mel, mas, se você preferir abraçar toda a sua intensidade, reduza o sal do recheio para 1 colher de chá. De qualquer forma, é essencial usar sal marinho em flocos, não sal refinado.

Os aficionados por torta dirão que esta não é realmente uma torta, já que não tem massa cobrindo o recheio, mas esta é uma receita americana, e tudo que leva massa deste tipo nos Estados Unidos é uma torta, ok? De qualquer forma, por que você desperdiçaria a chance de fazer algo chamado "Torta de mel"?

Agora, vocês sabem que eu não sou adepta de porções pequenas. Então, acreditem em mim quando eu digo que você deve cortar esta torta em fatias modestas. Em parte porque o sabor é muito intenso, e em parte porque é muito irritante quando as pessoas não comem tudo e você poderia ter algumas fatias sobrando para depois.

RENDE 14 FATIAS

PARA A MASSA DA TORTA:

225 g de farinha de trigo

½ colher de chá de sal marinho fino

125 ml de azeite suave

60 ml de leite integral

PARA O RECHEIO:

100 g de manteiga sem sal, amolecida

150 g de açúcar

1 colher de sopa de polenta fina (não instantânea) ou fubá

2 colheres de chá de sal marinho em flocos

1 colher de chá de pasta ou extrato de baunilha

175 ml de mel de qualidade (250 g)

3 ovos grandes

150 ml de creme de leite

2 colheres de chá de vinagre de maçã

PARA ESPALHAR POR CIMA:

¼ de colher de chá de sal marinho em flocos

1 fôrma para torta com fundo removível de 23 cm e aproximadamente 5 cm de profundidade

- Primeiro, misture a farinha de trigo, o sal, o azeite e o leite até formar uma massa levemente úmida. Você pode fazer isso manualmente ou com uma batedeira manual em velocidade baixa.

- Coloque a massa na fôrma e pressione pacientemente até cobrir o fundo e parte das laterais. Para mim, usar os dedos, os punhos e as costas de uma colher é a melhor forma de fazer isso. Coloque no freezer por pelo menos 1 hora. Eu costumo fazer isso na véspera, mas, de qualquer maneira, você assará a massa congelada.

- Preaqueça o forno a 180° e coloque uma assadeira lá dentro ao mesmo tempo.

- Derreta a manteiga em uma panela média. Tire do fogo e deixe descansar por 5 minutos, depois adicione o açúcar, a polenta ou fubá, 2 colheres de chá do sal marinho em flocos e a pasta ou extrato de baunilha, e misture bem.

- Quando todos os ingredientes acima estiverem incorporados, adicione o mel — untando primeiro a tigela ou jarra onde for medi-lo — e também os ovos, seguidos pelo creme de leite e pelo vinagre, misturando tudo.

- Tire a fôrma forrada com a massa do freezer e despeje nela a mistura de mel, depois a coloque sobre a assadeira dentro do forno para assar de 45 a 50 minutos, virando a fôrma após 30 minutos, quando ela ainda parecerá bem crua. Quando estiver pronta, ela estará com a superfície da cor de bronze, com as bordas crescidas e parecendo um pudim no meio (que continuará firmando à medida que esfria).

- Tire do fogo, coloque sobre uma grelha, espalhe ¼ de colher de chá de sal marinho em flocos sobre a torta e deixe esfriar — isso levará cerca de 2 horas. Eu gosto desta torta quando está fria.

- Para desenformar com facilidade, coloque a fôrma sobre uma lata ou pote e deixe a parte do anel se soltar, depois transfira a torta para um prato ou tábua. Eu consigo remover a base da fôrma com facilidade, mas caso você se sinta mais seguro deixando a base no lugar, faça isso. Seja modesto com as fatias — esta torta é intensa e doce, e você vai querer ter sobras — e sirva com crème fraîche.

OBSERVAÇÃO SOBRE O PREPARO ANTECIPADO	OBSERVAÇÃO SOBRE O ARMAZENAMENTO
A massa da torta pode ser feita com até 1 mês de antecedência. Depois de congelada, embrulhe a torta (dentro da fôrma) em uma camada dupla de filme plástico e uma camada de papel-alumínio. Leve a torta diretamente do freezer ao forno.	As sobras devem ser levadas à geladeira o mais rápido possível. Guarde na geladeira, cobertas com filme plástico, por até 3 dias.

Pavlova de limão-siciliano

Desde minha primeira pavlova em How To Eat, me tornei uma viciada nesse doce. Para mim, o segredo é a acidez. Nunca entendi por que alguém empilharia frutas doces em cima de algo que é essencialmente — e lindamente — uma mistura entre um marshmallow e um merengue. Então, naturalmente, uma pavlova de limão fazia todo o sentido. Eu tive a ideia — é sério — graças ao ator Michael Sheen. Isso não aconteceu na forma de uma dica pessoal, devo admitir. Eu o vi criar uma grande pilha de pavlovas de limão em The Great Comic Relief Bake Off, da BBC II, e isso me inspirou. Muito obrigada, Michael (se me permite).

Você vai notar que a receita pede uma grande quantidade de amêndoas em lascas: isso porque elas são a cobertura da pavlova e não apenas decorativas; a crocância delas é essencial.

Eu faço esta receita usando um pote de creme de limão-siciliano comprado pronto, mas obviamente eu não impediria você de fazer seu próprio creme. Caso você prefira, faça o seguinte: com um batedor de claras, bata 2 ovos grandes, as gemas de outros 2 ovos grandes e 150 g de açúcar em uma panela pesada (fora do fogo). Adicione o suco e as raspas das cascas de 2 limões-sicilianos e 100 g de manteiga sem sal amolecida, cortada em cubos de 1 cm ou em pedaços de tamanho semelhante retirados com uma colher (chá), e leve a panela ao fogo médio, mexendo sempre, até engrossar. Isso levará de 5 a 7 minutos, mas tire a panela do fogo — mexendo sempre — em intervalos regulares durante esse tempo. Quando tiver engrossado, transfira o creme para uma tigela fria e deixe esfriar, mexendo de vez em quando.

Eu fico empolgada feito criança com esta pavlova: ela me faz lembrar que as boas ideias chegam inesperadamente, da mesma forma que a felicidade.

SERVE 8 A 12 PESSOAS

6 claras de ovos (se desejar, você pode usar claras de ovos pasteurizadas)

375 g de açúcar

2 ½ colheres de chá de fubá

2 limões-sicilianos

50 g de amêndoas em lascas

300 ml de creme de leite

1 pote de 325 g de creme de limão-siciliano (ver introdução da receita)

- Preaqueça o forno a 180° e forre uma assadeira com papel-manteiga.

- Bata as claras até formar picos firmes, depois adicione o açúcar, uma colher de sopa de cada vez, batendo até que o merengue esteja firme e brilhante.

- Espalhe o fubá sobre o merengue, em seguida rale a casca — um ralador tipo Microplane é o melhor para fazer isso — de 1 limão e adicione 2 colheres de chá de suco de limão.
- Mexa cuidadosamente até que tudo esteja bem misturado. Despeje na assadeira forrada formando um círculo de aproximadamente 23 cm de diâmetro, alisando as laterais e a superfície com uma faca ou espátula.
- Leve ao forno e imediatamente abaixe a temperatura para 150°. Asse por 1 hora.
- Retire do forno e deixe esfriar, mas não deixe o merengue em um local frio para que ele não rache rápido demais. Se você achar que sua cozinha está fria demais, deixe a pavlova dentro do forno com a porta totalmente aberta. Quando quiser servir, vire a pavlova sobre um prato grande com a base virada para cima. Eu faço isso antes de me sentar para a refeição e a deixo assim até a hora da sobremesa. Dessa forma, o interior macio tipo marshmallow da pavlova se mistura à cobertura macia.
- Toste as amêndoas em lascas em uma frigideira seca sobre fogo médio-alto, até elas começarem a ficar douradas. Sacuda a frigideira em intervalos regulares e não deixe que elas queimem. Isso não leva mais que um minuto, aproximadamente. Quando estiverem prontas, transfira-as para um prato para que não continuem tostando.
- Bata o creme de leite até ficar espesso e aerado, mas ainda macio, até virar um chantilly, e reserve por alguns instantes.
- Coloque o creme de limão-siciliano em uma tigela e bata com uma colher de pau ou espátula para deixá-lo mais macio. Prove o creme (se for industrializado) e adicione um pouco de raspas de casca e suco de limão se estive doce demais.
- Com a mão leve, o coração feliz e uma espátula, espalhe o creme de limão sobre a base de merengue. Agora cubra com o chantilly, formando picos como se fosse uma cobertura de merengue. Espalhe por cima as raspas da casca do limão restante — você pode ralar a casca bem fininha ou mais grossa, como desejar — seguidas das amêndoas em lascas, e sirva triunfantemente.

OBSERVAÇÃO SOBRE O PREPARO ANTECIPADO	OBSERVAÇÃO SOBRE O ARMAZENAMENTO
A base de merengue pode ser feita com 1 dia de antecedência. Guarde em um recipiente hermético até a hora de usar. O creme pode ser feito com até 3 dias de antecedência. Cubra e guarde na geladeira. Mexa antes de usar. As amêndoas podem ser tostadas com uma semana de antecedência. Quando estiverem frias, guarde-as em um recipiente hermético, em temperatura ambiente, até a hora de usar. Monte a pavlova cerca de 1 hora antes de servir.	As sobras podem ser guardadas na geladeira, cobertas com filme plástico, por até 1 dia.

Torta de trapos

"Torta de trapos" não é o nome mais glamouroso para algo que, embora seja incrivelmente simples de fazer, vai deixar você e todos que a provarem em êxtase. O nome é a tradução para o inglês do grego *Patsavouropita*, criado pelas padarias como uma forma de usar sobras de massa filo, os "trapos" mencionados no título. Eles recolhiam os pedaços de massa filo dos balcões e os transformavam nesta torta. Por esse motivo, você não precisa se preocupar em manter sua massa filo coberta ao preparar a torta, como normalmente é aconselhado. Não importa se ela secar um pouco durante o preparo. De fato, isso pode até ser desejável.

Na Grécia existem duas versões, uma doce e uma salgada, mas esta versão foi criada pelo meu amigo Alex Andreou (um *bona fide* — se não for rude demais usar latim aqui — grego de Mykonos, e a fonte de outras receitas deste livro) que mistura os dois, adicionando mel a um feta salgado para criar o que eu só consigo descrever (em termos de sabor) como um cheesecake grego.

Eu já fiz esta torta com vários tipos de massa filo, e descobri que as marcas mais fáceis de encontrar são úmidas e enfarinhadas demais para fazer o trabalho direito. Felizmente, essas marcas fabricam uma massa filo congelada que não apresenta os mesmos problemas, e é por isso que eu estipulei esse tipo abaixo. (A outra vantagem de usar massa filo congelada é que — como o queijo feta possui uma validade bem longa — você pode manter todos os ingredientes para fazer esta torta em seu freezer, geladeira e despensa sem ter que voltar ao supermercado.) No entanto, caso você tenha a sorte de encontrar uma massa filo autêntica, de boa qualidade, então use a massa fresca. E, se você pretende congelar a torta antes de assá-la, com certeza você tem que usar a massa filo fresca, e não congelada. Como os pacotes de massa filo congelada pesam 270 g, foi esse o peso que eu usei, mas de 75 a 100 g a mais ou a menos não devem fazer diferença. Então, se você puder comprá-la em pacotes maiores, ou estiver comprando a massa fresca por peso, fique à vontade, mas não abra um segundo pacote por causa disso.

Receio que esta *Patsavouropita* resulte em uma assadeira bem difícil de lavar, mas, ao prová-la, você verá que vale a pena. Dica: deixe assadeira de molho com sabão em pó, e não em detergente líquido.

RENDE 9 QUADRADOS GENEROSOS

100 g de manteiga sem sal amolecida

1 pacote de 270 g de massa filo comprada congelada, descongelada

250 g de queijo feta

2 colheres de chá de parmesão ralado

2 colheres de chá de tomilho fresco ou 1 colher de chá de tomilho seco

2 ovos grandes

150 ml de leite integral

1 colher de sopa de sementes de gergelim

1 pote de mel de boa qualidade (de flor de laranjeira, por exemplo)

1 assadeira quadrada de 20 cm

- Derreta a manteiga em uma panela pequena, em seguida retire do fogo.

- Forre a assadeira com uma camada de massa filo, cobrindo até as laterais; você terá que usar mais que uma folha. Em seguida espalhe 1 colher de sopa de manteiga derretida sobre a massa.

- Usando 1/3 das folhas de filo restantes, rasgue e amasse as folhas e solte-as sobre a assadeira. Depois adicione metade do feta esmigalhado, espalhe 1 colher de chá de parmesão por cima e pouco menos de 1/2 colher de chá de tomilho fresco (ou 1/4 de colher de chá de tomilho seco) e espalhe 1/3 da manteiga restante por cima de tudo.

- Repita até usar praticamente tudo, exceto um pouco da manteiga e uma pequena quantidade de tomilho. Para a última camada, você pode usar pedaços maiores de "trapos" de massa filo (já que é a "tampa"), preenchendo um pouco mais a assadeira, mas sem deixar de amassar as folhas.

- Dobre para dentro a ponta das folhas de filo que estiverem para fora da assadeira, e espalhe a manteiga restante por cima. Usando a ponta de uma faca afiada, faça 2 cortes na vertical e 2 cortes na horizontal na massa dentro da assadeira para criar 9 porções. É importante usar uma faca afiada para não arrastar e nem amassar a massa filo.

- Bata os ovos com o leite e espalhe sobre o conteúdo da assadeira. Espalhe o restante do tomilho junto com as sementes de gergelim por cima. Deixe descansar por pelo menos 30 minutos em local fresco antes de assar. Se 2 horas forem mais convenientes para você, então a leve à geladeira. E você pode fazer esta torta com antecedência (veja a Observação sobre o preparo antecipado).

- Aqueça o forno a 200° e asse a torta por 30 minutos. Quando estiver pronta, a massa estará dourada e crescida, e estará firme por dentro.

- Deixe-a descansar por 10 minutos e em seguida espalhe 1 colher de sopa do mel por cima.

- Corte em fatias ou quadrados — usando uma faca serrilhada para pão para evitar amassar demais a massa filo na superfície, e depois empurre a faca para baixo para cortar. Sirva a torta direto da assadeira e coloque o pote de mel com uma colher (ou você pode colocá-lo em uma jarra) na mesa para as pessoas adicionarem mais mel ao comer a torta.

OBSERVAÇÃO SOBRE O PEPARO ANTECIPADO	OBSERVAÇÃO SOBRE O ARMAZENAMENTO	NOTA DE CONGELAMENTO
Essa torta pode ser feita com 1 dia de antecedência e guardada na geladeira. A torta também pode ser congelada neste estágio. Nesse caso, asse a torta ainda congelada, de acordo com a Nota de congelamento.	A torta fica melhor servida no dia em que é feita, mas a sobra pode ser guardadas na geladeira, em um prato coberto com filme plástico ou em um recipiente hermético, por até 2 dias. As fatias podem ser aquecidas em forno preaquecido a 150° de 15 a 30 minutos, até ficarem bem quentes. Deixe esfriar por 5 minutos antes de servir (isso fará com que a massa filo volte a ficar crocante).	Embrulhe bem em uma camada dupla de filme plástico e uma camada de papel-alumínio. Congele por até 1 mês. Para assar a torta congelada, desembrulhe a assadeira e leve-a ao forno frio, em seguida ligue o forno a 200° e asse de 45 a 55 minutos. Se a superfície dourar demais (verifique após 40 minutos), cubra com papel-alumínio. Verifique se a torta está bem quente no meio antes de tirar do forno. A sobra também pode ser congelada, bem embrulhada em uma camada dupla de filme plástico e depois colocada dentro de um saco plástico ou embrulhada em papel-alumínio, por até 1 mês. Descongele de um dia para o outro na geladeira e reaqueça de acordo com as orientações acima.

Potes de massa de biscoito com gotas de chocolate

Meus filhos adoram biscoitos com gotas de chocolate tão macios por dentro que eu não consigo manter a parte externa firme o bastante para que os biscoitos mantenham seu formato. Esta, então, é a solução: uma massa de biscoito que você assa em um recipiente pequeno e depois come com uma colher, acompanhada de sorvete ou crème fraîche. A receita em si eu adaptei de outra que encontrei em um site que adoro, thekitchn.com, e estou muito grata por isso.

Se você não tiver ramequins, ou algo parecido, saiba que você pode usar uma fôrma de torta; eu usei uma que mede 20 cm de diâmetro na base e 24 cm de diâmetro na borda, e será preciso 5 minutos a mais para assar. Mas os ramequins resultam em um equilíbrio melhor entre maciez e crocância, e é isto que importa nesta receita.

Sei que culpei meus filhos por esta receita (e para que mais servem as crianças?), mas não veja isto como "comida infantil": toda vez que você for receber amigos para o jantar e não souber o que fazer de sobremesa, esta é a resposta.

SERVE 6 PESSOAS

150 g de farinha de trigo	1 colher de chá de pasta ou extrato de baunilha
½ colher de chá de sal marinho fino	1 ovo grande
½ colher de chá de bicarbonato de sódio	170 g de gotas de chocolate amargo
110 g de manteiga sem sal amolecida	6 ramequins de aproximadamente 8 cm de diâmetro e 4,5 cm de profundidade (cerca de 200 ml de capacidade)
85 g de açúcar mascavo claro	

- Preaqueça o forno a 180°, coloque a farinha de trigo, o sal e o bicarbonato em uma tigela, misturando com um garfo.

- Com uma batedeira ou à mão, bata a manteiga e o açúcar até obter uma mistura leve e cremosa, depois adicione a pasta ou extrato de baunilha e o ovo, batendo novamente para incorporar.

- Gentilmente adicione a mistura de farinha e, quando estiver tudo incorporado, adicione as gotas de chocolate e misture.

- Divida a massa entre os 6 ramequins (você precisará de cerca de 4 ½ colheres de sopa de massa para cada um). Usando uma espátula pequena (para facilitar) ou as costas de uma colher de chá, espalhe a mistura para cobrir o fundo dos ramequins, e alise as superfícies.

- Coloque os ramequins em uma assadeira e asse no forno de 13 a 15 minutos. Eles ainda estarão bem macios por dentro, mas a superfície estará firme, e eles devem estar dourados nas beiradas e começando a se soltar das laterais dos ramequins.

- Deixe esfriar de 5 a 10 minutos antes de servir. Você pode colocar uma bola de sorvete em cima de cada um ou servir com crème fraîche à parte. Eles vão firmar enquanto esfriam, por isso não perca tempo.

OBSERVAÇÃO SOBRE O PREPARO ANTECIPADO	NOTA DE CONGELAMENTO
Os potes podem ser preparados com até 6 horas de antecedência, depois cobertos com filme plástico e guardados na geladeira. Deixe que fiquem em temperatura ambiente antes de assar.	Embrulhe bem cada ramequim com uma camada dupla de filme plástico e coloque-os em sacos plásticos ou embrulhe cada um em papel-alumínio. Congele por até 3 meses. Asse ainda congelados, adicionando mais 2 minutos ao tempo de forno.

Brownies de Nutella

Quando fiz estes brownies pela primeira vez, eu os coloquei na mesa depois do jantar e nunca vi um prato acabar tão rapidamente. Naturalmente, eu os fiz várias vezes desde então. Como os ingredientes — sim, todos eles — fazem parte dos itens básicos da minha cozinha, eu sei que sempre tenho tudo para fazer estes brownies sem qualquer planejamento. Dito isso, esta é uma daquelas receitas que fica melhor no dia seguinte, não que você possa ter uma chance de descobrir isso.

RENDE 16 QUADRADOS

4 ovos grandes	½ colher de chá de açúcar de confeiteiro
1 pitada de sal matinho fino	
250 ml de Nutella (270 g)	1 assadeira quadrada de 20 cm

- Preaqueça o forno a 180°. Forre a base e as laterais da sua assadeira com papel-manteiga.

- Quebre os ovos em uma tigela, depois adicione o sal e bata, usando uma batedeira ou um batedor de claras elétrico, até que eles tenham dobrado de volume e estejam claros, aerados e parecendo uma mousse. Isso levará cerca de 5 minutos.

- Coloque a Nutella em uma jarra medidora que possa ir ao micro-ondas, enchendo até a marca de 250 ml, e aqueça por 1 minutos a 750 watts. Ou você pode amolecê-la em banho-maria de 3 a 4 minutos, mexendo de vez em quando, até que esteja morna e levemente líquida.

- Mexa a Nutella aquecida, em seguida adicione-a aos ovos despejando continuamente e batendo o tempo todo, até que toda a Nutella esteja incorporada. Isso vai fazer o volume dos ovos diminuir um pouco, mas não se preocupe com isso.

- Despeje a mistura na fôrma preparada e asse de 17 a 20 minutos, quando a superfície estará seca e o meio macio, mas firme como se fosse uma gelatina.

- Deixe esfriar completamente na assadeira; a massa vai se afastar um pouco das laterais da assadeira enquanto isso. Quando estiver frio, corte em 16 quadrados, arrume-os em um prato e polvilhe um pouco de açúcar de confeiteiro usando uma peneira fina.

OBSERVAÇÃO SOBRE O ARMAZENAMENTO	NOTA DE CONGELAMENTO
Guarde em um recipiente hermético, em local fresco, por até 5 dias, ou na geladeira por até 1 semana. Em clima quente, guarde na geladeira.	Empilhe os quadrados em um recipiente hermético com papel-manteiga entre as camadas. Congele por até 3 meses. Para descongelar, coloque os quadrados sobre uma grade e deixe em temperatura ambiente por cerca de 1 hora, ou descongele de um dia para o outro na geladeira.

Biscoito com gotas de chocolate e pasta de amendoim sem farinha

Eu não consigo parar de fazer estes biscoitos e, enquanto os faço, eles são devorados. Felizmente eles são extraordinariamente fáceis de preparar. E, por acaso, eles não contém glúten nem lactose. Verifique a lista de ingredientes da pasta de amendoim se você realmente precisar que estes biscoitos não contenham glúten (caso sejam para um celíaco, por exemplo), já que as marcas variam. Receio que a pasta de amendoim vendida em lojas de produtos naturais (o tipo que eu gosto de passar na torrada) não funcione aqui.

Estes biscoitos amolecem de um dia para o outro — embora existam pessoas que o prefiram assim — e ficam mais crocantes logo depois de assados, mas eles ficarão bons de qualquer maneira guardados em um recipiente hermético por até uma semana. Se é que vão durar tanto.

RENDE 16 BISCOITOS

225 g de pasta de amendoim cremosa
100 g de açúcar mascavo claro
½ colher de chá de bicarbonato de sódio
1 pitada de sal marinho fino

1 ovo grande
1 colher de chá de pasta ou extrato de baunilha
50 g de gotas de chocolate amargo

- Preaqueça o forno a 180°.
- Em uma tigela, bata a pasta de amendoim, o açúcar mascavo, o bicarbonato e o sal.
- Adicione o ovo e o extrato de baunilha, mas não bata demais: apenas misture-os gentilmente.
- Adicione e misture as gotas de chocolate, depois forre 1 ou 2 assadeiras com papel-manteiga.
- Com uma colher de sopa, coloque porções da massa nas assadeiras preparadas, deixando de 5 a 6 cm de distância entre elas, depois asse os biscoitos por 10 minutos até que estejam levemente mais escuros nas bordas. Vai parecer que eles estão crus, mas ficarão com a textura perfeita depois de frios (se você conseguir esperar que esfriem).
- De qualquer forma, deixe-os nas assadeiras por 10 minutos, já que eles estarão muito frágeis. Depois transfira-os com cuidado para uma grade, para esfriarem. Isso leva mais 10 minutos; eu costumo devorar alguns depois de 5 minutos.

OBSERVAÇÃO SOBRE O PREPARO ANTECIPADO	OBSERVAÇÃO SOBRE O ARMAZENAMENTO	NOTA DE CONGELAMENTO
Coloque porções da massa em uma assadeira forrada com papel-manteiga. Quando estiverem sólidas, transfira para um saco plástico e congele por até 3 meses. Asse os biscoitos ainda congelados, adicionando 1 minuto ao tempo de forno.	Guarde em um recipiente hermético, em temperatura ambiente fresca, por até 1 semana.	Coloque os biscoitos assados em um saco plástico ou empilhe-os em um recipiente hermético com papel-manteiga entre as camadas. Congele por até 3 meses. Descongele sobre uma grade por cerca de 1 hora.

Biscoitos de três chocolates e trigo sarraceno

Para quem ainda não conhece o termo "procrastibaking", este é um ótimo exemplo do gênero, e embora eu tenha sido pioneira na prática, a autora do termo é Aya Reina — e sinto que ele merece ser mais conhecido e parabenizado. Eu estava no meio da sessão de fotos para este livro quando fiz estes biscoitos pela primeira vez — eu estava adiando algumas mudanças que deveria fazer nas receitas (a administração não costuma me atrair muito) — e de repente senti uma necessidade urgente de fazer esta receita. (Não há um livro meu no qual eu não me desviei da lista de receitas fotografadas e introduzi uma receita até então não planejada.) A receita em si é adaptada do site londonbakes.com, que, por sua vez, é uma adaptação do livro *Chocolate Magic*, de Kate Shirazi: esta é a história da culinária.

Eu mexi um pouco nas quantidades, só porque eu queria um pouco menos de açúcar e muito mais chocolate, mas a estrela aqui é o trigo sarraceno, não apenas porque os biscoitos não contêm glúten graças a ele, mas principalmente porque ele dá uma textura e um sabor únicos, criando um biscoito que possui a maciez de uma bolacha tipo *shortbread* e também um sutil sabor defumado. Quem gosta de biscoitos molinhos pode achar estes um pouco firmes demais, mas eu gosto de biscoitos macios e mesmo assim vivo encontrando desculpas para fazer estes. Eles derretem na boca e são totalmente *sui generis*.

O trigo sarraceno — exoticamente chamado *farine de sarrasin* em francês, e é a farinha francesa que eu costumo usar — nunca contém glúten, mas (como acontece com a aveia) ele geralmente é contaminado pela presença de glúten, dependendo das fábricas nas quais é produzido. Então, se você estiver fazendo esta receita por não conter glúten, e não apenas pelo sabor do trigo sarraceno, verifique se o pacote diz que não tem glúten antes de começar.

RENDE APROXIMADAMENTE 25 BISCOITOS

150 g de gotas de chocolate amargo

125 g de chocolate amargo (no mínimo 70% de cacau)

125 g de trigo sarraceno

25 g de cacau em pó, peneirado

½ colher de chá de bicarbonato de sódio

½ colher de chá de sal marinho fino

60 g de manteiga sem sal amolecida

125 g de açúcar mascavo escuro

1 colher de chá de pasta ou extrato de baunilha

2 ovos grandes, gelados

- Coloque as gotas de chocolate em um prato raso e leve-o à geladeira enquanto você estiver fazendo a massa. Não faria mal colocá-los no freezer também. Eu faço isso para que as gotas não derretam demais enquanto assam, e se mantenham inteiras para um sabor mais intenso de chocolate.
- Preaqueça o forno a 180° e forre duas assadeiras (ou 1, se você for assar em duas fornadas) com papel-manteiga.
- Pique grosseiramente o chocolate amargo e derreta-o no micro-ondas, em uma tigela adequada, ou em banho-maria. Deixe de lado para esfriar um pouco.
- Em outra tigela, misture o trigo sarraceno, o cacau em pó, o bicarbonato e o sal, e misture tudo muito bem com um garfo.
- Em outra tigela (eu uso minha batedeira manual aqui, mas uma tigela e um mixer, ou mesmo uma colher de pau e força no braço funcionariam também), bata a manteiga, o açúcar e o extrato de baunilha até que fique leve e da cor de um caramelo claro, usando uma espátula para limpar as laterais da tigela, se necessário. Adicione o chocolate derretido frio e depois os ovos gelados (isso significa que não é preciso refrigerar a massa antes de assar) um a um, batendo sempre. Quando ambos estiverem incorporados à mistura de manteiga e açúcar, raspe as laterais da tigela novamente, abaixe a velocidade e adicione cuidadosamente os ingredientes secos.
- Usando uma colher de pau ou espátula, misture as gotas de chocolate frias, depois coloque porções de 1 colher de sopa de massa em uma assadeira forrada, deixando cerca de 6 cm entre cada uma. Coloque a tigela com o restante da massa na geladeira enquanto você assa a primeira fornada de biscoitos.
- Asse de 9 a 10 minutos, quando os biscoitos estarão firmes apenas nas beiradas, mas de resto parecerão crus. Retire a assadeira do forno e deixe os biscoitos na assadeira por mais 10 minutos antes de transferi-los para uma grade para esfriar.
- Quando a assadeira estiver fria, ou se você tiver outra assadeira forrada com papel-manteiga e pronta para ser usada, tire a tigela de massa da geladeira e repita o procedimento.

OBSERVAÇÃO SOBRE O PREPARO ANTECIPADO	OBSERVAÇÃO SOBRE O ARMAZENAMENTO	NOTA DE CONGELAMENTO
A massa dos biscoitos pode ser feita com antecedência, depois coberta e guardada na geladeira por até 3 dias. Se a massa estiver firme demais para ser colocada em porções na assadeira, deixa-a em temperatura ambiente por 20 minutos.	Guarde em um recipiente hermético, em local fresco, por até 5 dias.	Coloque porções da massa em uma assadeira forrada com papel-manteiga e leve ao freezer. Quando estiverem sólidas, transfira para um saco plástico e congele por até 3 meses. Asse os biscoitos ainda congelados, adicionando 1 minuto ao tempo de forno. Os biscoitos assados também podem ser congelados em sacos plásticos por até 3 meses. Descongele sobre uma grade, em temperatura ambiente, por cerca de 1 hora.

Biscoitos ANZAC com sementes

Os biscoitos ANZAC, supostamente servidos àqueles que serviram nas Forças Armadas da Austrália e da Nova Zelândia durante a Primeira Guerra Mundial, não continham ingredientes que poderiam estragar durante a longa viagem. Embora eu ache importante comemorar o Dia ANZAC[1] de maneira adequada todo dia 25 de abril (essa foi a data do primeiro desembarque da ANZAC em Galípoli, em 1915), não acho necessário fazer estes biscoitos tão duros, secos e resistentes quanto eles precisavam ser naquela época. Então eu tomei algumas liberdades e adicionei sementes de abóbora, de girassol e de gergelim, que talvez não durem uma viagem longa sem refrigeração, mas deixam o biscoito com uma textura muito mais agradável. Eles parecem barrinhas de cereais na forma de biscoitos.

No entanto, existem aqueles que gostam dos biscoitos ANZAC crocantes, e aqueles — como eu — que gostam deles mais macios (também gosto de fazer os meus com aveia germinada). Para agradar a ambos os gostos, eu preparei os biscoitos que você vê na próxima página de 3 maneiras diferentes. À esquerda, o biscoito mais crocante, feito com aveia comum e assado por 12 minutos; no meio, biscoitos feitos com aveia germinada e assados por 12 minutos; e à direita, meus biscoitos preferidos, usando aveia germinada e assados por 10 minutos. No entanto, não se prenda ao uso da aveia germinada. Um fator mais decisivo é o tempo de forno. Quem tiver um forno mais quente que o meu talvez deva assar de 8 a 10 minutos em vez de 10 a 12 minutos.

[1] ANZAC é a sigla para Forças Armadas da Austrália e Nova Zelândia [*N. da T.*].

RENDE APROXIMADAMENTE 15 BISCOITOS

100 g de manteiga sem sal amolecida	50 g de coco ralado não adoçado
100 g de açúcar mascavo claro	100 g de aveia comum ou germinada (não instantânea)
2 colheres de sopa de xarope de açúcar invertido	
½ colher de chá de bicarbonato de sódio	25 g de sementes de abóbora
2 colheres de sopa de água quente, recém-fervida	25 g de sementes de girassol
125 g de farinha de trigo	25 g de sementes de gergelim

- Preaqueça o forno a 180° e forre 2 assadeiras grandes com papel-manteiga (ou use 1 assadeira se você for assar em 2 fornadas).

- Em uma panela grande o bastante para acomodar todos os ingredientes, derreta a manteiga, o açúcar e o xarope de açúcar invertido juntos, depois tire do fogo.

- Em uma tigela, dissolva o bicarbonato de sódio na água quente, depois adicione à mistura de manteiga na panela.

- Agora adicione os demais ingredientes à panela e misture bem.

- Coloque porções do tamanho de uma colher de sopa nas assadeiras preparadas, deixando de 2 a 3 cm entre elas para que os biscoitos tenham espaço para se espalhar ao assar, depois achate-as levemente com uma espátula ou com as costas de uma colher.

- Asse de 8 a 10 minutos (ou um pouco mais, se você quiser biscoitos crocantes) até ficarem dourados, trocando as assadeiras de lugar e girando-as na metade do tempo. Quando estiverem prontos, os biscoitos ainda estarão levemente macios, mas vão endurecer como se deve depois que esfriarem.

- Retire do forno e deixe os biscoitos nas assadeiras por 5 minutos, antes de usar uma espátula grande para transferi-los para uma grade, para esfriar.

OBSERVAÇÃO SOBRE O ARMAZENAMENTO	NOTA DE CONGELAMENTO
Guarde em um recipiente hermético em temperatura ambiente fresca por até 1 semana. A versão mais crocante dos biscoitos vai amolecer ligeiramente com o passar do tempo.	Coloque os biscoitos assados em um saco plástico, ou empilhe-os em um recipiente hermético com papel-manteiga entre as camadas, e congele por até 3 meses. Descongele biscoitos individuais sobre uma grade por cerca de 1 hora antes de comer.

Sorvete de abóbora com conhaque sem sorveteira

Eu faço sorvetes sem usar uma sorveteira desde o livro *How To Eat*, mas devo dizer que o Sorvete de café em uma etapa sem sorveteira do *Nigellisima* marcou o início do meu flerte com o leite condensado como um ingrediente que simplifica o processo preguiçoso de fazer sorvete. Existem pessoas puras demais para este tipo de truque mas, embora as respeite, não sou uma delas.

O início desta receita em particular é o Bolo de abóbora (**p. 289**), ou melhor, o fato de que, depois de fazer o bolo, eu tinha uma pequena quantidade de purê de abóbora sobrando. Misturei a ele metade de uma lata de leite condensado, adicionei creme de leite, noz-moscada ralada na hora e um pouco de conhaque e pronto: consegui um sorvete maravilhosamente saboroso e — por mais estranho que isso soe — com um sabor bem quente. Sirva-o com o bolo que deu origem a ele ou com o Bolo de sidra e 5 especiarias chinesas (**p. 293**), ou seja radical e dê a ele o papel de manteiga com conhaque para acompanhar sua sobremesa neste Natal. Quem comemora o Dia de Ação de Graças não precisaria de muito incentivo para servi-lo acompanhando uma maçã quente ou, obviamente, torta de abóbora, e ele fica ótimo acompanhando uma torta de noz pecan também.

RENDE APROXIMADAMENTE 1 LITRO

125 g de purê de abóbora (enlatado — use as sobras de purê do Bolo de abóbora da página 289)

½ lata de 397 g de leite condensando (150 ml)

300 ml de creme de leite

1 colher de chá de noz-moscada ralada na hora

3 colheres de sopa de conhaque (45 ml)

2 potes de sorvete vazios ou recipientes herméticos, de 500 ml cada (ou 1 pote ou recipiente de 1 litro)

- Misture o purê de abóbora e o leite condensado em uma tigela até incorporar.
- Adicione o creme de leite e bata até começar a engrossar.
- Rale a noz-moscada sobre o sorvete e adicione o conhaque lentamente, batendo sempre.
- Despeje em seu recipiente ou recipientes e congele de um dia para o outro. Tire do freezer por 10 minutos para amolecer antes de servir.

OBSERVAÇÃO SOBRE O PREPARO ANTECIPADO	OBSERVAÇÃO SOBRE O ARMAZENAMENTO
O sorvete pode ser preparado e congelado com até 1 semana de antecedência.	Sobras de sorvete devem ser colocadas novamente no freezer o mais rápido possível, e ele fica melhor se for consumido dentro de 1 mês.

Sorvete de cassis com calda de alcaçuz sem sorveteira

Assim como o Bolo de chocolate, cassis e alcaçuz (**p. 280**), este sorvete é inspirado na minha bala favorita. E, na forma de sorvete, estes sabores — o frescor do cassis maravilhosamente contrabalanceado pelo quase pungente toque de alcaçuz — são particularmente atraentes, já que ambos se misturam nesse meio cremoso e aconchegante. No entanto, este sorvete não é para quem odeia alcaçuz. Ainda mais porque eu uso a calda salgada de alcaçuz nesta receita e, de fato, em toda receita na qual eu consiga usá-la.

Eu tenho um antigo pote de sorvete de 1 litro (ele mede 18 x 12 x 7 cm) para isto, já que você precisa de um espaço não fornecido pelos potes de sorvete cilíndricos de 500 ml que eu geralmente prefiro. Obviamente, qualquer recipiente de dimensões semelhantes vai servir.

Geralmente é difícil encontrar cassis, mas talvez você consiga encontrá-los congelados. Quase sempre eu sou obrigada a retirar um por um de um pacote de frutas silvestres congeladas. Se você não conseguir juntar 150 g de cassis, use 100 g e aumente a quantidade de suco de limão-siciliano para 3 colheres de sopa.

RENDE APROXIMADAMENTE 1 LITRO

150 g de cassis fresco ou congelado
2 colheres de sopa de suco de limão-siciliano
½ lata de 397 g de leite condensado (150 ml)
300 ml de creme de leite

3 colheres de chá de calda salgada de alcaçuz

1 pote de sorvete vazio de 1 litro (aproximadamente 18 x 12 x 7 cm) ou recipiente hermético de tamanho semelhante

- Coloque o cassis em uma panela pequena (não descongele, se estiver usando o fruto congelado) com o suco de limão-siciliano, tampe e cozinhe em fogo médio por 5 minutos, quando você deverá ter um líquido escuro com os frutos boiando. Transfira para a tigela na qual você vai misturar o sorvete e use um garfo para amassar e formar um purê; é bom ter pedacinhos de cassis no meio do sorvete depois. Deixe esfriar.

- Misture o leite condensado ao purê de cassis frio e, quando estiver tudo incorporado, adicione o creme de leite e bata até engrossar. Coloque metade desta mistura no seu recipiente. Agora mergulhe uma colher de chá pontiaguda no xarope de alcaçuz e espalhe a calda sobre a mistura de sorvete, fazendo um ziguezague ou listras, reabastecendo mais ½ colher de chá com a calda e repetindo o processo.

- Cubra com a metade restante da mistura de sorvete e faça o mesmo novamente com a calda de alcaçuz. Agora pegue um palito de churrasco e mexa a massa com ele, fazendo "ondas", para que a calda brilhante se espalhe pelo creme cor-de-rosa e o resultado pareça um exemplo comestível de mármore Florentino.

- Tampe e congele de um dia para o outro, até ficar firme. Tire do freezer de 10 a 15 minutos antes de servir, para permitir que ele amoleça. É preciso dizer para levar o pote de calda de alcaçuz à mesa para colocar mais sobre o sorvete enquanto você come?

OBSERVAÇÃO SOBRE O PREPARO ANTECIPADO	OBSERVAÇÃO SOBRE O ARMAZENAMENTO
O sorvete pode ser preparado e congelado com até 1 semana de antecedência.	A sobra de sorvete deve ser devolvida ao freezer o mais rápido possível, e ele fica melhor se for consumido dentro de 1 mês.

Sorvete de matcha sem sorveteira

Eu adoro sorvete de matcha, e esta versão me dá um prazer ainda maior. Sim, ela é ridiculamente fácil de fazer, o que é gratificante, mas o mais glorioso — e importante — é o equilíbrio perfeito entre o amargor sofisticado do matcha em pó e a doçura quase infantil do leite condensado. Você jamais imaginaria que um ingrediente tão rústico poderia influenciar neste resultado exótico.

Eu fiz este sorvete pela primeira vez durante a sessão de fotos para este livro, como uma receita extra espontânea, simplesmente porque o matcha ainda estava na bancada depois que eu fiz o Bolo de matcha (**p. 295**) e tenho que dizer que ele se tornou uma de minhas receitas favoritas.

Caso você faça os Bolinhos de chocolate derretido do livro *Delícias Divinas*, eu insisto para que você sirva este sorvete como acompanhamento.

RENDE APROXIMADAMENTE 1 LITRO

½ lata de 397 g de leite condensado (150 ml)

300 ml de creme de leite

2 colheres de sopa de chá verde em pó Izu Matcha (ver introdução da receita do Bolo de matcha da página 295)

2 potes de sorvete vazios ou recipientes herméticos, de 500 ml cada (ou 1 pote ou recipiente de 1 litro)

- Coloque o leite condensado em uma tigela e mexa para soltar. Adicione o creme de leite e bata até começar a engrossar.
- Em seguida adicione o chá verde em pó e bata até obter um chantilly verde.
- Despeje no seu recipiente ou recipientes e congele de um dia para o outro.
- Tire o sorvete do freezer para amolecer por 10 minutos antes de servir.

OBSERVAÇÃO SOBRE O PREPARO ANTECIPADO	OBSERVAÇÃO SOBRE O ARMAZENAMENTO
O sorvete pode ser preparado e congelado com até 1 semana de antecedência.	A sobra de sorvete deve ser devolvida ao freezer o mais rápido possível, e ele fica melhor se for consumido dentro de 1 mês.

Sorvete de missô branco sem sorveteira

Esta é uma história de sobras com efeito dominó. Eu tinha um pouco de purê de abóbora que sobrou do bolo da **página 289**, então eu fiz o Sorvete de abóbora com conhaque (**p. 334**). Dessa receita sobrou metade de uma lata de leite condensado aberta, então eu fiz este sorvete. Receio que esse seja o meu jeito. Mas eu também deveria dizer, em minha defesa, que eu sempre quis fazer uma versão simples, sem sorveteira, de um sorvete de missô branco, parecido com este, desde que provei o original no The Shiori, um pequeno restaurante Kaiseki em Londres que eu preferiria guardar em segredo, mas não o farei.

A ideia de um sorvete de missô pode parecer estranha, mas pense em um caramelo salgado, só que mais sutil e mais profundo ao mesmo tempo. (E caso você queira o sorvete de caramelo salgado de verdade, acesse nigella.com para ver meu Sorvete de caramelo salgado e bourbon sem sorveteira — em inglês). Eu gosto de saboreá-lo com um pouquinho de calda salgada de alcaçuz por cima, mas talvez uma apresentação mais tranquila seria experimentá-lo com um pouco de xarope de açúcar invertido. Mas ele é maravilhoso sozinho, na casquinha de wafer ou acompanhando o Bolo de sidra e 5 especiarias chinesas (**p. 293**) enquanto ele ainda está quente, ou a Torta de maçã e amora sem glúten (**p. 302**).

RENDE APROXIMADAMENTE 1 LITRO

100 g de missô branco doce
½ lata de 397 g de leite condensado (150 ml)
300 ml de creme de leite

2 potes de sorvete vazios ou recipientes herméticos, de 500 ml cada (ou 1 pote ou recipiente de 1 litro)

- Misture a pasta de missô e o leite condensado em uma tigela, e mexa bem para incorporar.
- Despeje em seu recipiente ou recipientes e congele de um dia para o outro.
- Tire o sorvete do freezer para amolecer por 10 minutos antes de servir.

OBSERVAÇÃO SOBRE O PREPARO ANTECIPADO	OBSERVAÇÃO SOBRE O ARMAZENAMENTO
O sorvete pode ser preparado e congelado com até 1 semana de antecedência.	As sobras de sorvete devem ser devolvidas ao freezer o mais rápido possível, e ele fica melhor se for consumido dentro de 1 mês.

Calda de caramelo com sal defumado

Eu fiz esta calda pela primeira vez para a revista *Sylist*, como parte do que se tornou quase uma edição inteira (eu era a editora convidada) dedicada ao encanto do caramelo salgado. Eu nunca mais parei de fazê-la. Não me interessa se os *hipsters* acham que caramelo salgado não está mais na moda. A comida ou é boa ou não é, e, embora a moda dependa da mudança rápida, o sabor — se for autêntico — permanece.

Eu fiz um pequeno ajuste em minha receita original. Descobri o sal marinho defumado em flocos Maldon, e ele eleva esta calda a outro nível de sabor. Mas qualquer sal marinho em flocos de qualidade vai servir. Trata-se daquela nada santa trindade de gordura, açúcar e sal. Mas eu não estou pedindo para você viver à base disto!

Dica: em um Natal, transformei isto em uma manteiga com conhaque e caramelo salgado, misturando 2 colheres de sopa desta calda (já fria) junto com 2 colheres (sopa) de conhaque a 150g de manteiga sem sal amolecida. Foi um ótimo Natal.

SERVE 6 PESSOAS, COMO CALDA PARA BOLO OU SORVETE

75 g de manteiga sem sal	125 ml de creme de leite
50 g de açúcar mascavo claro	2 colheres de chá de sal marinho defumado em flocos, ou a gosto
50 g de açúcar	
50 g de xarope de açúcar invertido	

- Derreta a manteiga, os açúcares e o xarope em uma panela pequena e pesada e deixe cozinhar por 3 minutos, girando a panela de vez em quando.

- Adicione o creme de leite e o sal defumado e gire a panela novamente, depois mexa com uma colher de pau e prove. Tenha cuidado para não queimar a língua, e veja se você quer adicionar mais sal antes de deixar cozinhar por mais um minuto, em seguida coloque em uma molheira para servir.

OBSERVAÇÃO SOBRE O PREPARO ANTECIPADO	OBSERVAÇÃO SOBRE O ARMAZENAMENTO	NOTA DE CONGELAMENTO
Esta calda pode ser feita com antecedência e guardada na geladeira, em um recipiente hermético, por 1 semana. Retire a calda da geladeira cerca de 1 hora antes de servir, até que ela fique em temperatura ambiente, ou aqueça-a cuidadosamente em uma panelinha.	A calda que sobrar deve ser refrigerada o mais rápido possível e guardada na geladeira, em recipiente hermético, onde durará por até 1 semana depois do dia de preparo. Não reaqueça a calda mais de uma vez.	A calda também pode ser congelada por até 3 meses. Descongele a calda de um dia para o outro na geladeira antes de servir. A calda descongelada deve ser usada dentro de 1 semana.

COMEÇOS

COMEÇOS

Não vou me demorar muito: ninguém quer ter uma conversa séria logo pela manhã. Mas este capítulo foi uma delícia de fazer e mudou a maneira como eu encaro o meu café da manhã: hoje eu fico ansiosa por ele. Todos nós sabemos que o café da manhã deve ser a refeição mais importante do dia, mas na verdade sempre foi o único momento em que eu tenho que me obrigar a comer. Por causa disso, eu sempre comi a mesma coisa todas as manhãs — ovo com torrada — que eu repetia, automaticamente, só porque eu sabia que precisava comer algo, e não queria pensar a respeito. Em outras palavras, por uma breve hora pela manhã, eu me transformava em uma daquelas pessoas estranhas que não pensam em comida o tempo todo. Felizmente, estas receitas me salvaram. É verdade que eu ainda costumo decidir na noite anterior (da mesma forma que, quando eu trabalhava em um escritório, eu separava as roupas para o dia seguinte quando ia dormir) para não ter que tomar decisões pela manhã. Mas o que me resta é a alegria da antecipação, o prazer de comer e o sentimento de que o novo dia deve ser celebrado.

Eu escolhi encerrar este livro com este capítulo e seu título adequado, em vez de começar com ele, porque sinto que, depois dos finais vêm novos começos, e as receitas que se seguem são o *carpe diem* da minha cozinha.

Latte de matcha

Quando li sobre matcha pela primeira vez, confesso que o considerei uma moda ridícula. Agora, eu estou viciada. Sim, matcha é caro, mas fazer esta bebida em casa nem se compara com o que você pagaria em uma cafeteria. E existe um motivo para o lindo matcha em pó custar tão caro: o chá é tratado com muito cuidado, cultivado sob uma cobertura (para realçar sua cor verde e mantê-lo macio) e colhido à mão, para começar. Existem muitas alegações não provadas sobre seus benefícios à saúde, embora ele certamente seja rico em antioxidantes e contenha altos níveis de L-Teanina — um aminoácido solúvel em água que ajuda a controlar a ansiedade e promover um estado "alerta e relaxado" —, que age em conjunto com a cafeína do chá para aprimorar a percepção. Então, no fim das contas, é uma boa maneira de começar o dia, eu diria.

Como eu gosto de chá bem forte, acho que este é o chá perfeito para quem não bebe café e deseja algo cremoso e energético. E a quantidade de leite com certeza sacia (eu considero isto como uma refeição em forma de bebida). Eu gosto de preparar o meu com leite de aveia (e eu compro um feito especialmente para baristas, já que ele faz uma espuma fantástica), mas você pode usar leite de amêndoas (e, se você gostar de açúcar, que eu não gosto, leite de amêndoas adoçado) ou qualquer outro leite de sua preferência.

SERVE 1 PESSOA

1 ½ colher de chá de matcha em pó, e mais se você quiser fazer um desenho na superfície	2 colheres de sopa de água quente, recém-fervida
	¾ de xícara de leite da sua preferência (175 ml)

- Coloque o matcha em pó em uma caneca, adicione a água quente e misture usando um minimixer, como o Aerolatte.

- Aqueça o leite no micro-ondas por 1 ½ minuto, ou em uma panelinha no fogo, até ficar bem quente, depois retire e bata com o mini-mixer até o leite quase dobrar de volume.

- Adicione metade do leite à pasta de matcha e misture, usando o mini-mixer, depois despeje por cima o restante do leite. Se você quiser se sentir um barista em sua própria casa, compre alguns estênceis feitos para este fim, coloque o que você escolher sobre a caneca e polvilhe matcha em pó sobre as partes vazadas.

Compota de ruibarbo e gengibre

Eu ainda não escrevi um livro que não tivesse uma receita com ruibarbo ("como um melhor amigo sarcástico, que torna tudo mais interessante", nas palavras do escritor de gastronomia do *Los Angeles Times*, Russ Parsons) e não pretendo começar agora.

Aqui, o sabor do ruibarbo é realçado pela grande quantidade de gengibre e, servida sobre iogurte pela manhã, com pistaches picados por cima, é uma maneira linda e revigorante de começar o dia. Eu adoro a gloriosa cor rosa do ruibarbo "forçado" do famoso Triângulo de Yorkshire, quando ele está na época.

RENDE APROXIMADAMENTE 600 ML, O SUFICIENTE PARA 6 A 10 PORÇÕES, DEPENDENDO DE COMO É SERVIDA

800 g de ruibarbo (peso já limpo)

1 pedaço de 10 cm de gengibre fresco (50 g), descascado

200 g de açúcar

- Preaqueça o forno a 190°. Pique o ruibarbo: os talos finos devem ser cortados em bastões de 5 a 6 cm; os talos gordos devem ser cortados em pedaços de 3 cm. O objetivo aqui é simplesmente garantir que todo o ruibarbo cozinhe de maneira uniforme. Coloque em uma assadeira ou travessa na qual o ruibarbo possa ser acomodado em uma única camada; eu uso uma que mede aproximadamente 29 x 25 x 5 cm.

- Corte o gengibre descascado em fatias finas no sentido do comprimento, depois corte essas fatias ao meio. Adicione ao ruibarbo e, usando a mãos, misture bem. Agora, adicione o açúcar e misture gentilmente: talvez você prefira usar espátulas para fazer isso, mas eu não me importo de ficar com as mãos meladas. Com as mãos limpas, cubra com uma folha de papel-alumínio, selando bem as bordas, e leve ao forno por 45 minutos. Talvez seja bom verificar aos 30 minutos e virar a mistura com cuidado para ajudar todo o açúcar a se dissolver, e eu quero dizer com cuidado mesmo: você não quer desmanchar o ruibarbo e correr o risco de fazê-lo virar um purê. Eu gosto que os pedaços de ruibarbo sejam bem discretos.

- Após 45 minutos, ou quando o ruibarbo estiver macio, mas ainda mantendo o seu formato, e o açúcar tiver virado uma calda rosa com os sucos do ruibarbo, tire a assadeira do forno, remova o papel-alumínio e deixe descansar de 5 a 10 minutos para esfriar um pouco, e em seguida coe cuidadosamente em uma peneira grande sobre uma tigela ou jarra de boca larga. Despeje o líquido em uma panela e leve ao fogo alto para reduzir. Você pode fazer isso usando a assadeira onde assou o ruibarbo, caso ela possa ir ao fogo direto. Deixe borbulhar até reduzir pela metade. Se estiver fazendo isso em uma panela, levará de 5 a 7 minutos, e será ainda mais rápido em uma assadeira. Verifique o sabor e a viscosidade.

- Quando a calda estiver reduzida, despeje-a em uma jarra ou tigela para esfriar um pouco — se você prefere o sabor em vez da ardência do gengibre, retire as fatias de gengibre do ruibarbo neste momento — e, depois, espalhe sobre o ruibarbo. Deixe a travessa de ruibarbo esfriar completamente por cerca de 2 horas, antes de cobri-la e levá-la à geladeira até a manhã seguinte, ou por até 5 dias, ou congele em porções para desjejuns futuros.

OBSERVAÇÃO SOBRE O ARMAZENAMENTO	NOTA DE CONGELAMENTO
A compota fria dura, coberta e na geladeira, por até 5 dias.	Pode ser congelado por até 3 meses. Descongele de um dia para o outro na geladeira.

Compota de maçã e mirtilo com especiarias

Eu adoro um tradicional prato de maçãs verdes cozidas: elas conseguem aquele equilíbrio crucial entre o aconchego e o vigor, o que as torna perfeitas para acordar bem pela manhã.

Esta versão com mirtilos, com sua cor fantástica e suas especiarias, não perde nada em sabor, mas acrescente mais xarope de bordo se quiser uma compota mais doce, e, de qualquer forma, a doçura dos mirtilos varia tremendamente. Caso você queira servir isto sobre uma tigela de iogurte, talvez queira espalhar um pouco mais de xarope de bordo por cima também.

RENDE APROXIMADAMENTE 500 ML, O SUFICIENTE PARA 4 A 6 PORÇÕES, DEPENDENDO DE COMO É SERVIDA

3 maçãs verdes (aproximadamente 750 g no total), descascadas e cortadas em quatro

100 g de mirtilos

1 unidade de canela em pau

1 cravo-da-índia inteiro

¼ xícara de água (60 ml)

2 colheres de sopa de xarope de bordo, ou mais, a gosto

- Pique os pedaços de maçã em pedacinhos menores e coloque-os em uma panela pesada e com tampa.

- Adicione os mirtilos, o pau de canela, o cravo-da-índia e a água, tampe e leve ao fogo médio-baixo. Em cerca de 2 ou 3 minutos você pode levantar a tampa para verificar se a água está borbulhando. Tampe novamente e deixe cozinhar de 10 a 15 minutos, mexendo vigorosamente a cada 3 minutos com uma colher de pau. Isso é para garantir que nada grude no fundo da panela, e para que você possa auxiliar a deliciosa desintegração das frutas.

- Quando tudo estiver cozido e virado um purê (mesmo que ainda haja um pedacinho ou outro), tire a panela do fogo, adicione 2 colheres de sopa do xarope de bordo e bata vigorosamente com sua colher de pau, mas sem quebrar o pau de canela. Você deverá ter uma compota de cor magenta e muito saborosa à sua frente. Prove para ver se você quer mais xarope de bordo e adicione o quanto desejar, depois deixe esfriar.

OBSERVAÇÃO SOBRE O ARMAZENAMENTO	NOTA DE CONGELAMENTO
A compota fria e coberta dura até 5 dias na geladeira.	Pode ser congelada por até 3 meses. Descongele de um dia para o outro na geladeira.

Torrada com abacate e rabanetes em conserva

Torrada com abacate é meu café da manhã, meu almoço, meu lanche e meu jantar favoritos, e sei que não estou sozinha nisso. Coberta com alguns rabanetes meio-compridos, ela é um desjejum que vai deixá-lo saciado por horas naqueles dias em que você acha que o almoço pode atrasar. Os rabanetes meio-compridos têm o formato alongado, de cor vermelha com a ponta branca. Eles são muito mais fáceis de cortar à *julienne* para fazer conserva. Mas se você não quiser preparar a conserva na noite anterior, simplesmente corte um ou dois rabanetes pela manhã e espalhe as tirinhas sobre seus delicioso abacate.

SERVE 1 OU 2 PESSOAS

PARA OS RABANETES EM CONSERVA:

175 g de rabanetes meio-compridos
125 ml de vinagre de arroz
125 ml de água gelada
2 colheres de sopa de açúcar
2 colheres de chá de sal marinho em flocos
2 ½ colheres de chá de pimenta rosa em grãos

PARA A TORRADA COM ABACATE:

½ colher de chá de sal marinho em flocos, ou a gosto
2 colheres de chá de suco de limão Tahiti
1 ou 2 fatias de pão de sua preferência
1 abacate maduro
¼ de colher de chá de pimenta calabresa em flocos
1 ou 2 colheres de sopa de endro fresco picado
1 cm de gengibre fresco (5 g), descascado e ralado

- Remova a pontas inferiores e o talo dos rabanetes e fatie-os em oito pedaços no sentido do comprimento (se forem finos demais, corte-os em quatro). Coloque-os em uma tigela pequena.

- Coloque o vinagre de arroz, a água, o açúcar, o sal e a pimenta em grãos em uma panela pequena, leve ao fogo e deixe ferver. Desligue o fogo e mexa para que o açúcar e o sal dissolvam por completo, depois despeje sobre os rabanetes, afundando-os com as costas de uma colher por um ou dois minutos até estarem todos submersos. Deixe esfriar, em seguida deixe uma parte na geladeira de um dia para o outro para o desjejum de amanhã, antes de transferir o restante para um pote hermético e guardar por até 1 mês, e muitos desjejuns futuros.

- Adicione o sal ao suco de limão Tahiti e toste seu pão. Enquanto ele esfria um pouco, amasse o abacate com um garfo em uma tigela junto com ¼ de colher de chá de pimenta calabresa em flocos, 1 colher de sopa de endro picado e o gengibre ralado. Agora adicione o sal e o suco de limão Tahiti, mexendo primeiro, e depois misture com o garfo. Prove o tempero. Espalhe o abacate amassado sobre a torrada, cubra com os rabanetes, em conserva ou não, e finalize com um pouco mais de pimenta calabresa em flocos e endro a gosto.

COMEÇOS 355

Bolo de banana com cardamomo e nibs de cacau

Eu fico torcendo para que ninguém em casa coma bananas para que elas fiquem maduras demais e eu tenha uma desculpa para fazer esta receita. Eu adoro todas as variações de bolo de banana que já fiz — muito mais do que gosto de bananas — mas este aqui é outro nível. O amargor defumado que emana do cardamomo e dos nibs de cacau oferece um complemento sutil para a doçura rica e natural das bananas. Como é para o desjejum, este bolo não é extremamente doce, então fique à vontade para aumentar o açúcar para 250 g se você achar que deve. Ele também fica excelente (e parece mais doce) quando tostado e servido com manteiga sem sal.

RENDE 12 FATIAS GENEROSAS

2 bananas bem maduras (250-275 g, com as cascas)

2 ovos grandes

200 ml de iogurte natural (líquido) ou leitelho

125 ml de azeite suave

325 g de farinha de trigo

200 g de açúcar mascavo claro

1 ¼ de colher de chá de fermento em pó

1 colher de chá de bicarbonato de sódio

2 colheres de chá de cardamomo em pó, ou sementes de 1 colher de sopa de grãos de cardamomo, moídas

50 g de nibs de cacau

1 fôrma de bolo inglês de aproximadamente 23 x 13 x 7 cm, com capacidade para 900 g

- Preaqueça o forno a 170° e coloque uma fôrma de papel dentro da fôrma de bolo inglês (ou forre o fundo com papel-manteiga e unte as laterais com um pouco de óleo de girassol).

- Eu faço tudo usando uma batedeira, mas uma tigela e um mixer, ou uma colher de pau e muita força no braço também funcionam. Amasse as bananas (e se você não estiver usando uma batedeira, use um garfo e uma tigela pequena primeiro, caso contrário o batedor chato de uma batedeira servirá) e adicione e bata 1 ovo de cada vez, seguido pelo iogurte ou leitelho, depois o óleo e bata tudo até incorporar. Enquanto isso eu coloco a farinha de trigo, o açúcar, o fermento em pó, o bicarbonato e o cardamomo em uma tigela e misturo bem.

- Diminua a velocidade da batedeira enquanto você adiciona os ingredientes secos, aos poucos, batendo o tempo todo, e depois aumente a velocidade novamente e bata por mais 1 minuto até que todos os ingredientes secos estejam incorporados. Talvez você tenha que raspar as laterais da tigela e bater mais uma última vez se tiver farinha de trigo presa às laterais da tigela. Em seguida, usando uma espátula de borracha ou colher de pau, adicione e misture os nibs de cacau e transfira a mistura para a fôrma preparada e leve-a ao forno por 1 hora (é bom começar a verificar aos 45 minutos) ou até que um palito inserido no centro saia limpo.

- Coloque a fôrma sobre uma grade e deixe o bolo de banana dentro dele até esfriar. Retire o bolo dentro da fôrma de papel (ou no papel-manteiga), embrulhe em mais papel-manteiga e depois em papel-alumínio e guarde por um dia — se você conseguir — antes de comer.

OBSERVAÇÃO SOBRE O ARMAZENAMENTO	NOTA DE CONGELAMENTO
Guarde em um recipiente hermético, em local fresco, por até 1 semana.	Pode ser congelado por até 3 meses. Embrulhe o bolo em uma camada dupla de filme plástico e uma camada de papel-alumínio. Para descongelar, desembrulhe e coloque sobre uma grade, em temperatura ambiente, por cerca de 5 horas. Ou embrulhe fatias individuais em filme plástico e coloque em um saco plástico, e descongele tostando as fatias sobre fogo baixo.

Barrinhas de café da manhã 2.0

Eu publiquei uma receita de uma barrinha de café da manhã em um livro anterior, mas esta é uma versão nova e aprimorada: sem glúten, sem lactose e sementes suficientes para você começar a brotar. Eu não usei açúcar, mas antes que você comece a pensar que isto não contém açúcar (algo que eu poderia alegar), lembre-se que a doçura que vem das tâmaras é, essencialmente, açúcar, embora não seja processado e seja cheio de fibras ao mesmo tempo. Há muitos ingredientes, mas você precisa de uma boa mistura para dar crocância e maciez — e todo tipo de nutrientes saudáveis —, embora você possa fazer modificações. Você pode, por exemplo, usar sementes de girassol no lugar das sementes de linhaça, ou meio a meio em vez de usar apenas linhaça, como abaixo, e você também pode usar cereal matinal de arroz (sem glúten, se necessário) ou flocos de trigo sarraceno no lugar de cereal de milho em flocos. Teoricamente, cereal de milho em flocos (e de aveia) não devem conter glúten, mas, se for crucial, veja se isso está escrito no pacote.

Caso você não encontre tâmaras medjool, use 350 g de tâmaras secas sem caroço e aumente a água para 400 ml. E elas levarão 10, em vez de 5 minutos, para cozinhar até ficarem macias o bastante para virar um purê.

Faça estas barrinhas no final de semana e você estará preparado para a semana toda se for o tipo de pessoa que precisa pegar algo para comer e sair depressa pela manhã. Elas também são perfeitas para aquela fome do meio da tarde.

RENDE 16 BARRINHAS

250 g de tâmaras medjool

2 colheres de chá de canela em pó

325 ml de água gelada

75 g de *goji berries*

75 g de sementes de abóbora

150 g de sementes de linhaça marrom

50 g de nibs de cacau

25 g de sementes de chia

25 g de cereal de milho em flocos (sem glúten, se necessário)

100 g de aveia em flocos orgânica (não instantânea)

1 assadeira quadrada de 20 cm

- Preaqueça o forno a 180° e forre o fundo e as laterais da assadeira com papel-manteiga. Remova o caroço das tâmaras, rasgue-as com os dedos e coloque-as em uma panela pequena. Adicione a canela, cubra com água, deixe abrir fervura e ferva por 5 minutos. Desligue o fogo e bata com um garfo até que você tenha um purê não muito liso.
- Coloque todos os ingredientes restantes em uma tigela grande, adicione a mistura de tâmaras e misture até incorporar tudo. Eu uso luvas descartáveis para fazer isso.
- Despeje na assadeira preparada e asse no forno por 30 minutos, até ficar firme, dourado por cima e mais escuro nas bordas. Deixe esfriar na assadeira antes de cortar em pedaços.

OBSERVAÇÃO SOBRE O ARMAZENAMENTO	NOTA DE CONGELAMENTO
Guarde em um recipiente hermético, em local fresco ou na geladeira, por até 1 semana.	Embrulhe as barrinhas individualmente em filme plástico ou papel-alumínio e coloque em um saco plástico, ou empilhe-as em um recipiente hermético com papel-manteiga entre as camadas. Congele por até 2 meses. Para descongelar, coloque as barrinhas sobre uma grade e deixe em temperatura ambiente por cerca de 2 horas.

Muffins de chai

Tomar chá na forma de muffins parece ideal para o café da manhã, e as especiarias quentes do chai conferem muito sabor sem qualquer peso. Eu fiz estes muffins sem lactose, mas, se desejar, você pode usar leite semidesnatado no lugar do leite de amêndoas especificado abaixo. E se você não conseguir encontrar a farinha de espelta branca, que é magnífica para muffins, use 300 g de farinha de trigo comum e 100 g de farinha de trigo integral no lugar dela. Quero facilitar o máximo possível para que você faça esta receita, já que este é um tipo de muffin particularmente esplêndido.

Falando nisso, faz sentido aquecer o leite, deixá-lo esfriar e medir todos os ingredientes, deixando os ovos reservados, na noite anterior, para que você possa entrar na cozinha pela manhã e assar uma fornada sem ter que se preocupar com nada.

RENDE 12

225 ml de leite de amêndoas não adoçado

2 saquinho de chá Chai

1 colher de chá de canela em pó

400 g de farinha de espelta branca

2 ½ colheres de chá de fermento em pó

150 g de açúcar mascavo claro

75 g de amêndoas com pele, picadas grosseiramente

2 ovos grandes

150 ml de óleo de girassol

1 fôrma para muffins com 12 cavidades

- Aqueça o leite de amêndoas com o conteúdo dos 2 saquinhos de chá (eu simplesmente abro os saquinhos e despejo o conteúdo na panela) e a canela — mexendo bem — e deixe esfriar.

- Enquanto o leite esfria, preaqueça o forno a 200° e forre as cavidades de sua fôrma de muffins com forminhas de papel.

- Em uma tigela grande, meça a farinha, o fermento em pó, o açúcar e as amêndoas picadas (reservando 2 colheres de sopa para depois) e misture bem.

- Quando o leite estiver frio, adicione os ovos e o óleo e bata até incorporar tudo.

- Adicione os ingredientes líquidos aos ingredientes secos usando uma colher de pau. Não bata demais: uma massa com alguns caroços resulta em muffins mais leves.

- Divida a mistura entre as forminhas de papel (elas ficarão bem cheias), depois espalhe por cima o restante das amêndoas e asse no forno de 20 a 25 minutos, ou até que um palito inserido no meio saia limpo e os muffins estejam levemente crescidos e dourados por cima.

- Transfira para uma grade e deixe esfriar por cerca de 10 minutos antes de devorar.

OBSERVAÇÃO SOBRE O ARMAZENAMENTO	NOTA DE CONGELAMENTO
Eles ficam melhores se consumidos no dia em que são preparados, caso contrário, guarde em um recipiente hermético de 1 a 2 dias. Reaqueça em forno preaquecido a 150° por cerca de 8 minutos. Sirva os muffins mornos.	Empilhe os muffins completamente frios em um recipiente hermético, com papel-manteiga entre as camadas, ou embrulhe individualmente em filme plástico e coloque em um saco plástico. Congele por até 3 meses. Descongele sobre uma grade por cerca de 1 hora. Reaqueça de acordo com a orientação em Observação sobre o armazenamento.

Muffins de trigo sarraceno, banana e cenoura

Talvez estes não sejam os muffins mais bonitos que você já viu, mas eles serão alguns dos mais saborosos que você já provou. O motivo pelo qual eles mantêm sua magnificência escondida é por que o trigo sarraceno não contém glúten, portanto os muffins não crescem muito ao assar. Mas o importante — e nem sempre isso acontece quando se assa algo sem glúten — é que eles ficam úmidos e leves. A banana, as cenouras e a farinha de amêndoas mantêm os muffins maravilhosamente suculentos, mas é o sabor do trigo sarraceno que se destaca aqui. Falando nisso, embora o trigo sarraceno não contenha glúten, alguns fabricantes da farinha alertam sobre a contaminação cruzada com outras farinhas que produzem, então, se for uma questão grave, verifique no pacote se diz que não contém glúten.

RENDE 12

1 banana madura	50 g farinha de amêndoas
Raspas e suco de 1 limão-siciliano	½ colher de chá de bicarbonato de sódio
75 g de açúcar mascavo claro	2 colheres de chá de fermento em pó sem glúten
2 ovos grandes	250 g de cenouras, descascadas e raladas
150 ml de azeite suave	1 ½ colher de chá de sementes de gergelim
150 g de farinha de trigo sarraceno	
	1 fôrma para muffins com 12 cavidades

- Preaqueça o forno a 200° e forre as cavidades de sua fôrma de muffins com forminhas de papel.

- Amasse a banana em uma tigela grande com as raspas da casca e o suco do limão e depois adicione o açúcar, os ovos e o azeite e bata com um batedor de claras até ficar homogêneo.

- Em outra tigela, grande o bastante para conter todos os ingredientes mais tarde, misture a farinha de trigo sarraceno, a farinha de amêndoas, o bicarbonato e o fermento em pó, e misture bem com um garfo.

- Agora, despeje os ingredientes líquidos na tigela dos ingredientes secos, adicione as cenouras raladas e mexa com uma colher de pau até que esteja tudo misturado.

- Usando uma colher de sorvete, ou como você achar mais fácil, preencha cada forminha de muffin. Essa mistura renderá o suficiente para encher cada uma quase até o topo. Espalhe as sementes de gergelim por cima e asse no forno de 15 a 20 minutos.

- Quando os muffins estiverem prontos, um palito inserido no meio deverá sair limpo. Retire a fôrma do forno e coloque sobre uma grade. Eu gosto de tirar os muffins da fôrma imediatamente e colocá-los diretamente sobre a grade, mas 1) eu tenho mãos de amianto e 2) sou muito impaciente. Vou deixar você decidir quando se sentir confortável para tirá-los da fôrma. Eu prefiro comê-los mornos, mas a suculência fornecida pelas cenouras e pela banana significa que eles também ficam ótimos quando frios.

OBSERVAÇÃO SOBRE O ARMAZENAMENTO	NOTA DE CONGELAMENTO
Eles ficam melhores se consumidos no dia em que são preparados. Caso contrário, guarde em um recipiente hermético, em local fresco, por até 5 dias. Reaqueça em forno preaquecido a 150° de 5 a 7 minutos.	Empilhe os muffins completamente frios em um recipiente hermético, com papel-manteiga entre as camadas, ou embrulhe individualmente em filme plástico e coloque em um saco plástico. Congele por até 3 meses. Descongele sobre uma grade por cerca de 1 hora. Reaqueça de acordo com a orientação em Observação sobre o armazenamento.

Muesli de romã

Minha avó materna costumava preparar seu muesli Bircher toda noite, para que ele estivesse pronto para seu desjejum na manhã seguinte. Eu adorava observar a atenção silenciosa e a prática dela ao realizar este ritual noturno, mesmo que ele anunciasse que estava na hora de dormir. Mas eu não conseguia gostar do muesli dela, e ainda não consigo: eu não tolero a maçã ralada no leite que os tradicionalistas insistem em usar. Receio que minha avó não aprovaria este muesli extravagante; ela desaprovaria principalmente o fato de eu comprar minhas sementes de romã em potes. Mas isso me faz feliz — e ela iria gostar disso.

Eu acho que o leite de aveia fica perfeito aqui, mas fique à vontade para usar o leite que preferir, é claro. E, teoricamente, a aveia não deve conter glúten, mas se isso for crucial, verifique a embalagem para ter certeza.

SERVE 1 PESSOA

¼ de xícara de aveia em flocos ou germinadas (25 g) (não instantânea)

⅔ de xícara de leite de sua preferência (150 ml), e mais se necessário

2 a 3 damascos secos macios

1 a 2 colheres de sopa de amêndoas com pele, picadas ou em lascas

2 colheres de sopa de sementes de romã

Mel para servir sobre o muesli (opcional)

- Coloque a aveia em uma tigela e despeje o leite por cima. Pique e adicione os damascos secos: eu acho mais fácil usar uma tesoura e deixar os pedacinhos caírem na tigela. Mexa bem, em seguida cubra com filme plástico e deixe de um dia para o outro na geladeira ou em um lugar fresco.

- Na manhã seguinte, mexa novamente — não deverá ser necessário adicionar mais leite, já que eu uso bastante líquido desde o início — apenas para misturar a aveia hidratada e as frutas com o leite que ainda está por cima; depois adicione metade das amêndoas picadas e das sementes de romã, e espalhe mais de ambos por cima, a gosto. Quem gosta de algo mais doce pode querer servir o muesli com um pouco de mel.

Granola tostada com azeite

Esta é uma granola — apesar de definitivamente luxuosa — simples, no sentido de que ela não leva frutas secas. Ela também não forma caroços e é claramente menos doce que as versões tradicionais. Em outras palavras, não se trata de um tipo de granola para quem gosta de doces, e eu prefiro assim.

Gosto dela com leite de amêndoas e às vezes adiciono algumas frutas silvestres frescas também — sendo as amoras as minhas preferidas aqui — embora ela também fique ótima com iogurte e mirtilos. E eu costumo pegar punhados dela com a mão e comer direto do pote.

RENDE O SUFICIENTE PARA ENCHER UM POTE DE 1,5 LITRO

300 g de aveia em flocos (não instantânea), de preferência orgânica

2 colheres de chá de gengibre em pó

2 colheres de chá de canela em pó

1 colher de chá de sal marinho em flocos

100 g de amêndoas com pele

75 g de sementes de girassol

75 g de sementes de abóbora

50 g de sementes de linhaça marrom

50 g de amêndoas em lascas

25 g de sementes de gergelim

125 ml de azeite extravirgem

125 ml de xarope de bordo

1 assadeira grande, de aproximadamente 46 x 34 x 1,5 cm

- Preaqueça o forno a 150° e forre a assadeira com papel-manteiga.
- Coloque a aveia em uma tigela grande, adicione as especiarias e o sal e misture bem (eu uso as mãos para fazer isso).
- Agora adicione todas as frutas secas e sementes, e misture bem novamente.
- Em uma jarra medidora, misture o azeite e o xarope de bordo, em seguida despeje a mistura sobre a aveia, as frutas secas e as semente e, com um garfo ou com as mãos vestindo luvas descartáveis, misture tudo muito bem. Despeje na assadeira preparada e mexa para que a mistura cubra o fundo de maneira uniforme.
- Leve ao forno para tostar por 30 minutos e em seguida, com colheres ou espátulas, vire a granola para tostar o lado de baixo também. Volte ao forno por mais 30 minutos, e depois deixe a assadeira sobre uma grade até que a granola esteja fria.

> **OBSERVAÇÃO SOBRE O ARMAZENAMENTO**
>
> Guarde em um pote lacrado ou em um recipiente hermético por até 1 mês.

Aveia rápida com xarope de bordo e noz pecan

Esta receita merece destaque em meu cronograma de receitas para o desjejum porque ela é muito rápida e não precisa de preparativo algum. Ela é, senão uma salva-vidas, certamente uma auxiliar na manutenção do bom humor, e muito requisitada quando estou com pressa para sair e preciso de algo que possa ser feito em cima da hora. Mas ela também fica mais cremosa com o passar do tempo, então, fique à vontade para prepará-la antes de ir dormir, se você quiser.

SERVE 1 PESSOA

- ⅔ de xícara de iogurte natural (150 ml)
- ½ colher de chá de canela em pó
- 4 colheres de chá de xarope de bordo
- 4 colheres de chá de farelo de aveia
- 4 colheres de chá de nozes pecan esmigalhadas

- Coloque o iogurte em uma tigela e adicione a canela, seguida por 2 colheres de chá do xarope de bordo e das 4 colheres de chá de farelo de aveia e misture tudo.

- Em uma xícara, misture as nozes pecan esmigalhadas com as 2 colheres de chá restantes de xarope de bordo e espalhe sobre a tigela de aveia. Isso é tudo, pessoal.

Pudim de sementes de chia com mirtilos e sementes de abóbora

Eu realmente adoro pudim de semente de chia. Com certeza ele me pegou de surpresa, de qualquer forma. As sementes de chia em si não possuem sabor algum, e é por isso que eu adiciono canela, água de rosas e água de flor de laranjeira ao leite onde elas ficarão de molho, dessa forma propiciando a mim mesma um sabor exótico no café da manhã. A vantagem das sementes de chia (além do fato de supostamente serem uma Força do Bem no mundo, nutricionalmente falando, sobre o qual não tenho opinião formada) é a textura, e esta receita não é para todo mundo. O pudim que você terá, depois que as sementes incharem no leite, é parecido com tapioca. Mas eu gostava de ovas de rã quando era pequena também. Aqueles que hesitam em provar este pudim devem levar em conta que sua gloriosa (para mim) viscosidade é contrabalanceada pela crocância das sementes de abóbora e a suculência das frutas silvestres.

SERVE 1 PESSOA

¾ de xícara de leite de amêndoas (175 ml)

½ colher de chá de canela em pó

½ colher de chá de água de rosas

½ colher de chá de água de flor de laranjeira

1 ½ colher de chá de sementes de chia pretas ou brancas

⅓ de xícara de mirtilos (aproximadamente 50 g)

2 colheres de sopa de sementes de abóbora

1 pote de conserva de 250 ml ou outro pote hermético

- Como as sementes de chia precisam ser mexidas com frequência depois que forem colocadas de molho no leite, eu acho melhor fazer estes pudins em potes pequenos, para que possa sacudi-los com facilidade, em vez de remover o filme plástico, mexer, cobrir de novo e repetir esse procedimento chato regularmente. Portanto: encha seu pote com leite, adicione a canela em pó (que não será absorvida, mas ainda flutuará na superfície neste estágio), depois adicione a água de rosas, a água de flor de laranjeira e as semente de chia, tampe e sacuda. Em seguida sacuda mais 3 ou 4 vezes no período de uns 15 minutos antes de levar à geladeira para descansar de um dia para o outro.

- Abra a tampa e mexa o pudim, agora viscoso, em seguida cubra com os mirtilos e as sementes de abóbora antes de comer. (Isto tem a vantagem de transformar seu café da manhã em um banquete portátil.) Ou transfira o pudim para uma tigela e misture as sementes e as frutas silvestres mais completamente.

Taco de *kimchi* e ovo frito

Este é definitivamente o desjejum para uma manhã especial. No entanto, eu não o preparo apenas naquelas ocasiões obviamente raras. Se eu conseguir arrumar uma desculpa para colocar *kimchi* — uma conserva coreana picante — em alguma coisa, eu o farei. E, às 11 horas da manhã de um sábado, quando estou feliz (e de cabeça fresca) perambulando pela casa precisando de algo que sirva tanto quanto um desjejum tardio e um almoço antecipado, geralmente podem me encontrar devorando isto.

SERVE 1 PESSOA

1 tortilla de milho macia	1 ovo grande
2 colheres de sopa de óleo de girassol	1 pitada de sal marinho em flocos
½ pimenta dedo-de-moça fresca, sem sementes (ou não, como preferir) e finamente picada	¼ de xícara (4 colheres de sopa) de *kimchi*

- Leve ao fogo uma frigideira pesada ou de ferro fundido de cerca de 20 cm de diâmetro e, quando estiver quente, aqueça nela a tortilla: deixe 1 minuto de um lado, vire-a e deixe 30 segundos do outro, depois transfira para um prato.

- Adicione o óleo e metade da pimenta picada. Quando a pimenta tiver perdido um pouco da cor no óleo quente, quebre o ovo na frigideira, tempere a gema com uma pitada de sal marinho em flocos, e regue o ovo com o óleo com pimenta até que a clara esteja firme. Transfira para o meio da tortilla no prato.

- Adicione o *kimchi* ao redor do ovo, e espalhe o restante da pimenta sobre o ovo e o *kimchi*. Nesse momento eu gosto de furar a gema, espalhá-la sobre o *kimchi* e a tortilla, fechar para formar um sanduíche em meia lua e saborear.

Burrito de batata-doce, feijão preto e abacate

Como eu tenho o hábito de sempre ter batatas-doces assadas em casa, eu nunca preciso cozinhá-las especialmente para fazer esta receita. Mas se você precisar começar do zero, e quiser fazer apenas o suficiente para esta receita, saiba que a ½ xícara de batata doce mencionada abaixo se refere ao interior amassado de uma batata-doce de 170 g assada por 1 hora em forno a 220°, que esfriou antes de ser usada. E embora eu tenha usado feijão enlatado aqui, caso você tenha sobras do Feijão preto cubano (**p. 214**), obviamente você deve usá-los.

Eu usei medidas em xícaras aqui, porque, além de ser muito mais fácil na hora do café da manhã, mesmo nos finais de semana, o burrito perfeito depende mais da proporção dos ingredientes que de suas medidas exatas.

SERVE 2 A 4 PESSOAS

2 tortillas para burrito	1 xícara de feijão preto escorrido (170 g, ou cerca de ¾ de uma lata de 400 g)
½ xícara de purê de batata-doce frio (aproximadamente 125 g)	2 tomates pequenos e maduros, picados grosseiramente
2 colheres de sopa de iogurte natural	¼ de xícara (4 colheres de sopa) de coentro fresco picado, e mais para finalizar
1 colher de chá de páprica	1 abacate maduro, sem caroço, cortado ao meio e fatiado
1 colher de chá de cominho em pó	
2 pitadas generosas de sal marinho em flocos	⅓ de xícara de queijo cheddar ralado ou outro queijo de sua preferência (cerca de 30 g)

- Preaqueça o forno a 200°.

- Coloque as duas tortillas na sua frente. Misture — um garfo é tudo que você precisa para isso — a batata-doce amassada com o iogurte, a páprica, o cominho e uma boa pitada de sal e espalhe sobre as 2 tortillas.

- Em uma tigela, amasse levemente o feijão preto com as costas de um garfo, depois adicione os tomates picados, mais uma pitada de sal e o coentro picado e misture bem. Divida essa mistura entre as 2 tortillas com a batata-doce, em seguida faça o mesmo com o abacate fatiado e cubra, igualmente, com o queijo ralado. Transfira para uma assadeira e asse por 5 minutos. Se as tortillas não couberem juntas na mesma assadeira, use duas assadeiras ou asse um burrito de cada vez, compartilhando cada uma — servida aberta — sucessivamente.

- Você pode enrolar e comer como um burrito mesmo, ou — e isso faz com eles rendam mais — corte em quatro e coma como se fosse uma pizza, virando a ponta mais macia do triângulo sobre a parte mais larga e crocante, para o sanduíche perfeito para café da manhã ou para qualquer momento.

Panquecas de aveia com framboesas e mel

Se você prometer panquecas para uma criança de 8 anos, com certeza ela não vai querer panquecas como estas, embora isso não signifique elas não sejam para o resto de nós. Pense nelas como o pãozinho de aveia que você comeria com queijo, só que na forma de panquecas. Como acontece com as panquecas fofinhas comuns, no entanto, é o acompanhamento que cria a magia. Aqui eu fiz uma calda de mel e framboesa, que misturada com as panquecas de aveia macias possui um inconfundível sabor escocês. Isso me faz pensar que esta receita ficaria boa com um pouquinho de uísque na mistura e, em homenagem à tradicional sobremesa Cranachan, com uma bola de chantilly por cima.

A ausência de farinha de trigo significa que estas panquecas não contém glúten (mas devido à contaminação cruzada onde a aveia é feita, você deve conferir a embalagem, se isso for essencial). E caso você use leite de aveia ou de amêndoas no lugar do leite integral especificado abaixo, elas também não conterão lactose. Nesse caso desista também de usar o chantilly.

RENDE 8 PANQUECAS, O SUFICIENTE PARA 2 A 3 PORÇÕES

150 ml de mel	1 ½ colher de chá de canela em pó
150 g de framboesas congeladas ou frescas	100 ml de leite integral ou qualquer outro de sua preferência
100 g de aveia em flocos (não instantânea), de preferência orgânica	1 ovo
¼ de colher de chá de sal marinho em flocos	1 colher de chá de pasta ou extrato de baunilha
1 colher de chá de fermento em pó	1 colher de chá de óleo de girassol

- Aqueça o mel e as framboesas em uma panela pequena sobre fogo médio, mexendo frequentemente, até que as framboesas tenham descongelado. Isso não deve levar mais que 3 minutos, aproximadamente. Tire a panela do fogo.

- Coloque a aveia e o sal em um liquidificador ou processador de alimentos e bata até obter a consistência de farinha, que pode até não ficar homogênea, mas deve ficar bem fina.

- Transfira para uma tigela, adicione o fermento em pó e a canela e misture.

- Em uma jarra medidora, misture o leite, o ovo e a baunilha. Em seguida, adicione a mistura líquida aos ingredientes secos, mexendo até ficar homogêneo.

- Coloque ½ colher de chá de óleo em uma chapa lisa antiaderente (ou em uma frigideira pesada ou de ferro fundido) e, com um pedaço de papel-toalha, espalhe-o por toda a superfície. Coloque a chapa sobre fogo médio e, quando estiver quente, adicione a massa descansada, usando a medida de ¼ de xícara, mas enchendo-a apenas até ⅔ da capacidade. Você deve fazer 4 panquecas por vez, e elas precisarão de 2 minutos de cada lado. Geralmente, ao fazer panquecas, você as vira quando vê bolhas na superfície, e embora isso seja verdade, as bolhas podem não aparecer muito aqui. Então coloque uma espátula por baixo de uma das panquecas após 2 minutos para ver se a parte de baixo parece pronta, e, quando estiver, vire essa e as demais panquecas e cozinhe por mais 2 minutos. Como sempre, não aperte as panquecas com a espátula e não as vire mais que uma vez. Quando as 4 primeiras estiverem prontas, empilhe-as em um prato e cubra-as com um pano de prato limpo, unte a frigideira de novo e repita o procedimento.

- Sirva imediatamente — a aveia continua absorvendo líquido, e as panquecas vão secar com o passar do tempo — com a calda de mel e framboesa morna espalhada por cima.

Dutch baby

Até hoje eu só comi *Dutch babies* nos Estados Unidos, onde elas são trazidas à sua mesa com grande pompa: grandes panquecas estufadas e douradas, ainda na frigideira de ferro fundido na qual foram assadas. Obviamente eu tinha que fazê-las em casa. Como não tenho um restaurante, não quero ficar mexendo com panelas pesadas, dando uma para cada pessoa, então eu fiz uma panqueca gigante para compartilhar. Com certeza, a minha não tem nada de "baby". É uma receita maravilhosa para fazer quando você recebe visitas para o desjejum no final de semana: primeiro porque o visual é magnífico, e segundo porque você não precisa ficar horas no fogão para servir a todos.

O "dutch" do nome na verdade não se refere à Holanda, ou a nada relativo a esse país, mas se deve ao fato de que esta panqueca específica vem de uma comunidade germano-americana conhecida como "os Holandeses da Pensilvânia" e era servida originalmente com manteiga derretida, açúcar e limão-siciliano, como de fato é até hoje.

Este tipo de panqueca assada é típico da culinária do norte da Europa: os suecos têm sua *ugnspannkaka*, como nós temos o nosso *Yorkshire Pudding*. No entanto, foi preciso que um americano decidisse começar a prepará-las para o café da manhã.

Enquanto você puder, é claro, sirva esta mega panqueca apenas com açúcar e suco de limão-siciliano por cima ou, para um sabor mais americano, com um pouco de bacon e xarope de bordo como acompanhamento. Eu gosto dela acompanhada de frutas silvestres e polvilhada com açúcar de confeiteiro e uma tigela de crème fraîche ao alcance da mão. E confesso que também adiciono um pouquinho de xarope de bordo enquanto como.

SERVE 4 A 6 PESSOAS

3 ovos grandes

1 colher de sopa de açúcar

150 ml de leite integral

100 g de farinha de trigo

1 ½ colher de chá de pasta ou extrato de baunilha

1 pitada de sal

Noz-moscada ralada na hora

25 g de manteiga sem sal

PARA SERVIR:

Açúcar de confeiteiro

Frutas silvestres

Crème fraîche

Xarope de bordo

1 frigideira de ferro fundido de 25 cm ou uma assadeira pequena de aproximadamente 28 x 21 x 4,5 cm.

- Preaqueça o forno a 220°, e imediatamente coloque a frigideira no forno para aquecer enquanto você prepara a massa.

- Bata os ovos com o açúcar em uma batedeira até espumar. Adicione o leite, a farinha de trigo, a baunilha, o sal e a noz-moscada ralada, e bata até obter uma massa lisa, mas líquida.

- Usando uma luva térmica grossa, retire a frigideira do forno, coloque a manteiga cuidadosamente e gire a frigideira para que ela derreta. Em seguida adicione a massa rapidamente e leve a frigideira de volta ao forno.

- Asse até crescer e ficar dourada, cerca de 18 a 20 minutos.

- Sirva polvilhado com açúcar de confeiteiro e um punhado de frutas silvestres, caso a ideia agrade. Caso contrário, veja a introdução da receita.

OBSERVAÇÃO SOBRE O PREPARO ANTECIPADO

A massa pode ser feita na noite anterior. Cubra e refrigere até a hora de usar. Bata ligeiramente antes de assar.

Palitos de *french toast* com xarope de bordo

Eu não costumo me preocupar muito com os detalhes, mas senti algo durante a sessão fotográfica para este livro — talvez mais histeria que inspiração — e eu senti que deveria lavar o ovo que eu havia quebrado para fazer a *french toast*, antes de remover cuidadosamente todos os pedacinhos de membrana e depois preencher a casca com xarope de bordo. No meu dia a dia, eu simplesmente coloco o xarope de bordo em dois porta-ovos e mergulho meus palitos neles. Mas, com certeza, o cenário que criei aqui é bem mais adequado.

Eu gosto de usar uma fatia fina do denso pão Poilâne (um pão francês de verdade), mas qualquer pão de fermentação natural (ou outro) vai servir. Eu não aconselho usar pão que já vem fatiado em pacotes, ou qualquer pão aerado.

E devo acrescentar que esta receita fica tão boa para um lanche à meia-noite quanto para o desjejum.

SERVE 1 PESSOA

2 fatias de pão de fermentação natural, sem as cascas

1 ovo, quebrado cuidadosamente para reservar a casca

2 colheres de sopa de leite integral

1 colher de chá de pasta ou extrato de baunilha

1 colher de chá de manteiga (5 g)

¼ de colher de chá de óleo de girassol

Xarope de bordo, para servir

- Corte cada fatia de pão em 2 palitos. Isso deve render 4 palitos que caibam dentro da casca do ovo (ou, mais facilmente, em xícaras) preenchida com xarope de bordo.

- Bata o ovo, o leite e a pasta ou extrato de baunilha em uma vasilha rasa onde caibam os palitos de pão. Mergulhe os palitos nessa mistura por 2 minutos de cada lado, quando eles deverão estar encharcados mas não se despedaçando, e ainda restará um pouco da mistura de ovo no fundo da vasilha.

- Aqueça a manteiga e o óleo em uma frigideira de ferro fundido ou antiaderente e, quando a manteiga tiver derretido, frite os palitos de pão por 2 minutos de cada lado sobre fogo médio. Você quer que o pão doure levemente dos dois lados, mas sem queimar demais.

- Depois de fritar os palitos, tire-os da frigideira e coloque-os em um prato, com uma casca de ovo pronta.

- Lave a casca do ovo antes de colocá-la no porta-ovo e preenchê-la com xarope de bordo ou, como alternativa, preencha alguns porta-ovos (ou uma tigelinha) com xarope de bordo, na quantidade que você desejar. Seja qual a for a maneira escolhida, mergulhe os palitos de pão no xarope de bordo e saboreie-os em seu solitário esplendor, aproveitando o momento.

French toast assada com ameixas e nozes pecan

Esta é a receita de *french toast* que você precisa se estiver cozinhando para muita gente. Eu a considero particularmente fácil, já que você pode prepará-la na noite anterior, o que parece uma boa ideia caso você vá receber pessoas para o *brunch* ou — principalmente — se elas forem dormir na sua casa e ficar para o café da manhã.

Na verdade, você realmente precisa começar um dia antes, para usar o pão "dormido" (embora você possa fazer isso bem mais rápido em um forno com temperatura baixa). É óbvio que faria mais sentido fazer esta receita usando brioche endurecido, mas é improvável que você tenha 500 g de brioche duro. Eu, por ser preguiçosa, compro brioche já fatiado para fazer esta *french toast*, mas você deve usar um brioche de verdade (ou mesmo um *challah*), e cortá-lo em fatias finas, com no máximo 1,5 cm de espessura.

RENDE 12 FATIAS

1 brioche fatiado (aproximadamente 500 g)

2 latas de 570 g cada de ameixas vermelhas em calda

6 ovos grandes

50 g de açúcar

500 ml de creme de leite

500 ml de leite integral

½ colher de chá de noz-moscada ralada na hora

PARA A COBERTURA DE FAROFA:

50 g de nozes pecan

2 colheres de chá de canela em pó

2 colheres de chá de manteiga sem sal (10 g), amolecida

125 ml de xarope de bordo

1 travessa ou assadeira de aproximadamente 30 x 20 x 5 cm, ou
1 travessa ou assadeira oval de aproximadamente 33 x 23 cm

- Corte cada fatia do brioche ao meio para obter 2 triângulos, e coloque-os sobre grades para secar. Isso pode levar cerca de 6 horas, ou até um dia inteiro, dependendo do clima; ou coloque-os sobre uma grade ou diretamente sobre a grade do forno, em um forno preaquecido a 100°, de 15 a 20 minutos (virando na metade do tempo).

- Quando o pão tiver endurecido, unte levemente a sua travessa com manteiga e escorra as latas de ameixas em uma peneira sobre uma tigela ou jarra. Remova os caroços das ameixas (se houver) e reserve a calda. Espalhe as ameixas escorridas e sem caroço pelo fundo da travessa. Arrume as fatias de brioche, sobrepondo-as, em cima das ameixas, e vá preparar o creme.

- Com um batedor de claras, misture os ovos, o açúcar, o creme de leite, o leite e a noz-moscada e despeje tudo sobre as fatias de brioche, pressionando o pão para ajudá-lo a absorver o líquido. Cubra com filme plástico e deixe em um lugar fresco por até 2 horas, ou na geladeira de um dia para o outro. Se tiver tempo, deixe ficar em temperatura ambiente antes de levar ao forno.

- Preaqueça o forno a 180°. Faça a cobertura misturando as nozes pecan picadas, a canela e a manteiga em uma tigela até que você tenha uma farofa grossa e escura, e em seguida espalhe essa farofa por cima das fatias de brioche molhadas. Asse no forno de 45 a 50 minutos, quando a superfície estará crescida e dourada, e o creme firme. Caso você asse a *french toast* gelada, adicione mais 10 ou 15 minutos ao tempo de forno. Quando estiver pronta, tire do forno e deixe descansar de 10 a 20 minutos antes de servir.

- Coloque em uma panela a calda de ameixas que você reservou das latas e deixe ferver até reduzir para 250 ml (isso deve levar de 6 a 7 minutos). Talvez você tenha que verificar algumas vezes enquanto está fervendo, então mantenha à mão uma jarra resistente ao calor. Quando você tiver os 250 ml, ou aproximadamente isso, adicione o xarope de bordo e aqueça bem, em seguida coloque na jarra ou em algumas jarrinhas menores para servir.

OBSERVAÇÃO SOBRE O PREPARO ANTECIPADO	OBSERVAÇÃO SOBRE O ARMAZENAMENTO
O creme pode ser preparado com até 1 dia de antecedência. Cubra e guarde na geladeira (retire da geladeira uma hora antes de assar). A cobertura pode ser preparada com até 1 dia de antecedência. Cubra e guarde em temperatura ambiente. A calda pode ser preparada com até 1 dia de antecedência. Guarde em um recipiente ou pote hermético, na geladeira. Pode ser aquecida gentilmente em uma panelinha, sobre fogo baixo, antes de servir.	Deixe a sobra esfriar, depois cubra e refrigere no máximo 2 horas após o preparo. Dura até 2 dias na geladeira. Coma fria, ou reaqueça porções individuais no micro-ondas em períodos curtos, seguindo as instruções do fabricante.

Pãezinhos de bicarbonato com sementes de funcho e cranberries

Eu recomendo comer um destes no café da manhã com bastante manteiga sem sal, o que resulta em toda a doçura que eu preciso, mas se você quiser um pãozinho mais doce, adicione 50 ml de mel ao iogurte e ovo. Como qualquer pão de bicarbonato de sódio, estes pãezinhos ficam tão bons servidos com uma fatia de queijo quanto com manteiga e geleia. E o aroma ligeiramente mais exótico das sementes de funcho e as explosões de sabor azedinho das cranberries não impedem que eles tenham o aconchego de um — talvez fictício — bar irlandês. E embora eles não sejam algo que eu prepararia para um desjejum comum, quando tenho tempo sobrando eu adoro preparar a massa e assar uma fornada destes pãezinhos. Uma rápida olhada na receita vai lhe mostrar como eles são gratificantemente fáceis de fazer.

RENDE 8 PÃEZINHOS

50 g de manteiga sem sal

150 g de farinha de trigo

100g de farinha de trigo integral, e mais um pouco para cortar e polvilhar

1 colher de chá de sal marinho fino

1 ½ colher de chá de fermento em pó

¾ de colher de chá de bicarbonato de sódio

¾ de colher de chá de pimenta-da-jamaica em pó

150 ml de iogurte integral líquido ou leitelho

1 ovo grande

75 g de cranberries secas

2 colheres de chá de sementes de funcho

- Derreta a manteiga e depois deixe-a esfriar um pouco. Preaqueça o forno a 220°, e forre uma assadeira com papel-manteiga.
- Em uma tigela grande, misture as duas farinhas, o sal, o fermento em pó, o bicarbonato de sódio e a pimenta-da-jamaica em pó, e use um garfo para misturar bem.
- Em uma jarra medidora ou algo parecido, usando um batedor de claras, bata o iogurte ou leitelho junto com o ovo, e em seguida adicione e misture a manteiga derretida já fria.
- Despeje a jarra cheia de ingredientes líquidos sobre a tigela de ingredientes secos, depois adicione as cranberries secas, as sementes de funcho e misture bem com uma colher de pau. Em seguida misture um pouco com as mãos, quando a massa estiver se formando.
- Coloque a massa úmida sobre uma superfície enfarinhada. Corte a bola de massa ao meio, e depois corte cada metade em 4 pedaços, para obter 8 pedaços no total. Faça uma bola com cada pedaço de massa e coloque-as na assadeira forrada, com algum espaço entre elas.
- Pegue uma tesoura e corte um pequeno "X" em cima de cada uma e, usando seus dedos, espalhe um pouco de farinha de trigo integral sobre cada pãozinho.
- Asse no forno por 15 minutos, ou até que os pãezinhos dourem e soem ocos quando você bater na base deles. Deixe-os esfriar por cerca de 10 minutos antes de servir.

OBSERVAÇÃO SOBRE O PREPARO ANTECIPADO	OBSERVAÇÃO SOBRE O ARMAZENAMENTO	NOTA DE CONGELAMENTO
A massa pode ser preparada com até 3 meses de antecedência e congelada. Faça bolas com a massa, coloque em uma assadeira forrada com papel-manteiga e, quando estiverem congeladas, transfira para um saco plástico e leve ao freezer. Asse ainda congeladas, espalhando um pouco de farinha de trigo integral por cima, e adicione 2 minutos ao tempo de forno.	Os pãezinhos ficam melhores servidos no dia em que são feitos. Guarde a sobra em um recipiente hermético por 1 ou 2 dias. Reaqueça em forno preaquecido a 150° de 8 a 10 minutos, ou corte os pãezinhos ao meio e toste no forno elétrico.	Os pãezinhos assados podem ser congelados em sacos plásticos por até 3 meses. Descongele sobre uma grade por cerca de 2 horas e reaqueça de acordo com a orientação acima.

COMEÇOS

Ovos com batatas ao forno

Eu incluo esta receita aqui, já que nada lembra mais um desjejum de final de semana que ovos com batatas, mas sem dúvida você acabará preparando isto também para o jantar. Sim, é preciso picar as batatas, mas como você não tem que descascá-las, isso não é demorado ou trabalhoso. Na verdade, o prato todo é maravilhosamente fácil de fazer e, fico feliz em dizer, também inegavelmente gratificante.

SERVE 6 PESSOAS

3 colheres de sopa de azeite comum

750 g de batatas cerosas

1 cebola roxa, descascada e picada grosseiramente

2 colheres de chá de sementes de cominho

2 colheres de chá de sementes de mostarda preta

2 pimentões vermelhos, sem sementes e cortados em quadrados de 3 a 4 cm

1 colher de chá de sal marinho em flocos

6 ovos

PARA SERVIR:

Simples salsa da página 120 ou molho de pimenta pronto

Pimentas dedo-de-moça frescas picadas

- Preaqueça o forno a 220°. Coloque o azeite em uma tigela grande. Corte cada batata em fatias de 1 cm, depois corte cada fatia em quatro, e vá colocando esses pedaços dentro da tigela.

- Adicione a cebola picada, junto com as sementes de cominho, as sementes de mostarda, as pimentas picadas e o sal, e misture tudo pacientemente até cobrir uniformemente com sementes untadas, em seguida despeje em uma assadeira grande (eu uso uma de aproximadamente 40 x 30 cm) em uma única camada.

- Asse de 35 a 40 minutos, ou até que esteja tudo assado e as batatas estejam começando a ficar crocantes.

- Tire a assadeira do forno e quebre um dos ovos em uma xícara ou tigela pequena. Em seguida, abra um pequeno espaço no meio das batatas e despeje o ovo nele. Repita o procedimento com os ovos restantes, certificando-se de que eles estejam uniformemente espaçados na assadeira.

- Leve de volta ao forno por 5 minutos, até que as claras estejam firmes e as gemas ainda ligeiramente moles. Então sirva imediatamente, acompanhado com uma tigelinha de pimentas dedo-de-moça picadas e uma garrafa de molho de pimenta ou — de preferência — a salsa da **p. 120**.

OBSERVAÇÃO SOBRE O PREPARO ANTECIPADO

As batatas podem ser cortadas com 1 dia de antecedência. Mergulhe-as em uma tigela de água gelada, cubra e leve à geladeira. Escorra e seque bem antes de usar.

ÍNDICE

- Receitas sem lactose
- Receitas sem glúten

Refere-se apenas a receitas de doces.

Abacates
Brocamole 6—8
Burrito de batata-doce, feijão preto e abacate 374—75
Salada de feta e abacate com cebolas roxas, romã e sementes de nigela 9—10
Salada de pepino, pimenta e abacate 243
Salada de salmão, abacate, agrião e sementes de abóbora 22—24
Tacos de peixe 138—40
Tigela de arroz com gengibre, rabanete e abacate 77—78
Torrada com abacate e rabanetes em conserva 355
Trouxinhas de alface com camarão e abacate 19—21

Abacaxi
Arroz refogado com couve-de--bruxelas, pimenta calabresa e abacaxi 95—96
Ovos cor-de-rosa em conserva 268—69

Abóbora paulista
Abóbora com zaatar e molho verde de tahine 250—53
Bandeja de legumes assados 237
Hambúrgueres de abóbora e halloumi 134—37
Minestrone do Oriente Médio 98—99

Abóbora *ver* abóbora paulista

Agrião
Escalopes de frango picantes com salada de agrião, funcho e rabanete 46—48
Salada de salmão, abacate, agrião e sementes de abóbora 22—24

Água de flor de laranjeira
Pudim de semente de chia com mirtilos e sementes de abóbora 371

Água de rosas
Bolo de amêndoas e damasco com água de rosas e cardamomo 275—76
Pudim de semente de chia com mirtilos e sementes de abóbora 371

Alcaçuz
Bolo de chocolate com cassis e alcaçuz 280—82
Sorvete de cassis com calda de alcaçuz sem sorveteira 336—37

Alho xii *ver também* caramelizado alho e alho-negro
Caracóis com manteiga de alho 85
Ensopado de músculo de cordeiro e alho-negro 194—96
Homus de alho caramelizado 113—14
Molho de iogurte e alho caramelizado 256
Molho de pimenta, gengibre e alho 254
Uma simples salsa 120

Alho caramelizado xii, 113—14, 256
Calda de caramelo com sal defumado 342
Homus com alho caramelizado 113—14
Molho de iogurte e alho caramelizado 256

Alho-negro
Ensopado de músculo de cordeiro e alho-negro 194—96

Alho-poró
Bandeja de legumes assados 237
Macarrão com alho-poró ao forno 208—10

Almôndegas
Almôndegas de merguez 86—87
Almôndegas de peru tailandesas 64—67

Almôndegas de merguez 86—87

Almôndegas de peru tailandesas 64—67

Ameixas
French toast assada com ameixas e nozes pecan 384—86

Ameixas secas
Ensopado de carne e Guinness com ameixas secas e melado, feito na *slow cooker* 216—17

America's test kitchen: livro The How Can It Be Gluten Free 302

Amoras
Torta de maçã e amora sem glúten 302—305

Amêndoas
Bolo de amêndoas e damasco com água de rosas e cardamomo 275—76
Bolo de Natal de tâmaras e geleia de laranja 299—301
Bolo quente de framboesa e limão siciliano 278—79
Granola tostada com azeite 367
Muesli de romã 364
Muffins de chai 360—61
Muffins de trigo sarraceno, banana e cenoura 362—63
Pavlova de limão siciliano 315—17

Andreou, Alex 49, 141, 318

Arroz refogado com couve-de--bruxelas, pimenta calabresa e abacaxi 95—96

Arroz selvagem, e frango 155—56

Arroz xii
Arroz refogado com couve-de--bruxelas, pimenta calabresa e abacaxi 95—96
Carne e arroz coreanos na *slow cooker* 218
Frango e arroz selvagem 155—56
Tigela de arroz com gengibre, rabanete e abacate 77—78

Aveia
Aveia rápida com xarope de bordo e noz pecan 368
Barrinhas de café da manhã 2.0 358—59
Biscoitos ANZAC com sementes 331—32
Granola tostada com azeite 367
Muesli de romã 364
Panquecas de aveia com framboesas e mel 376—78

Aveia rápida com xarope de bordo e noz pecan 368

Bacalhau
Bacalhau com temperos indianos 27—29

Bacalhau com temperos indianos 27—29

Bacon
Pasta do bruno 82

Bananas
Bolo de banana com cardamomo e nibs de cacau 356—57
Muffins de trigo sarraceno, banana e cenoura 362—63

Bandeja de legumes assados 237

Barrinhas de café da manhã 2.0 358—59

Batata-doce
Burrito de batata-doce, feijão preto e abacate 374—75
Frango Cosima 149—51
Macarrão com queijo e batata-doce 79—80
Patê de batata-doce e grão-de--bico 117—19
Sopa de batata-doce, gengibre e laranja 104—105
Torta campestre com tempero indiano 88—91

Batatas ver também batata-doce
Batata com pimentão assados 244
Batata xadrez 247
Carne com curry massaman 173—75
Frango assado com limão, alecrim, alho e batatas 147—48
Ovos com batatas ao forno 390—91
Purê de batatas prático 206—207

Batata xadrez 247

Beterraba
Conserva rápida de beterraba com sementes de nigela 264
Ovos cor-de-rosa em conserva 268—69

Bife
Fraldinha marinada com tamarindo 160—62

Biscoito com gotas de chocolate e pasta de amendoim sem farinha 326—27

Biscoitos
Biscoitos ANZAC com sementes 331—32
Biscoito com gotas de chocolate e pasta de amendoim sem farinha 326—27
Biscoitos de três chocolates e trigo sarraceno 328—30

Potes de massa de biscoito com gotas de chocolate 322—23

Biscoitos ANZAC com sementes 331—32

Bolo de banana com cardamomo e nibs de cacau 356—57

Bolo de Natal
Bolo de Natal de tâmaras e geleia de laranja 299—301
Bolo de sidra e 5 especiarias chinesas 293—94

Bolo de tomilho e limão siciliano 286—88

Bolo quente de framboesa e limão siciliano 278—79

Bolo suntuoso de chocolate amargo 283—85

Bolos com furo no meio
Bolo de abóbora 289—90
Bolo de sidra e 5 especiarias chinesas 293—94
Bolo de tomilho e limão siciliano 286—88

Brocamole 6—8

Broto de feijão
Arroz refogado com couve-de--bruxelas, pimenta calabresa e abacaxi 95—96
Carne e arroz coreanos na *slow cooker* 218

Brotos ver couve-de-bruxelas
Arroz refogado com couve-de--bruxelas, pimenta calabresa e abacaxi 95—96
Carne e arroz coreanos na *slow cooker* 218

Brownies
Brownies de Nutella 324—25

Brownies de Nutella 324—25

Brócolis
Brocamole 6—8
Brócolis de duas maneiras, com gengibre, pimenta, limão Tahiti e sementes de abóbora 230—31
Brócolis japoneses com mexerica e pimenta 228
Hadoque frito condimentado com purê de brócolis 35—37
Sopa de ervilha e brócolis 106—107

Brócolis japoneses com mexerica e pimenta 228

Calda de caramelo com sal, defumado 342

Camarões
Noodles tailandeses com canela e camarão 59—60
Trouxinhas de alface com camarão e abacate 19—21

Canja de galinha com inspiração chinesa 70—73

Carne ver carne bovina; frango; presunto; cordeiro; carne de porco; peru

Carne bovina
Carne com curry massaman 173—75
Carne e arroz coreanos na *slow cooker* 218
Chili de carne com uísque, cerveja e feijão preto 182—84
Costela bovina com sabor asiático 179—80
Ensopado de carne e Guinness com ameixas secas e melado, feito na *slow cooker* 216—17
Fraldinha marinada com tamarindo 160—62
Rabo de boi na torrada 176—78

Carne com curry massaman 173—75

Carne de porco ver presunto
Carne de porco no pão chinês 191—93
Traseiro de porco assado 188—90

Carne e arroz coreanos na *slow cooker* 218

Cassis
Bolo de chocolate com cassis e alcaçuz 280—82
Sorvete de cassis com calda de alcaçuz sem sorveteira 336—37

Cavala
Cavala com gengibre, shoyu e limão 32—34

Cebola em conserva 138—40

Cebolas
Cebola em conserva 138—40
Salada de feta e abacate com cebolas roxas, romã e sementes de nigela 9—10

Cenouras
Cenouras rápidas em conserva 262

ÍNDICE 393

- Muffins de trigo sarraceno, banana e cenoura 362—63

Cenouras rápidas em conserva 262

Cereal de milho em flocos
- Barrinhas de café da manhã 2.0 358—59
Empanados crocantes de frango 43—45

Chang, David 191

Chili
Chili de carne com uísque, cerveja e feijão preto 182—84

Chili ver pimenta jalapeño
Arroz refogado com couve-de--bruxelas, pimenta calabresa e abacaxi 95—96
Chili de carne com uísque, cerveja e feijão preto 182—84
Coxa de frango caramelizada com saquê 128—30
Frango vermelho malaio 170—72
Halloumi com calda rápida de pimenta 12—13
Molho de pimenta, gengibre e alho 254
Noodles bêbados 74—75
Noodles de arroz negro com gengibre e pimenta--malagueta 68
Pimentas em conserva à moda tailandesa 261
Salada de pepino, pimenta e abacate 243
Sopa de ervilha com pimenta--malagueta, gengibre e limão 100

Chocolate
Biscoito com gotas de chocolate e pasta de amendoim sem farinha 326—27
- Biscoitos de três chocolates e trigo sarraceno 328—30
Bolo de chocolate com cassis e alcaçuz 280—82
Bolo suntuoso de chocolate amargo 283—85
- Brownies de Nutella 324—25
Potes de massa de biscoito com gotas de chocolate 322—23
Torta de chocolate salgado 309—11

Chá verde ver matcha
Cobertura de pãezinhos de queijo de cabra e tomilho 200—202

Cogumelos
Purê de porcini e pastinaca 248—49
Ramen 56—58

Começos 347
Aveia rápida com xarope de bordo e noz pecan 368
Barrinhas de café da manhã 2.0 358—59
Bolo de banana com cardamomo e nibs de cacau 356—57
Burrito de batata-doce, feijão preto e abacate 374—75
Compota de maçã e mirtilo com especiarias 352
Compota de ruibarbo e gengibre 349—50
Dutch baby 379—80
French toast assada com ameixas e nozes pecan 384—86
- Granola tostada com azeite 367
Latte de matcha 348
- Muesli de romã 364
Muffins de chai 360—61
- Muffins de trigo sarraceno, banana e cenoura 362—63
Ovos com batatas ao forno 390—91
Pãezinhos de bicarbonato com sementes de funcho e cranberries 388—89
Palitos de *french toast* com xarope de bordo 382—83
- Panquecas de aveia com framboesas e mel 376—78
- Pudim de semente de chia com mirtilos e sementes de abóbora 371
Taco de kimchi e ovo frito 372
Torrada com abacate e rabanetes em conserva 355

Comida de tigela 55
Almôndegas de merguez 86—87
Almôndegas de peru tailandesas 64—67
Arroz refogado com couve-de--bruxelas, pimenta calabresa e abacaxi 95—96
Canja de galinha com inspiração chinesa 70—73
Caracóis com manteiga de alho 85
Macarrão com queijo e batata-doce 79—80
Minestrone do Oriente Médio 98—99
Noodles bêbados 74—75
Noodles de arroz negro com gengibre e pimenta--malagueta 68
Noodles tailandeses com canela e camarão 59—60
Pasta do Bruno 82
Ramen 56—58
Salada quente condimentada de couve-flor e grão-de-bico com sementes de romã 92—94

Sopa apimentada de pastinaca e espinafre 102—103
Sopa de batata-doce, gengibre e laranja 104—105
Sopa de ervilha com pimenta--malagueta, gengibre e limão 100
Sopa de ervilha e brócolis 106—107
Tigela de arroz com gengibre, rabanete e abacate 77—78
Torta campestre com tempero indiano 88—91
Vôngoles tailandeses no vapor 63

Compota de maçã e mirtilo com especiarias 352

Compota de ruibarbo e gengibre 349—50

Compotas
Compota de maçã e mirtilo com especiarias 352
Compota de ruibarbo e gengibre 349—50

Conserva rápida de beterraba com sementes de nigella 264

Conservas 224—25
Cebola em conserva 138—40
Cenouras rápidas em conserva 262
Conserva rápida de beterraba com sementes de nigella 264
Gengibre para sushi em conserva 266
Ovos cor-de-rosa em conserva 268—69
Picles rápido 258
Pimentas em conserva à moda tailandesa 261
Rabanetes em conserva 355

Coquetéis 110—11
Cosmopolitan cup 111
Drinque de Moscatel e grapefruit 110—11
Saketini 111

Cordeiro
Costelinha de cordeiro com sementes de nigela e cominho 131—33
Ensopado de cordeiro com especiarias e cobertura de pãezinhos de queijo de cabra e tomilho 197—202
Ensopado de músculo de cordeiro e alho-negro 194—96
Pernil de cordeiro desossado 163—64
Torta campestre com tempero indiano 88—91

Costela bovina com sabor asiático 179—80

394 ÍNDICE

Costelas
    Costela bovina com sabor asiático 179—80
    Costelinha de cordeiro com sementes de nigella e cominho 131—33

Couve-de-bruxelas
    Arroz refogado com couve-de--bruxelas, pimenta calabresa e abacaxi 95—96
    Cavala com gengibre, shoyu e limão 32

Couve-flor
    Bandeja de legumes assados 237
    Curry de couve-flor e castanha de caju 17—18
    Salada quente condimentada de couve-flor e grão-de-bico com sementes de romã 92—94

Cranberries
    Bolo de Natal de tâmaras e geleia de laranja 299—301
    Frango e arroz selvagem 155—56
    Pãezinhos de bicarbonato com sementes de funcho e cranberries 388—89

Curries
    Carne com curry massaman 173—75
    Curry de couve-flor e castanha de caju 17—18
    Frango vermelho malaio 170—72

Dal rápido com água de coco 234—35

Doce 272—73
    Bolo de abóbora 289—90
    Bolo de amêndoas e damasco com água de rosas e cardamomo 275—76
    Bolo de chocolate com cassis e alcaçuz 280—82
    Bolo de matcha com cobertura de suco de cereja 295—98
    Bolo de Natal de tâmaras e geleia de laranja 299—301
    Bolo de sidra e 5 especiarias chinesas 293—94
    Bolo de tomilho e limão siciliano 286—88
    Bolo quente de framboesa e limão siciliano 278—79
    Bolo suntuoso de chocolate amargo 283—85

Drinque de *cranberry* e drinque de Moscatel 110—11

Dutch baby 379—80

Empanados crocantes de frango 43—45

Ensopado de cordeiro com especiarias e cobertura de pãezinhos de queijo de cabra e tomilho 197—202

Ensopado de frango marroquino na *slow cooker* 221

Ensopado italiano de músculo de vitela 185—87

Ensopados
    Ensopado de carne e Guinness com ameixas secas e melado, feito na *slow cooker* 216—17
    Ensopado de cordeiro com especiarias e cobertura de pãezinhos de queijo de cabra e tomilho 197—202
    Ensopado de frango marroquino na *slow cooker* 221
    Ensopado de músculo de cordeiro e alho-negro 194—96
    Ensopado italiano de músculo de vitela 185—87

Ervilhas
    Ervilhas refogadas com mostarda e vermute 232
    Sopa de ervilha e brócolis 106—107

Ervilhas refogadas com mostarda e vermute 232

Escalopes de frango picantes com salada de agrião, funcho e rabanete 46—48

Espinafre
    Grão-de-bico na *slow cooker* com cominho e espinafre 211—13
    Jackson Pollock 30—31
    Sopa condimentada de pastinaca e espinafre 102—103

Feijão preto
    Burrito de batata-doce, feijão preto e abacate 374—75
    Chili de carne com uísque, cerveja e feijão preto 182—84
    Feijão preto cubano na *slow cooker* 214

Feijão preto cubano na *slow cooker* 214

Feijão ver feijão preto

Fenerich, Helio 123, 185, 299

Feta
    Salada de feta e abacate com cebolas roxas, romã e sementes de nigela 9—10
    Torta de trapos 318—21

Framboesas
    Bolo quente de framboesa e limão siciliano 278—79
    Panquecas de aveia com framboesas e mel 376—78

Frango
    Assadeira de frango com laranja-amarga e funcho 144—46
    Canja de galinha com inspiração chinesa 70—73
    Coxa de frango caramelizada com saquê 128—30
    Empanados crocantes de frango 43—45
    Ensopado de frango marroquino na *slow cooker* 221
    Escalopes de frango picantes com salada de agrião, funcho e rabanete 46—48
    Frango assado com limão--siciliano, alecrim, alho e batatas 147—48
    Frango com tequila e limão Tahiti 152—54
    Frango Cosima 149—51
    Frango e arroz selvagem 155—56
    Frango vermelho malaio 170—72
    Pururuca de frango 127
    Shawarma de frango assado 157—58

Frango assado com limão, alecrim, alho e batatas 147—48

Frango com tequila e limão 152—54

Frango vermelho malaio 170—72

French Toast
    French Toast assada com ameixas e nozes pecan 384—86
    Palitos de *french toast* com xarope de bordo 382—83

French Toast assada com ameixas e nozes pecan 384—86

Funcho
    Assadeira de frango com laranja-amarga e funcho 144—46
    Escalopes de frango picantes com salada de agrião, funcho e rabanete 46—48

ÍNDICE 395

Lula grega com orzo 141—43

Gengibre para sushi em conserva 266

Gengibre xii, 88—91
  Bolo de sidra e 5 especiarias chinesas 293—94
  Brócolis de duas maneiras, com gengibre, pimenta, limão e sementes de abóbora 230—31
  Cavala com gengibre, shoyu e limão 32—34
  Compota de ruibarbo e gengibre 349—50
  Gengibre para sushi em conserva 266
  Molho de pimenta, gengibre e alho 254
  Noodles bêbados 74—75
  Noodles de arroz negro com gengibre e pimenta-malagueta 68
  Patê de batata-doce e grão-de-bico 117—19
  Robalo no vapor com gengibre e shoyu 38
  Salada com molho de missô e gengibre 239
  Sopa de batata-doce, gengibre e laranja 104—105
  Sopa de ervilha com pimenta-malagueta, gengibre e limão 100
  Tigela de arroz com gengibre, rabanete e abacate 77—78
  Torta campestre com tempero indiano 88—91

Ghayour, Sabrina: persiana 194

Granola
  Granola tostada com azeite 367

Granola tostada com azeite 367

Grão-de-bico 92, 113—14, 211
  Ensopado de frango marroquino na *slow cooker* 221
  Frango Cosima 149—51
  Grão-de-bico na *slow cooker* com cominho e espinafre 211—13
  Homus de alho caramelizado 113—14
  Minestrone do Oriente Médio 98—99
  Patê de batata-doce e grão-de-bico 117—19
  Sala quente condimentada de couve-flor e grão de bico com sementes de romã 92—94

Hadoque
  Hadoque frito condimentado com purê de brócolis 35—37
  Tacos de peixe 138—40

Hadoque frito condimentado com purê de brócolis 35—37

Halloumi
  Hallomi com calda rápida de pimenta 12—13
  Hambúrgueres de abóbora e halloumi 134—37

Halloumi com calda rápida de pimenta 12—13

Homus
  Homus de alho caramelizado 113—14

Homus de alho caramelizado 113

Hopkinson, simon: roast chicken and other stories 127

Improviso sobre uma salada Caesar 4

Iogurte
  Aveia rápida com xarope de bordo e noz pecan 368
  Molho de iogurte e alho caramelizado 256
  Molho shawarma 157—58

Jackson Pollock 30—31

Keegan, Marina 273

Kimchi
  Taco de kimchi e ovo frito 372

Laranjas
  Assadeira de frango com laranja-amarga e funcho 144—46
  Brócolis japoneses com mexerica e pimenta 228
  Sopa de batata-doce, gengibre e laranja 104—105
  Torta de laranja amarga 306—308

Lefebvre, Ludo: ludo bites 6

Legumes assados, assadeira de 237

Leite de amêndoas
  Latte matcha 348
  Muesli de romã 364
  Muffins de chai 360—61
  Panquecas de aveia com framboesas e mel 376—78
  Pudim de semente de chia com mirtilos e sementes de abóbora 371

Lentilhas
  Dal rápido com água de coco 234—35
  Torta campestre com tempero indiano 88—91

Limões
  Bolo de tomilho e limão-siciliano 286—88
  Bolo quente de framboesa e limão-siciliano 278—89
  Creme de limão-siciliano 315
  Frango assado com limão-siciliano, alecrim, alho e batatas 147—48
  Pavlova de limão-siciliano 315—17

Limões em conserva
  Ensopado de frango marroquino na *slow cooker* 221
  Minestrone do Oriente Médio 98—99

Linguiças
  Almôndegas de merguez 86—87
  Loja de tortas four & twenty blackbirds, brooklyn 312

Lula
  Lula grega com orzo 141—43

Lula grega com orzo 141—43

Macarrão com queijo e batata-doce 79—80

Maçãs
  Bolo de amêndoas e damasco com água de rosas e cardamomo 275—76
  Compota de maçã e mirtilo com especiarias 352
  Torta de maçã e amora sem glúten 302—305

Maionese de missô 115—16

Manteiga com conhaque e caramelo salgado 342

Massas
  Caracóis com manteiga de alho 85
  Lula grega com orzo 141—43
  Macarrão com alho-poró ao forno 208—10
  Macarrão com queijo e batata-doce 79—80
  Pasta do Bruno 82

Matcha 295
  Bolo de matcha com cobertura de suco de cereja 295—98
  Latte de matcha 348
  Sorvete de matcha sem sorveteira 338

McLagan, Jennifer: bitter 14

Medidas de xícaras americanas xiii

Medidas xiii

396 ÍNDICE

Mel
  Panquecas de aveia com framboesas e mel 376—78
  Torta de mel 312—14
  Torta de mel 312—14
  Torta de trapos 318—21

Melado
  Ensopado de carne e Guinness com ameixas secas e melado, feito na *slow cooker* 216—17
  Presunto assado lentamente com melado 203—205

Mexilhões
  Vôngoles tailandeses no vapor 63

Milho doce
  Relish de milho 138—40

Minestrone do Oriente Médio 98—99

Mirtilos
  Compota de maçã e mirtilo com especiarias 352
  Pudim de semente de chia com mirtilo e sementes de abóbora 371

Missô
  Maionese de missô 115—16
  Ramen 56—58
  Salada com molho de missô e gengibre 239
  Salmão com missô 25—26
  Sorvete de missô branco sem sorveteira 341

Molho verde de tahine 250—253

Molhos
  Calda de caramelo com sal defumado 342
  Halloumi com calda rápida de pimenta 12—13
  Molho de iogurte e alho caramelizado 256
  Molho de pimenta, gengibre e alho 254
  Molho picante 138—40
  Molho shawarma 157—58
  Molho verde de tahine 250—53

Muesli de romã 364

Muffins
  Muffins de chai 360—61
  Muffins de trigo sarraceno, banana e cenoura 362—63

Muffins de chai 360—61

Nibs de cacau
  Barrinhas de café da manhã 2.0 358—59
  Bolo de banana com cardamomo e nibs de cacau 356—57

Noodles
  Canja de galinha com inspiração chinesa 70—73
  Noodles bêbados 74—75
  Noodles de arroz negro com gengibre e pimenta-malagueta 68
  Noodles tailandeses com canela e camarão 59—60
  Ramen 56—58

Noodles bêbados 74—75

Noodles de arroz negro com gengibre e pimenta-malagueta 68

Noodles tailandeses com canela e camarão 59—60

Nozes pecan
  Aveia rápida com xarope de bordo e noz pecan 368
  French toast assada com ameixas e nozes pecan 384—86

Óleo de coco xii
  Bolo de Natal de tâmaras e geleia de laranja 299—301
  Bolo suntuoso de chocolate amargo 283—85
  Hadoque frito condimentado com purê de brócolis 35—37
  Torta de maçã e amora sem glúten 302—305

Orzo
  Lula grega com orzo 141—43

Ottolenghi, Yotam 115

Ovas
  Ovas endiabradas com torrada 40—42

Ovas endiabradas com torrada 40—42

Ovos com batatas ao forno 390—91

Ovos xiii
  French toast assada com ameixas e nozes pecan 384—86
  Improviso sobre uma salada Caesar 4
  Ovos com batatas ao forno 390—91
  Ovos cor-de-rosa em conserva 268—69
  Palitos de *french toast* com xarope de bordo 382—83
  Strapatsada 49—51

  Taco de kimchi e ovo frito 372

Panelas xiii, 168—69

Panquecas
  Dutch baby 379—80
  Panquecas de aveia com framboesas e mel 376—78

Pão de queijo brasileiro 123—24

Parsons, Russ 349

Pasta de amendoim
  Biscoito com gotas de chocolate e pasta de amendoim sem farinha 326—27

Pastinaca
  Purê de porcini e pastinaca 248—49
  Sopa condimentada de pastinaca e espinafre 102—103

Patsavouropita *ver* Torta de trapos

Patês
  Brocamole 6—8
  Homus de alho caramelizado 113—14
  Maionese de missô 115—16
  Patê de batata-doce e grão-de-bico 117—19
  Uma simples salsa 120

Pavlova, limão siciliano 315—17

Peixe
  Bacalhau com temperos indianos 27—29
  Cavala com gengibre, shoyu e limão 32—34
  Hadoque frito condimentado com purê de brócolis 35—37
  Jackson Pollock 30—31
  Ovos endiabrados com torrada 40—42
  Robalo no vapor com gengibre e shoyu 38
  Salada de salmão, abacate, agrião e sementes de abóbora 22—24
  Salmão com missô 25—26
  Tacos de peixe 138—40

Pepino
  Picles rápido 258
  Robalo no vapor com gengibre e shoyu 38
  Salada de pepino, pimenta e abacate 243

Pernil de cordeiro desossado 163—64

ÍNDICE 397

Peru
    Almôndegas de peru tailandesas 64—67

Pescado
    Tacos de peixe 138—40

Picles rápido 258

Pimentas em conserva à moda tailandesa 261

Pimentas *ver também* pimentas jalapeño
    Assadeira de legumes assados 237
    Batata com pimentão assados 244
    Feijão preto cubano na *slow cooker* 214
    Jackson Pollock 30—31
    Almôndegas de merguez 86—87
    Ovos com batatas ao forno 390—91
    Salada agridoce 240
    Salada com molho de missô e gengibre 239

Pimentas jalapeño
    Chili de carne com uísque, cerveja e feijão preto 182—84
    Trouxinhas de alface com camarão e abacate 19—21
    Uma simples salsa 120

Pollock
    Jackson Pollock 30—31

Presunto
    Presunto assado lentamente com melado 203—205

Presunto assado com melado 203—205

Purê de abóbora
    Bolo de abóbora 289—90
    Sorvete de abóbora com conhaque sem sorveteira 334

Purê de batatas prático 206—207

Purê de porcini e pastinaca 248—29

Pãezinhos de bicarbonato com sementes de funcho e cranberries 388—89

Queijo
    Cobertura de pãezinhos de queijo de cabra e tomilho 200—202
    Halloumi com calda rápida de pimenta 12—13
    Hambúrgueres de abóbora e halloumi 134—37
    Macarrão com alho-poró ao forno 208—10
    Macarrão com queijo e batata-doce 79—80
    Pão de queijo brasileiro 123—24
    Radicchio assado com queijo 14—15
    Salada de feta e abacate com cebolas roxas, romã e sementes de nigela 9—10
    Strapatsada 49—51
    Torta de trapos 318—21

Rabanetes
    Escalopes de frango picantes com salada de agrião, funcho e rabanete 46—48
    Rabanetes assados 227
    Rabanetes assados e salada de avelãs 227
    Rabanetes em conserva 355
    Salada de pepino e rabanete 38
    Tigela de arroz com gengibre, rabanete e abacate 77—78

Rabanetes assados 227

Rabanetes assados e salada de avelãs 227

Rabanetes em conserva 355
Rabo de boi na torrada 176—78

Radicchio
    Radicchio assado com queijo azul 14—15

Radicchio assado com queijo azul 14—15

Ramen 56—58

Receitas na *slow cooker*
    Carne e arroz coreanos na *slow cooker* 218
    Ensopado de carne e Guinness com ameixas secas e melado, feito na *slow cooker* 216—17
    Ensopado de frango marroquino na *slow cooker* 221
    Feijão preto cubano 214
    Grão-de-bico com cominho e espinafre 211—13

Repolho
    Salada agridoce 240
    Salada com molho de missô e gengibre 239

Robalo
    Robalo no vapor com gengibre e shoyu 38

Robalo no vapor com gengibre e shoyu 38

Romãs
    Muesli de romã 364
    Patê de batata-doce e grão-de-bico 117—19
    Salada de feta e abacate com cebolas roxas, romã e sementes de nigela 9—10
    Salada quente condimentada de couve-flor e grão-de-bico com sementes de romã 92—94
    Shawarma de frango assado 157—58

Salada agridoce 240

Salada quente condimentada de couve-flor e grão-de-bico com sementes de romã 92—94

Saladas
    Escalopes de frango picantes com salada de agrião, funcho e rabanete 46—48
    Improviso sobre uma salada Caesar 4
    Rabanetes assados e salada de avelãs 227
    Salada agridoce 240
    Salada com molho de missô e gengibre 239
    Salada de feta e abacate com cebolas roxas, romã e sementes de nigela 9—10
    Salada de pepino, pimenta e abacate 243
    Salada de salmão, abacate, agrião e sementes de abóbora 22—24
    Salada quente condimentada de couve-flor e grão-de-bico com sementes de romã 92—94

Salmão
    Salada de salmão, abacate, agrião e sementes de abóbora 22—24
    Salmão com missô 25—26

Salsa, simples 120

Saquê
    Coxa de frango caramelizada com saquê 128—30
    Saketini 111

Sementes de abóbora
    Barrinhas de café da manhã 2.0 358—59
    Biscoitos ANZAC com sementes 331—32
    Brócolis de duas maneiras, com gengibre, pimenta, limão e sementes de abóbora 230—31
    Granola tostada com azeite 367
    Pudim de semente de chia com mirtilos e sementes de abóbora 371

Salada de salmão, abacate, agrião e sementes de abóbora 22—24

Sementes de chia
- Barrinhas de café da manhã 2.0 358—59
- Pudim de semente de chia com mirtilos e sementes de abóbora 371

Shawarma de frango assado 157—58

Sheen, Michael 315

Shiori, the (restaurante) 341

Shirazi, Kate: Chocolate Magic 328

Sifton, Sam 157

Slater, Nigel 106

Slow cooker xiii, 168—69

Sopa condimentada de pastinaca e espinafre 102—103

Sopa de ervilha com pimenta-malagueta, gengibre e limão 100

Sopas
Canja de galinha com inspiração chinesa 70—73
Dal rápido com água de coco 234—35
Minestrone do Oriente Médio 98—99
Ramen 56—58
Sopa condimentada de pastinaca e espinafre 102—103
Sopa de batata-doce, gengibre e laranja 104—105
Sopa de ervilha com pimenta-malagueta, gengibre e limão 100
Sopa de ervilha e brócolis 106—107

Sorvete
- Sorvete de abóbora com conhaque sem sorveteira 334
- Sorvete de cassis com calda de alcaçuz sem sorveteira 336—37
- Sorvete de matcha sem sorveteira 338
- Sorvete de missô branco sem sorveteira 341

- Sorvete de abóbora com conhaque sem sorveteira 334

- Sorvete de cassis com calda de alcaçuz sem sorveteira 336—37

- Sorvete de matcha sem sorveteira 338

- Sorvete de missô branco sem sorveteira 341

Strapatsada 49—51

Taco de kimchi e ovo frito 372

Tacos
Taco de kimchi e ovo frito 372
Tacos de peixe 138—40

Tahine
Homus com alho caramelizado 113—14
Molho shawarma 157—58
Molho verde de tahine 250—253

Tamarindo
Carne com curry massaman 173—75
Fraldinha marinada com tamarindo 160—62

Tomates
Assadeira de legumes assados 237
Pasta do Bruno 82
Strapatsada 49—51
Uma simples salsa 120

Torta campestre com tempero indiano 88—91

Torta de chocolate salgado 309—11

Torta de laranja amarga 306—308

Torta de maçã e amora sem glúten 302—305

Torta de trapos 318—21

Tortas
Torta de chocolate salgado 309—11
Torta de laranja amarga 306—308
- Torta de maçã e amora sem glúten 302—305
Torta de mel 312—14
Torta de trapos 318—21

Traseiro de porco assado 188—90

Trigo sarraceno
- Biscoitos de três chocolates e trigo sarraceno 328—30
- Muffins de trigo sarraceno, banana e cenoura 362—63

Tâmaras
- Barrinhas de café da manhã 2.0 358—59

- Bolo de Natal de tâmaras e geleia de laranja 299—301

Uma simples salsa 120

Utensílios de ferro fundido
xiii, 168—69

Vegetais assados
Assadeira de legumes assados 237

Vitela
Ensopado italiano de músculo de vitela 185—87

Vôngoles tailandeses no vapor 63

Williams, Jody: Buvette 176

AGRADECIMENTOS

Para evitar que esta página fique parecendo um discurso do Oscar, eu serei breve em meus agradecimentos e espero que a concisão não seja considerada uma falta de gratidão de minha parte. Na verdade, eu estou profundamente agradecida, e de maneiras que não poderiam ser adequadamente expressadas aqui, primeiro e principalmente a Gail Rebuck, que me inspirou a escrever este livro, e me incentivou enquanto eu o fazia.

O mesmo agradecimento deve ser endereçado a Mark Hutchinson e Ed Victor, e também a Caz Hildebrand e Keiko Oikawa, cuja direção de arte e fotografia, respectivamente, deram vida ao livro que você tem em mãos. E ele também não existiria sem as colaborações de Clara Farmer, Parisa Ebrahimi, Hettie Potter, Yasmin Othman, Caroline Stearns, Camille Blais, Linda Berlin, Violette Kirton, Megan Hummerstone, Zuzana Kratka e Zoe Wales.

Também sou grata pela boa vontade e generosidade da Mud Australia (e, em particular, à filial de Londres), Le Creuset, Netherton Foundry, Grain & Knot, David Mellor, Mason Cash, Fermob, Workshop Living, La Fromagerie, e particularmente ao meu peixeiro, Rex Goldsmith, do The Chelsea Fishmonger, Adam e Daniel da HG Walter, meu açougueiro e meu quitandeiro Andreas, da Andreas Veg.

Por fim, eu agradeço à minha família, meus amigos, meus leitores: seu apoio, incentivo e entusiasmo neste período foi o que transformou este projeto em um livro.